浙江省普通高校"十三五"新形态教材

文化创意产业管理与实务

张迺英　巢莹莹　钱　伟　著

U0838343

同济大学出版社
TONGJI UNIVERSITY PRESS
·上海·

图书在版编目（CIP）数据

文化创意产业管理与实务/张迺英，巢莹莹，钱伟著. --上海：同济大学出版社，2020.1(2024.7重印）

ISBN 978-7-5608-8891-0

Ⅰ.①文… Ⅱ.①张… ②巢… ③钱… Ⅲ.①文化产业—企业管理—高等学校—教材 Ⅳ.①G114

中国版本图书馆CIP数据核字（2019）第277239号

文化创意产业管理与实务

张迺英　巢莹莹　钱　伟　著

责任编辑　荆　华　　责任校对　徐春莲　　封面设计　张　微

出版发行　同济大学出版社　www.tongjipress.com.cn

（地址：上海市四平路1239号　邮编：200092　电话：021-65985622）

经　　销　全国各地新华书店

印　　刷　常熟市华顺印刷有限公司

开　　本　787mm×960mm　1/16

印　　张　14.75

字　　数　295 000

版　　次　2020年1月第1版

印　　次　2024年7月第3次印刷

书　　号　ISBN 978-7-5608-8891-0

定　　价　65.00元

《文化创意产业管理与实务》编委会

序

在产业不断升级、经济增长方式转型、全球化趋势不断加强、国际间竞争日益激烈的今天，作为文化、科技和经济深度融合的文化创意产业，正在成为全球经济和现代产业发展中的一大亮点，文化创意产业的发展规模和影响程度已经成为衡量一座城市、一个地区甚至一个国家综合竞争力高低的一个重要标志。

文化创意产业的发展速度之快，规模之大，影响程度之深，不能不说是世界经济发展的一个奇迹，实则也是社会发展之必然。文化创意产业的兴起和发展，不仅改变着人类经济的发展形态，使“创意资本”成为继物质资本、土地资本、人力资本和社会资本之后的第五种资本要素，并启迪着人类产业结构调整的方向和轨迹，促使经济增长方式转变，更让人们的生活方式和生活水平迈向一个新台阶。

追溯文化创意产业的发展源头，不能不提以英国为代表的欧美发达国家。世界各国的创意产业不同程度地为本国的经济发展作出了巨大的贡献。作为人类工业革命起源地、文化创意产业崛起地的英国，自 1997 年布莱尔政府实施“创意英国”战略以来，英国经济已成功地从制造型向创意服务型转变。英国工业设计以其富有深度的创意理念，最早发出“资本的时代已经过去，创意的时代已经来临”的宣言，在全球业内拥有举足轻重的地位。原创性的工业设计涵盖领域广泛，种类繁多，使英国创意产业对 GDP 的贡献超过制造业甚至金融业，成为仅次于美国的世界第二大创意产品生产国。美国的创意产业在软件设计、影视、娱乐、广告、出版、文物交易与展览等领域迅猛发展，已超过航空、重工业等传统领域，成为其最大的出口产业，且发展速度迅猛。亚洲的创意产业也不甘示弱，在各国政府的大力支持下，以日本、韩国为典型，呈现出特有的发展态势。日本政府把发展资源消耗低、附加值高的创意产业作为一项基本国策，通过产业运作方式大力扶持和发展创意产业。日本的娱乐业经营收入已超过其工业产值，如其动漫产业规模占 GDP 比例已经超过汽车工业，仅次于旅游产业，成为日本第二大支柱产业。由韩国政府“文化立国”发展战略引发的“韩流”，将韩国在 1997 年因亚洲金融风暴所产生的经济阴霾一扫而光。

文化创意产业的兴起和发展在中国已有近二十年。期间，文化创意产业的业态和产业链的打造、文化创意产业与传统产业的融合、文化创意产业公共服务平台的建设等都有了阶段性的发展。与此同时，反映文化创意产业实践发展的相关理论研究也呈现出百花齐放的良好局面。文化创意产业在中国经济增长方式转变、产业结构调整过程中扮演着重要角色。

近年来，中国主要城市的文化创意产业有着迅猛的发展，尤其是北京、上海、深圳、杭州、南京等一线、二线城市。各地政府相继出台了一系列扶持的相关政策，以推动文化创意产业的发展，民间涌现了一大批文化创意产业集聚区和文化创意企业。由于各个城市的文化和经济的差异性，文化创意产业在各城市发展的重点和范围有所不同，因而出现了差异化发展的良好格局，打破了产业兴起之时的同质化竞争；各城市通过各种渠道，积极开展文化创意产业的国内外经验交流，产生了一批“设计之都”“创意城市网络”，并举办了具有国际影响力的国内外文化创意产业论坛，打造了类似“上海创意产业国际论坛”“上海设计周”等极具知名度和美誉度的论坛品牌。在文化创意产业实践的基础上，对于产业管理的需求由此产生，一些专家学者借鉴国外发达国家文化创意产业理论的经验和成果，结合中国经济、文化的发展特色，正在逐步深入系统地探讨文化创意产业的理论及其管理规律。

本书正是基于当前的产业背景下编著的。但不可否认，文化创意产业毕竟是一个新兴产业，发展时间短暂，能够将产业发展的理论和实践反映到高校人才培养方案中还是比较滞后的。因而，编写相关理论和实践的教材，对于培养文化创意原创人才、管理人才和营销人才，具有举足轻重的意义。

本书作为浙江省普通高校“十三五”新形态教材，通过探索“互联网 +”的新形态形式，参考和吸取各位专家学者的理论精髓，并通过深入的社会调研和系统编撰，将产业理论和实践案例紧密结合，将线上、线下资料有机融通，并配备课程必需的参考资料，形成了一本适合于高等院校文化创意人才培养的基础教材，意在促使高校学生了解当下蓬勃发展的文化创意产业基本理论体系和实践现象，为我国各地文化创意产业发展培养和输送人才。

作者

2019 年 10 月 15 日

目　录

序

第一章　文化创意产业的兴起　/ 1
材料导读　创意产业驱动英国经济增长　/ 1
第一节　文化创意产业兴起的背景　/ 2
一、创意及创意经济　/ 3
二、创意经济兴起的背景　/ 5
第二节　文化创意产业兴起的条件　/ 8
一、文化创意产业产生的基础　/ 8
二、文化创意产业的社会作用　/ 10
第三节　文化创意产业的研究意义　/ 14
一、理论意义　/ 14
二、实践意义　/ 14
材料分享　德国柏林设计之都之秘诀　/ 16
问题思考　/ 17

第二章　文化创意产业理论概述　/ 18
材料导读　纽约 SOHO 的艺术盛名从何而来　/ 18
第一节　文化创意产业的内涵与特点　/ 20
一、文化创意产业的内涵　/ 20
二、文化创意产业的性质　/ 22
三、文化创意产业的特点　/ 23
第二节　文化创意产业的界定与分类　/ 25
一、文化创意产业分类的原则和要求　/ 25
二、国外文化创意产业的分类　/ 25

三、国内文化创意产业的分类 / 26
第三节 文化创意产业的相关理论 / 27
一、产业结构理论 / 27
二、产业组织理论 / 29
三、产业发展理论 / 31
四、产业集聚理论 / 33
第四节 国内外文化创意产业理论概述 / 37
一、熊彼得的创新理论 / 37
二、英国约翰·霍金斯的创意产业理论 / 37
三、美国理查德·弗罗里达的创意产业理论 / 39
四、许焯权的创意形态理论 / 41
五、厉无畏的创意产业理论 / 42
材料分享 老厂房变身世博园 / 42
问题思考 / 44

第三章 国内外文化创意产业实践及其发展 / 45
材料导读 《来自星星的你》为何连连激发中国消费者热情 / 45
第一节 欧洲文化创意产业的发展概况 / 46
一、欧洲文化创意产业的发展 / 46
二、欧洲文化创意产业的模式与特点 / 48
第二节 美国文化创意产业的发展概况 / 50
一、美国文化创意产业的独特发展 / 50
二、美国文化创意产业的模式与特点 / 51
第三节 亚洲文化创意产业的发展概况 / 52
一、亚洲文化创意产业的发展 / 52
二、亚洲文化创意产业发展的模式与特点 / 53
第四节 中国文化创意产业的发展概况 / 56
一、中国文化创意产业发展的背景和条件 / 56
二、中国文化创意产业发展的特点 / 56
三、中国文化创意产业进一步发展的条件 / 57
材料分享 巴黎左岸的艺术集聚 / 59
问题思考 / 61

第四章　文化创意组织的孵化及其运营管理　/ 62
材料导读　文化创意产业园——台湾文创的孵化器　/ 62
第一节　文化创意生产组织　/ 63
一、文化创意产业的生产组织类别　/ 63
二、文化创意生产组织的形式　/ 64
三、文化创意生产组织的特点　/ 66
第二节　文化创意产业孵化器的建设　/ 67
一、企业孵化器的发展现状　/ 68
二、文化创意企业孵化器的必要性和功能　/ 70
三、文化创意企业孵化器的管理　/ 71
第三节　文化创意企业的科学化管理　/ 72
一、企业管理理论的借鉴　/ 72
二、文化创意企业的管理要点　/ 78
材料分享　韶华匆促 看德必易园里的日新月异　/ 81
问题思考　/ 83

第五章　文化创意产品的价值内涵与价值实现途径　/ 84
材料导读　"装死兔"的火爆缘由　/ 84
第一节　一般产品分析　/ 85
一、产品层次　/ 85
二、产品的市场生命周期　/ 87
三、产品的分类和新产品的开发　/ 88
第二节　文化创意产品分析　/ 90
一、文化创意产品内涵及其特点　/ 90
二、文化创意产品的不同分类　/ 94
三、文化创意产品的开发原理　/ 97
第三节　文化创意产品价值的开发和运作系统　/ 99
一、文化创意产品的价值来源　/ 99
二、文化创意产品的价值体系　/ 101
三、文化创意产品价值的实现路径和保障　/ 104
材料分享　一首网络歌曲创造亿元价值的神话　/ 107
问题思考　/ 108

第六章　文化创意产业价值链和产业集聚　/ 109
材料导读　田子坊的艺术集聚　/ 109
第一节　文化创意产业链及其构成　/ 111
一、文化创意产业链的概念　/ 111
二、文化创意产业链的构成　/ 113
第二节　文化创意产业的价值链系统　/ 115
一、价值链的基本理论　/ 115
二、文化创意产业价值链系统的特点和构成　/ 116
三、基于文化创意产业价值链系统的产业战略　/ 118
第三节　文化创意产业集聚　/ 120
一、文化创意产业价值实现系统　/ 120
二、文化创意产业集聚的特点和规律　/ 121
三、文化创意产业集聚的影响因素　/ 122
材料分享　文创企业集聚 8 号桥　/ 125
问题思考　/ 127

第七章　文化创意产业集聚区的发展和管理　/ 128
材料导读　集聚 M50　品牌效应凸显　/ 128
第一节　文化创意产业集聚区的形成　/ 131
一、文化创意产业集聚区的形成规律　/ 131
二、中国文化创意产业集聚区的形成规律　/ 137
第二节　文化创意产业集聚区的演化　/ 140
一、文化创意产业集聚区演化的阶段性规律　/ 140
二、文化创意产业集聚区在中国的演化　/ 142
三、文化创意产业载体的多样化　/ 144
第三节　文化创意产业集聚区管理的主要内容　/ 145
一、文化创意产业集聚区内外部环境需求分析　/ 145
二、文化创意产业集聚区科学管理的主要内容　/ 146
材料分享　上海新天地的继承与发展　/ 148
问题思考　/ 153

第八章　文化创意产业可持续发展的保障机制　/ 154
材料导读　《哈利·波特》20 年的生命力到底来自何处　/ 154
第一节　文化创意产业公共服务平台　/ 155
一、文化创意产业公共服务平台的内涵和要素　/ 155
二、文化创意产业公共服务平台的功能　/ 156
第二节　文化创意产业公共服务平台的建设及运行机制　/ 158
一、文化创意产业对公共服务平台的需求和模式　/ 158
二、文化创意产业公共服务平台的主要内容　/ 160
三、文化创意产业公共服务平台的建设与运行机制　/ 161
第三节　文化创意城市的指标体系　/ 163
一、国外城市文化创意指标体系研究　/ 163
二、国内城市文化创意指标体系研究　/ 166
材料分享　美国特色小镇“求生”记　/ 169
问题思考　/ 173

第九章　创意阶层的崛起和文化创意人才培育　/ 174
材料导读　爱荷华大学的创意写作　/ 174
第一节　创意阶层世界范围内崛起的背景分析　/ 176
一、创意阶层　/ 176
二、创意阶层崛起的背景条件　/ 178
三、中国创意阶层的出现及其形成　/ 178
第二节　文化创意人才的“3T”理论及其评析　/ 179
一、“3T”理论内涵　/ 179
二、“3T”理论评析　/ 180
第三节　文化创意人才的作用和培育　/ 183
一、文化创意人才的重要性　/ 183
二、文化创意人才的特点和分类　/ 185
三、文化创意人才的培育　/ 187
材料分享　导演饺子：做《哪吒》没别的，就是死磕　/ 189
问题思考　/ 195

第十章　文化创意产业的知识产权保护　/ 196
材料导读　上海自贸区法庭知识产权第一案引起的思考　/ 196
第一节　知识产权保护法的发展轨迹　/ 197
一、国外知识产权保护法的发展轨迹　/ 198
二、国内知识产权保护法的发展轨迹　/ 201
第二节　文化创意产业的知识产权保护　/ 202
一、知识产权概述　/ 202
二、知识产权保护内容的发展趋势　/ 204
三、文化创意产业与知识产权关系分析　/ 206
第三节　文化创意产业知识产权的权属识别与保护类别　/ 209
一、文化创意企业成果的知识产权权属识别　/ 209
二、文化创意成果的知识产权保护类别　/ 210
材料分享　论坛版主网站发帖提供《后宫甄嬛传》下载链接构成教唆侵权　/ 216
问题思考　/ 218

参考文献　/ 219
后　记　/ 222

缘起

第一章　文化创意产业的兴起

当经济发展到一定的阶段后，市场供需平衡被打破，产业升级作为再平衡的有效方法，不断扫除经济发展中的障碍。作为一种新兴经济形态和产业方式的文化创意产业在全球范围内兴起，必然是遵循这一规律而产生，并对世界经济和产业结构产生了深远的影响，其发展规模和影响程度已经成为衡量一座城市、地区甚至一个国家综合竞争力高低的一个重要标志。

材料导读　创意产业驱动英国经济增长

引导词：英国作为人类工业革命的先驱，又在全球范围内率先掀起创意经济的浪潮，赶在了创意经济的潮流前。是什么原因驱动英国发动了这场产业革命，其中奥秘值得探索。

英国已经成为全球创意产业的发源地，而伦敦是英国的经济中心，曾经是世界工业中心，在最近的20年间完成了华丽的转身，并赢得全球三大广告产业中心之一、全球三大最繁忙的电影制作中心之一和国际设计之都的称号。

“创意”成为驱动经济的新引擎

英国人正在努力将创意产业发展为驱动经济的新引擎，他们通过创意来打造全新的制造业。在伦敦，蜂拥而至的创意人才和历史悠久的高等学府为创意产业带来了人力基础，而伦敦人的消费能力也是创意产业的一块沃土，政府的支持更给创意产业带来了开花结果的雨露。

英国是世界上第一个提出创意产业理念，也是第一个用政策来推动创意产业发展的国家。伦敦市政府更把创意产业作为自己的核心产业来经营。近些年来“伦敦眼”、泰特现代美术馆、《哈利·波特》以及伦敦服装周等都成为“创意伦敦”美丽的风景。

目前，创意产业在英国国内生产总值中的比例已达8.2%，而且其增长速度是整个国民经济增长速度的2倍。到2012年伦敦奥运会时，伦敦的创意产业产值可达到300亿英镑，将超过金融服务业而成为最大的产业部门。创意产业的出口平均年增长率达到11%，占英国海外销售总量的4.3%。现在全英国与创意产业相关的企业超过15万个，创意产业吸纳的就业人数占英国就业人口总数的8%以上。

“创意”为“英国制造”披上新衣

在很多人眼里，英国的制造业早已日落西山，然而在创意领域的全新包装下，“英国制造”的产品又焕发出新的生机与活力。

在音乐产业方面，英国一直是世界音乐销售的第三大市场，仅次于美国，位居第二；在电视产业方面，英国建成了全世界第一个数码电视系统，是拥有最先进数码电视市场的国家之一，并成为现有最大的数码电视市场；在动漫产业上，英国在国际上享有很好的声誉；在电影产业方面，英国是世界一流的电影制作中心。此外，英国的设计行业涉及品牌、包装、商业性室内设计、产品设计、时尚、建筑、多媒体以及手工艺等多个领域，拥有超过4 000家商业设计咨询公司以及各种自由设计师。

伦敦利用人才资源和大都会的优势，扶持和推动了具有高附加值、可持续的创意产业的发展，向全世界展现了这个魅力城市鲜活和动感的一面。

材料来源：2010年6月8日《经济参考报》

第一节 文化创意产业兴起的背景

“文化创意产业”这个概念是最近几年国内对“文化产业”和“创意产业”两个产业概念的统称，也有些国家将文化产业等同于创意产业的。在英国，“创意产业”或“创意经济”是出现频率最高的两个概念，是对产业创新的一个高度概括。所以用“创意产业”概念来阐述文化创意产业的兴起背景，显得比较客观。

创意产业的兴起与创意经济的横空出世有着紧密的联系。“创意资本”正在成为继物质资本、土地资本、人力资本和社会资本之后的第五种资本要素，极大地推动了经济的发展。创意经济就是“创意资本”活动所产生的新型经济形态，并成为知识经济新的发展阶段。创意经济及其新理念、新技术、新商业模式、新文化形式、新经济业态等，正在全球范围内蓬勃兴起和发展。

一、创意及创意经济

（一）创意

创意与人类思想紧密相连。斯坦福大学经济学家保罗·罗默认为，能否提供和使用更多的创意或知识品，将直接关系到一国或地区经济能否保持长期增长。伟大的进步总是源于思想[1]。思想不是从天上掉下来的，它们来自人的头脑。编写软件的是人，设计产品的是人，进行文学创作的是人，从事音乐和绘画的是人，而当他们进行这些创造性的活动时，为他们提供工具的还是人。人们的创意活动为人类带来了便捷和快乐。尤其是近几十年来，各种类型的创造性工作呈现爆发式的增长，展现了创意前所未有的强大动力。

被誉为创意产业之父的英国学者约翰·霍金斯在其《创意经济》一书中界定了“创意”概念。他认为，创意就是催生某种新事物的能力，它代表了一人或多人创意和发明的产生，而这种创意和发明必须是个人的、原创的、具有深远意义的。换句话说，创意就是才能和智慧，创意无时不在，无处不在，它既在思想中萌发出来，更在行动中表现出来。人类的创意体现在各自专长上，也体现在感知世界并向世人引荐自己的方式中，还体现在了解这个世界的过程中。创意概念包含三种含义：宏观创意、个体创意和应用创意。所谓宏观创意，泛指一切可视的创作现象，不仅包括文学艺术，也包括日常生活的智慧结晶，即文化存在的样式。所谓个体创意，就是个人的情感、灵感、知觉、想象、才情、智慧等在创意作品中的自由倾泻。所谓应用创意，是指创意的目的不限于单纯的个人欣赏和品鉴，而是与产业的目的相联系，也就是使创意走向产业。与创意术语三种不同含义相对应，创意观念也包括三类：从文化这一较宽泛的途径看待创意，创意即文化；从审美这样一个美学视角考察创意，创意即审美；从产业这一立场对待创意，创意即产业。并且，创意术语和创意观念是一一对应的，即宏观创意反映文化的创意观念，个体创意体现审美的创意观念，应用创意符合产业的创意观念。这种一致性的逻辑关系表明，创意术语的使用和对创意观念的认识实际上有着内在的联系，这种联系不仅仅是逻辑上的，而且也体现在实际过程中。

“创意”是创意经济的“源”和“核”，是推动创意经济发展的第一推动

1　（美）保罗·罗默：1992年世界银行发展经济学年会上的演讲。

力和主导因素。随着市场经济的不断发展，特别是社会分工的不断深化，创意从人力资本中分离开来，成为一种相对独立的、越来越重要的生产要素，其不同于一般的已显性化、编码化的知识，而是具有高度难言性、不确定性和互补性的鲜明特点。创意的难言性体现在某种观念、想法、灵感的非标准化，难以准确描述和表达，创意的产生高度依赖于个体的经验、直觉和洞察力，是难以充分交流的；创意的不确定性集中体现为价值和使用价值实现的未知性，某种创意能否转化为现实的某种物化产品，现实的物化产品能否被市场所接受，等等，这些在事先都是未知的，只有经过市场的检验才能有明确的答案；创意的互补性体现在其是在已有知识存量基础上的一种增量知识，是种分裂知识，是人类社会知识分工的一种深化，其本身并不能直接转化为现实的生产力，只有与已有的各种相关知识及各种类型的要素资源有机结合并发生不同程度的嬗变，才能有效发挥自身的使用价值。

（二）创意经济

约翰·霍金斯认为，创意并不一定就是经济行为，但是，一旦创意具有了经济意义或产生了可供交换的产品，创意就具备了经济行为的特征[1]。因而，创意经济是创意产品之间的交易，且交易等式可以表示如下：

创意经济（CE）= 创意产品的价值（CP）× 交易次数（T）

美国学者理查德·弗罗里达提出了创意经济的“3T”原则理论：技术（Technology）、人才（Talent）和宽容（Tolerance），旨在研究如何有效地利用创意来促进社会持续的发展，寻求经济发展的动力，并保证长期的经济繁荣[2]。

经济学意义上，创意经济指的是以创意为主导，以服务业特别是文化产业的发展为重要特征，以创业活动为基本表现形式，在经济结构、组织、体制和运行上都与众不同的经济活动。如果以一种超越文化的视角来看待创意经济，我们可以发现，创意经济具有强大的要素资源黏合力和整合功能，进而推动资源配置方式的演进和财富的快速增长。创意经济成为当代市场经济发展的重要动力，主要表现在创意经济的需求创造力、创意经济的资源整合力和创意经济的产业渗透与扩张力。创意经济中创意的物化产品一般都是创新性产品，往往能够引导或创造需求；广泛的创业活动大大提高人类对已有资源的开发和利用能力，有效地促进了经济资源的高效整合，进而提升了全社会的物质财富创造力；如以版权、专利

1 ［英］约翰·霍金斯．创意经济．洪庆福等译，上海：上海三联书店，2006年，第3页．
2 ［美］理查德·弗罗里达．创意经济．方海萍等译，北京：中国人民大学出版社，2006年，第37页．

和设计等为内核的创意经济，凭借其居于价值链高端的地位广泛地渗透到社会既有的各种产业中，并根据价值链原则迅速对这些产业进行分解与重组，推动传统产业发生新的变革，促进产业的升级演进。同时，那些具有较强市场吸引力的创意物化产品，特别是文化产品具有明显的溢出效应，市场扩张和渗透功能比较强。

创意经济是以“创意资本”为核心推动力的一种新的经济形态。资本和技术主宰一切的时代已经过去，创意的时代已经来临。世界范围内创意经济的崛起，表明了世界经济面临着一次大的转型，产业重新开始升级换代。全球化不仅使各国在经济方面的依存度提高，也使得创意产品的生产和消费日趋国际化。20世纪，知识经济的迅速发展和信息技术革命，为各种产业之间的融合提供了可能性。创意经济是一个宏观层面的概念。在创意经济形态中，传统产业因为注入了文化、知识、智慧和创意的因素，附加值大幅度提升；新兴产业则本身就强调创新能力、知识产权、文化价值、智慧、品牌、创意理念的核心作用，经济的竞争实际上就是创新能力的竞争。创意经济的发展前景广阔。

二、创意经济兴起的背景

1997年，英国工党政府率先将发展创意经济确立为国家产业战略。此后，许多发达国家和地区相继提出发展创意产业政策，并将其视为对推动未来经济增长和创造就业机会有着重要价值的领域，由此掀起了一股全球创意经济浪潮。

约翰·霍金斯认为，全世界创意经济每天创造220亿美元的高附加值，并以5%的速度递增。其中，英国的创意产业已成为全英第二大产业；美国所推行的“新经济”发展战略的核心内容，其实也就是以知识智能和文化创意为本的新型经济模式；日本高度重视创意产业，喊出“独创力关系到国家兴亡”的口号，早在1995年的日本文化政策推进会议上就提出题为“新文化立国：关于振兴文化的几个重要策略”的报告，并由此确立日本在21世纪的文化立国战略；韩国也提出了在未来的发展中，知识密集型和具有高附加值的文化产业，特别是文化创意产业，是最能代表未来发展方向和最适合韩国国情的产业。韩国政府相继实施了一系列政策和配套措施，取得的成就令人瞩目。荷兰、丹麦、澳大利亚、新加坡等国也都把创意产业视为赢得未来和实现经济增长的主体产业。

与发达国家和城市相比，中国的创意经济虽然还处于萌芽和起步阶段，却已显现出良好的效益和光明的前景。中国政府在近几年出台的一系列政策报告中，多次强调文化在经济领域中的重要地位和作用，指出文化领域和经济领域具有密切的联系，文化行业将产生新的经济增长方式等。北京、上海、深圳等大城市创意产业的发展，突显了自己的城市特点，并在一定程度上自觉地进行了经济政策的调整，以培育和推动创意经济的发展。

创意经济在全球范围内的兴起，是人类社会经济发展的必由之路。它是由人类科技发展和人类需求变化所引发的一场深刻的经济革命。

（一）科学技术的发展是创意经济产生的重要条件

自18世纪中叶以来，科学技术不断地推动着人类社会经济的发展。位居世界科技发展领先地位的欧美等国，一直处于工业文明的前沿，并主导着人类社会发展的方向，带来了西方国家的城市化建设和发展，形成不同于工业革命前的消费市场和需求。可以说，西方文化产业、文化需求的产生和发展，是以科学传播技术的发展为基础的，然后波及其他国家和地区。

研究人类文化产业历史可以发现，每一次文化产业的升级，必然与当时的科学传播技术有着密切的关系。人类历史上的三次技术革命，使文化传播得以迅速发展。印刷技术的出现是人类传播媒介的第一次革命。印刷技术被广泛运用后，人类才得以大量复制文字传播思想。印刷技术的发展，又推动了印刷机、印刷工厂和印刷流水线的诞生，从而使人类可以大批量重复生产书籍、杂志、报纸等文化商品。各国报业的发展又为文化产业化奠定了技术基础。电子技术的出现是人类传播媒介的第二次革命，借助无线电广播、电视等，人类可以传播更加丰富的信息，新型的传播媒介出现了旧媒介所没有的扩散性、快速性和普遍性的特征。随着工业化、城市化的发展，大量聚集的城市人口形成了大众消费市场。科学技术以前所未有的速度和规模进入文化领域，从而催生了以工业生产方式制造文化产品的众多行业。照相、电影、唱片及录音、录像等各种新技术的出现和应用，直接推动了出版业、广播业、电视业、电影业、音像业等文化产业的兴起。电子技术的出现使文化产业化得以实现。以互联网为代表的数字信息技术的出现是人类传播媒介的第三次革命，它不仅催生了互联网、软件、动漫、网络游戏等新兴产业，而且使传统产业的结构发生了根本性改变，产业升级、结构调整、行业融合发展的趋势越来越明显。数字信息技术的出现，更使人类的生活方式发生了根本性的变化，人们通过互联网可以足不出户地从事跨地区的信息传递、交流、购买商品等以往不可想象的事情。科学技术的发展，使人类在相同的时间内，创造出比以前更高的利润，充裕的时间，促使人们产生了高层次的精神需求，愿意更多地享受休闲娱乐活动，这反过来又促进了文化产业的加速发展。

（二）消费需求的升级为创意经济的产生和发展提供了市场条件

美国著名学者约翰•奈斯比特曾经说过，在以高科技为主导的现代化社会中，人们除了温饱和安全之外，更迫切需要寻找人生的意义，追求更高、更深、更远的目标。创意经济时代的创意产业，正可以为人们提供满足这种精神需要的产品。行为科学家马斯洛的需求理论研究了人类需求由低到高发展的不同层次和不同水平，认为人类的消费按其内容和水平可以分为三类：生存性消费、发展性消费和享乐性消费。这三类消费形式中，生存性消费是最低层次的基本消费，而发展性消费和享乐性消费则是高档次的消费，也是文化消费的主要内容。随着社会生产的不断发展，恩格尔系数的下降，人们可用于购买文化产品和服务产品的开支不断增加，对文化娱乐的需求也越来越高，人们的文化消费将会进一步增长，即使在物质产品消费方面也会更注重其文化含量。影视、图书、美术、戏剧等文化产品的消费有了广泛的市场基础，消费者对文化消费品的内容等方面的创新要求越来越高。人们不再只追求商品的实用性，人们在重视商品使用价值的基础上，更加注重商品的文化含量。文化消费需求的产生和升级，人们闲暇时间的充裕，又为创意经济的产生和发展提供了广阔的市场条件。

在人们的消费支出中，体验式的无形消费比例会逐步增大，而创意经济时代的创意产品无疑满足了人们无形产品消费的需求。创意产品因被赋予了文化因素而显得与一般工农业产品有明显的差异。这种差异不仅表现在产品的外观、设计、包装、形式和内容上，更在于当人们去消费这类产品时所花费的时间要多于工农业产品，这在经济不发达的农业和工业时代是不可想象的。在经济不发达阶段，提高收入成为人们最为迫切的任务，为了生存，人们宁愿放弃闲暇以获得收入。而在经济发达阶段，高收入水平使增加收入的边际效用下降，人们一般倾向于放弃收入而增加闲暇。闲暇时间的增多，促使人类精神文化需求的增长，各类体现文化创意的物质产品也拥有越来越多的消费群体。没有需求就没有发展动力，创意经济形态中创意产业的发展、创意产品的多样化满足了不同消费群体的文化需求，同时创意产品的领先设计、包装及其他文化因素又挖掘和提升了消费者的文化需求的内容。因而，人类消费需求的升级，为创意经济的产生和发展提供了广阔的市场空间。

（三）文化产业的发展为创意经济的产生和发展构成了动力

创意一直存在于人类一切文化和经济活动中。一方面，在社会文化活动中，创意是与生俱来的。自从人类有了文化活动，创意就已是不可或缺的，缺少了创意，也就缺少了文化活动的生命力，而创意正是文化价值的体现。人类早期的创意活动往往被局限于政府与公众部门的资助，过多地与政治联系而脱离了经济因素，因而创意活动的商业价值和主动性不能完全体现，文化创意产业也无从产生。

另一方面，人类一切经济活动中，创意都一直存在。创意活动依附于不同产业，为相应的社会组织发挥着经济作用，但这种依附性的创意活动，没有形成独立的产业，不具有独立产业的性质。

随着文化产业化和产业文化化的不断发展的，在社会分工不断深化和技术不断进步的前提下，人类的创意活动逐渐从依附于特定组织的经济活动中分离出来，脱离了行业的局限性，成为服务于所有行业的创意活动。

文化产品和文化产业具有一些与物质产业部门不同的属性和特征。与普通的物质产品相比较，文化产品既有商品属性，又具有文化精神属性。文化产品的内容更多体现出无形性和高附加值的特点。这种高附加值、无形性的特点，使人们在衡量一般物质产品和文化产品时的标准发生了变化，人们不能用衡量物质产品的标准来衡量文化产品，否则将显得毫无意义。这种高附加值、无形性的特点，使得文化产品一旦有了经济行为，其产生的效益可能难以想象。文化产品的这些不同于物质产品的属性和特征，已经不能用传统的经济学理论来解释。传统的经济学是以物质资源的稀有性为前提的，人们使用的物质产品是有限的，而文化产业中所含的知识因素是取之不完、用之不尽的。与其他物质产业部门相比，文化产业既具有产业属性，又具有意识形态属性，这两重属性决定了文化产业既要遵循经济学规律，即符合市场规律和供求规律，又要遵循特定社会文化规律的制约和规范。文化产业在全球范围的兴起和发展，促进了创意经济的产生，并正从各个方面影响着人类的生活方式。

第二节　文化创意产业兴起的条件

创意经济的兴起，促进了人类文化创意产业的发展。创意产业与文化产业相融合，形成文化创意产业，又促进了社会经济的发展。文化创意产业不仅改变了人类传统产业发展的结构、规模和方式，更使人们的生活方式、生活水平迈向一个新台阶。

一、文化创意产业产生的基础

如同其他传统产业一样，在创意经济背景下，文化创意产业有其独特的产生条件。这些条件，遵循着创意经济的产生规律，也有着产业自身的特点。文化创意产业产生的条件有以下五个方面：社会经济水平、人类文化底蕴、科学技术发展、消费水平升级以及地球环境保护。

（一）社会经济水平

社会生产力水平不同，决定了社会经济发展水平的不同。不同的经济发展水平，对应于不同的产业等级，从第一产业、第二产业直至第三产业，其发展的根本动力源于社会的经济发展。在这些产业的发展过程中，人的创新起到了非常重要的作用。在所有的经济活动中，人的创意是以创新为基础的，创意在人类社会的经济生活中广泛存在着，并不断影响着人们的生活方式。

创意作为一种产业，与广泛存在于人类一切经济活动中的产业不同，是在一定的经济发展阶段中产生的，即创意不仅仅附属于产业，而且是从产业中脱颖而出、并逐渐分离、成为服务于产业的独立第三方产业。这样的分离，一方面突破了传统产业的局限，充分地发挥想象，扩大创新空间；另一方面，使创意更多地服务于其他行业，更加扩大创意作用的范围，促使创意提高各行业的附加值，真正成为独立的第三方。

（二）人类文化底蕴

"文化（Culture）"一词源于拉丁语Cultura，意为土壤耕作，即文化表示为种植、生产以及在生产过程中知识的学习、培养和思想的改进。《辞海》对文化的定义有广义和狭义两个方面的解释。广义上说，指人类社会历史实践过程中所创造的物质财富和精神财富的总和。狭义上说，指社会的意识形态以及与之相适应的制度和组织机构。《美国传统词典》则这样描述：文化是人类群体或民族世代相传的行为模式、艺术、宗教信仰、群体组织和其他一切人类生产活动、思维活动的本质特征的总和。

由此可见，只要有人类的地方，就会有文化的存在，并且文化又具有价值性和规范性、多样性和差异性、开发性和投资性。在当前经济发展的社会中，文化以其特有的性质不断地参与经济建设中，并向市场渗透。文化与经济、文化与市场的这种融通，不仅有效传播了文化，而且还促进了经济发展和市场的繁荣，使人们生活产品呈现多样化，有利于一个国家和地区通过挖掘文化要素提升经济效益。当然，文化并非会自动渗透于经济活动，人类的主观能动性在其中起到了非常重要的作用，包括人们的观念、政府的政策、区域的环境等要素的作用不可忽视。

（三）科学技术发展

文化创意产业的发展离不开科技，人类科技的发展是创意经济产生的重要条件。当代科学技术突飞猛进，发展速度越来越快，并不断改变着人们的生活方式，推动着社会的进步。尤其是网络技术的发展，为文化创意产业的发展奠定了技术基础。

首先，科技的发展，使文化创意产业获得了强大的技术支撑。它突破了传统产业的局限，或使传统产业淘汰，或使其摆脱束缚，不断升级；其次，创意产品的科技含量使产品的表现形式不同于传统产品；再次，科学技术的发展，使创意产业迅速波及全球，其传播速度之快，是传统产业时代不能想象的；最后，科技使文化创意产业链不断延长，并且在产业链的每个环节创造了人类无数的就业机会。

（四）消费水平升级

消费需求是随着社会经济水平的提高而不断升级的。国际上常采用恩格尔系数来衡量一个国家和地区人们生活水平状况。根据联合国粮农组织提出的标准，恩格尔系数在 59% 以上为贫困，50%~59% 为温饱，40%~50% 为小康，30%~40% 为富裕，低于 30% 为最富裕。

国家统计局发布 2018 年国民经济和社会发展统计公报。公报显示，全国居民恩格尔系数为 28.4%，比上年下降 0.9 个百分点，其中城镇为 27.7%，农村为 30.1%。

生活水平的提高，带来的是消费层次的不断升级，如从对有形产品的消费需求上升至对无形产品的需求，从物质消费上升至精神消费。文化产品的消费在收入增加、闲暇时间增多的时代尤其明显；人们对有文化含量物质产品的需求亦日益提高，产品外观的创意设计、产品功能的创新等都会构成对消费者的吸引。

（五）人居环境保护

经济发展如何与人居环境相协调是人类社会目前面临的重要研究课题之一。人居环境保护观念的提出，是人类为权衡产业发展利弊而提出的一种观念。不可否认，传统产业在人类社会经济发展过程中，创造了巨大的财富，但与此同时，传统产业的高能耗极大地消耗了地球资源，造成自然生态环境的破坏。

历史上，一些传统产业的基地往往都建造在发达城市中，对环境也造成了极大的压力。当今，许多发达城市已实现了产业换代，对环境污染严重的产业迁址城市边缘或农村并加以改造升级。能耗几乎为零且无污染的头脑产业——文化创意产业，顺势成为城市中的产业宠儿，使城市环境更为绿色、生态。

二、文化创意产业的社会作用

从文化创意产业产生的条件中可以发现，文化创意产业对社会的发展产生多种作用。这些作用主要表现在推动经济增长方式的转变、促进经济的可持续发展、增强城市的综合竞争力、协调社会经济的全面发展等。

（一）文化创意产业推动社会经济增长方式的转变

目前经济的增长主要是依赖知识和技术两大要素的投入，而文化创意产业是头脑产业，从而决定了其对经济增长方式转变具有推动作用。

文化创意产业具有很强的渗透性，能够将技术、商业、创造和文化融合为一体，使制造业得以延伸，有利于拓展制造业的发展空间。文化创意产业在生产环节上不仅占据价值链的高端，而且有广泛的产业关联性，其核心业务创意设计为众多行业生产提供服务，在创造自身价值的同时必然带动相关产业的发展，这是文化创意产业成为高成长性产业的基础。

文化创意产业可以提高消费中的文化含量，其强大的辐射力，不仅有利于扩大产品与服务的市场，还有助于推动消费方式的转变和消费结构的升级，并进一步促进产业结构的优化与升级。产业结构的优化与升级，又带来经济结构的根本性改变。除了对传统制造业的促进作用外，文化创意产业对包括服务业在内的第三产业结构也有着巨大的提升和催化作用，促使传统的第三产业迅速裂变成新的产业群，由此将第三产业结构提升到一个新的层次，推动城市的综合服务功能攀升至最高境界。同时，发展文化创意产业有利于培育新的经济增长点。文化创意产业的繁荣可以扩大消费需求，实现消费需求与经济增长之间的良性循环。

（二）文化创意产业有效促进城市经济的可持续发展

城市经济在国家经济发展中担任着极为重要的角色，但自人类工业化发展以来，城市的发展空间已趋于饱和，资源的利用已至极限，惟有另辟途径，方能继续在国家经济建设中扮演重要角色。城市要实现可持续发展，必须实现三个转变：一是经济发展的核心要素由物质、生态、环境等自生性资源向知识、技术、智力等再生性资源转变；二是经济增长方式由资源浪费、环境污染向资源节约、环境友好转变；三是城市经济形态从工业经济向知识经济形态转变。文化创意产业则是城市实现三个转变的桥梁，城市要实现可持续发展，必须大力发展文化创意产业。

从降低对物质资源的依赖、提高空间资源的集约利用、优化产业结构、转型城市功能等方面看，文化创意产业是城市可持续发展的必由之路。

文化创意产业是对自然资源投入依赖较小的经济。文化创意产业的发展离不开必要的物质资源，但文化创意产业能将这种物质依赖性降低到最小限度。首先，文化创意产业的发展立足于个人的创造性活动，而人的创造力、智力技能等创意资源是可再生的，是取之不尽、用之不竭的，具有永续利用的可能；其次，文化创意产品和服务以数字化创作生产、网络化传播消费为基本特征，生产和消费天然具有空间占用少、物耗能耗小、污染排放低的特点；再次，文化创意产业以信息技术和数字虚拟技术为基础，使传统意义上边界清晰的不同产业，在技术应用的基础上通过创意的力量形成产业融合趋势，极大地消解了时空距离和常规资源对传统产业的制约，降低了经济发展对自然资源的依赖。

文化创意产业是集约利用城市空间资源的经济。文化创意产业的发展需要企业的地理聚集。与其他产业不同，文化创意产业偏好于对存量空间的组合利用和集约利用。组合利用指文化创意产业在城市废弃空间的集聚，依托旧厂房、旧仓库的集聚兴起是文化创意产业发展的模式之一。工业化导致的交通拥堵、环境污染等“城市病”，驱使传统制造业企业迫于成本压力逐渐转移出中心城市，选择新的区位。制造业的移出导致城市产业空洞化，城市中心区域出现大量闲置空间。文化创意产业发展之初，产业组织和生产活动规模较小，对空间成本比较敏感。城市废弃的工业建筑历史悠久，有丰富的工业文化内涵，经过设计组合，具有很强的吸引同类企业入驻的能力。与旧城改造相比，创意产业与旧厂房、旧仓库的组合，有效降低城市改造成本，空间组合配置效率高。

所谓集约利用是指文化创意产业在城市高校周边区域以及产业开发园区的集聚。依托大学和开发区形成的创意产业集聚区，是文化创意产业发展的重要模式之一。高校周边区域和开发区是技术、人才、研究成果的集中地，往往成为文化创意产业集聚的先导区域。文化创意产业的组织形态以中小型企业为主，在空间上与高校周边区域和高新技术园区相融合。这样的融合一是可避免园区重复建设，节约城市空间资源；二是便于共享人才资源、技术平台、公共服务平台和产业扶持政策，节约运营成本；三是有利于构建城市创新体系。文化创意产业的强关联性，使之与制造业、服务业构成了产业共生关系。地理空间上的集中，便于创意企业、高校及研究机构、园区管理部门之间共同构建具有知识外溢、规模效应、互动创新的城市创新体系。如上海杨浦区的“赤峰路现代建筑设计街”就是依托同济大学土木建筑专业优势自发集聚起来的产业基地，短短 860 米的街道集聚了 500 多家建筑设计企业，创造了惊人的业绩，空间资源集约配置效率极高。

文化创意产业是推动产业结构不断优化升级的经济活动。尤其是创意产业，对城市产业结构优化升级的推动表现在三方面。一是文化创意产业带动服务发展。受资源、环境承载能力的制约，城市产业逐渐分化，传统制造业移出中心城市，而制造业中的研发、设计、营销、管理部门逐渐分离出来成为独立的生产性服务企业；二是文化创意产业有利于巩固城市的资源优势。现代城市是人才、技术、信息等资源的聚集地，而文化创意产业占据价值链的高端，是科技、文化和创造力的融合，产品附加值高，这无疑将巩固城市的资源优势；三是发展文化创意产业有利于城市产业簇群发展。创意产业关联度高，中、下游产业链可延伸性强，对区域产业的带动作用明显。

文化创意产业是推动城市功能转型的经济。城市功能转型是城市经济可持续发展的关键，城市的发展又可推动边缘地区的经济发展，从而提升国家的市场竞争力水平。文化创意产业带动城市现代服务业的发展，是引导城市功能由生产型向服务型转变的有效渠道。首先，文化创意产业逐渐取代原有的消耗资源、污染环境的制造业，通过向市场提供研发、设计、创作等生产性服务，进一步扩大城市的经济联系，增强城市作为区域经济中心的服务功能；其次，对于资源环境承载能力较弱的城市，文化创意产业有助于促进其现代服务业的发展，优化产业结构，转型城市功能，促进区域经济协调发展。比如，资源型城市在工业化过程中，生态环境承载能力下降，城市经济面临倒退。为此，有必要通过挖掘本地独特的创意资源，营造创造性、个性化的城市环境，吸引文化创意人才和创意企业集聚，发展独具特色的创意产业，生产高技术、高文化含量、高附加值的产品和服务，促进城市产业结构优化，增强城市的服务功能，降低城市经济发展对自然资源的依赖和对生态环境的破坏，以文化创意的创新优势来弥补资源与资本的劣势，为经济持续发展提供新的动力。

（三）文化创意产业增强区域尤其是城市的综合竞争力

创新能力是国际竞争力的核心能力之一，文化创意产业体现了区域尤其是城市的创新能力。当今世界，有影响力的顶级城市无一不是文化创意产业最集中、最发达的地区，都以独具特色的文化创意产业闻名世界。英国伦敦、美国纽约、法国巴黎、日本东京等，无不因创意经济的发展而充满活力，以崭新的面貌跻身于世界城市的前列。文化创意产业提高了城市的功能再造能力，增强了城市的综合竞争力。

文化创意产业以其巨大的文化附加值及其对相关产业的带动作用，使整个城市产生增值，提升城市形象，并以巨额利润吸引了越来越多的投资者。文化创意产业改善了城市的运转机制，加快了城市物流、信息流的传递速度，提升了城市集聚和扩散的功能。其中的创意产业的发展和繁荣催生了一批创意产业集聚区，强化了城市外部的影响力，增加了城市的文化含量，又促进了城市内在布局的优化效果，城市空间布局趋于合理化。文化创意产业推动了城市的功能再造，为城市的规划提供新的思路，为旧城改造提供新的契机，也创新了城市文化氛围，使城市更具魅力。

（四）文化创意产业协调社会经济的全面发展

文化创意产业的发展，是以科学发展观为导向，以实现广大人民的根本利益为最高标准的。文化创意产业的发展，将极大地促进先进文化转化为先进生产力，从而真正落实城乡发展、区域发展、经济社会发展、人与自然和谐发展、国内发展和对外开放的五个统筹。文化创意产业的最终目的就是最大程度地满足人们的精神文化需求，实现经济效益和社会效益的统一。

第三节　文化创意产业的研究意义

文化创意产业作为21世纪最具影响力的朝阳产业，已经成为全球经济新一轮竞争的重点。一个国家的创新能力直接决定了这个国家的竞争能力，而一个国家文化创意产业的发展，更加体现了智力软资源的丰厚程度，改变社会经济的核心力量。创新力的比拼已成为国家战略之一。研究文化创意产业及文化创意管理的意义，不仅在理论方面，其重大的作用和意义还体现在实践方面。

一、理论意义

世界各地文化创意产业热潮的兴起，同时吸引了许多经济学家、管理学家、心理学家、社会学家和文化理论以及战略研究者的高度关注。从研究“创意（Creativity）”本身，逐渐延伸到以创意为核心的产业组织和生产活动，即“创意产业（Creative Industry）”。

从经济理论的角度研究文化创意产业，是对传统经济理论的借鉴和发展。文化创意产业形态下的产业运行主要涉及以创意为主的文化产业，这使得创意产业的产业要素、产业价值、运行效益及运行机制等都与传统经济形态下的产业要素、产业价值、运行效益及运行机制等有着根本上的不同，启发着人类新的思考。

二、实践意义

从实践角度研究文化创意产业，主要研究文化创意产业对国家和地区的经济具有怎样的作用。发达国家文化创意产业的实践证明，文化创意产业在优化产业结构、促进资源转化、创造盈利机会、提升产品价值、激活消费者市场等方面发挥着巨大的作用。

（一）优化产业结构

创意已成为产业结构优化之途径。文化创意产业能够直接促进产业创新，在各产业融合的基础上形成新的产业领域，加快产业结构升级的步伐。文化创意产业的发展可以理解为文化、科技和经济的融合发展，而这种融合是建立在为消费者提供高度个性化的创意产品之上。

（二）促进资源转化

传统经济中，劳动力、自然资源和金融资本占据着主导地位，在新经济时代，人力资源和知识则成为主导性驱动力。传统经济发展模式，消耗了大量能源，其付出的代价是自然资源的耗尽和环境的不断恶化，而文化创意产业最显著的特征是鼓励个人创造力的无穷释放。这种释放创造了新产品和新的市场需求，可以通过创意将各种资源转化为资本经营，为经济发展开拓广阔的天地。资源有限，创意无限。创意产业正是资源转化的有效途径。

（三）经济危机下创造盈利机会

2008 年以来，由美国次贷危机引起的国际金融危机不断蔓延，严重影响了全球实体经济的发展。受国际金融危机的影响，2008 年我国出口增长同比回落 8.5%，并使得 GDP 增长回落和许多产业增长速度下滑。然而，在如此严峻的形势下，文化创意产业却逆势而上，如网络游戏出口 2008 年第三季度比第二季度增长 21%，北京、上海、深圳等地创意产业增长率也远高于同期 GDP 的增幅。可见，即使在经济不景气时期，文化创意产业也同样能找到新的发展机会。由于经济危机的出现，人们对于未来生活的担心转变成一定程度的心理压力，需要得到舒解。以人为本、以需求为导向的创意产业，则可以利用自己的特点，非常“善解人意”地为公众制造一个舒解现实生活压力与苦闷的“欢乐世界”。同时，还可以用自己丰富多彩的文化创意，为公众构筑一个宽阔的追逐自我愿望的平台，形成新的消费热点。

（四）提升产品价值

在供大于求的市场竞争中，产品硬件部分的竞争已趋于饱和，精神层面的要素决定了产品新一轮的竞争，而精神层面的要素具有更高的利润空间。文化创意产品既是产品精神价值的创造者，又是产业附加值的来源。根据调查，在工业品设计上投入 1 美元，将得到 1 500 美元的回报。产业链的前端——创意设计，其回报率是其他产业所不能企及的。这也是“中国制造”必须转型为“中国创造”的原因之一。

（五）有效激活消费市场

根据人们消费心理状态，人们消费产品时，在某种程度上是满足自身多层次需求。如人们购买家具，一方面满足储物需求；另一方面也要满足艺术欣赏需求。因而，产品功能的多样性以及其文化内涵，都会影响人们的消费需求。处在竞争异常激烈的市场中，产品的创新迫在眉睫，而产品有形的创新已没有太大的空间，产品文化要素的融入却大有可为。在新经济时代，产品竞争的实质是通过产品所倡导或体现的文化来影响或迎合公众的意识形态、价值观念、生活习惯等，从而使公众接受某种产品。正是由于产品所包含的文化个性与精神要素，才使其产品在消费市场中被接受。

材料分享　德国柏林设计之都之秘诀

加入联合国全球创意城市网络的城市被分别授予 7 种称号："文学之都""电影之都""音乐之都""设计之都""媒体艺术之都""民间艺术之都"和"烹饪美食之都"。目前已经有 21 个城市加入了该网络。其中，"设计之都"的竞争最为激烈。在已经加入和正在申请加入该网络的城市中，有 1/3 是指向这一称号的。目前柏林、布宜诺斯艾利斯、蒙特利尔、名古屋、神户、广州、深圳和上海已经被命名为"设计之都"，柏林是第一批被命名为"设计之都"的城市之一。

柏林（Berlin），有 750 年历史，是德国最大的城市，位于中欧平原施普雷河注入哈弗尔河口处。2000 年成为德国的新首都。柏林的建筑多姿多彩，蔚为壮观。人们徜徉街头，随处可见一座座古老的大教堂、各式各样的博物馆和巍然挺立的连云高楼。既有巴洛克风格的灿烂绚丽的弗里德里希广场，也有新古典主义风格的申克尔剧院，既有富丽堂皇的宫殿，也有蜚声世界的现代建筑流派作品。这些美不胜收而又经历了历史沧桑的各具特色的建筑，使人们强烈地感受到柏林的古典与现代、浪漫与严谨的氛围。柏林是座文化名城，全年几乎都有文化节，常常眨眼间，街道就变成了舞台，行人变成了观众。柏林是世界重要的文化学术交流场所之一，有柏林爱乐乐团、柏林电影节、还有音乐剧目《巴黎圣母》和众多国际著名的展览和博物馆。

2006 年 1 月 22 日，柏林被联合国教科文组织授予"设计之都"的称号，联合国官员表示，"设计之都"的称号将在全世界提高柏林作为文化多样性中心的声望。

打造"设计之都"的城市，是有远见的城市。在柏林，有 1.04 万人专职从事设计方面的工作，此外还有数不清的自由职业者以设计为生；柏林有 600 多家设计公司，每年的营业收入高达 14 亿欧元。柏林有 4 所大学开设设计课程，当地设计界的特点是跨学科工作，不同行当的设计彼此互补。这一切的背后，是“年轻人能够找到尝试新想法的自由空间”，从国家歌剧院到荒废的地铁站到许许多多的空地，“都是他们施展设计才华的舞台”。“年轻”“自由”“空间”“舞台”是柏林这座“创意之都”的关键词。在这些关键词中，“自由”两个字是精魂。

自由是创造的灵魂，是创意的源泉，是设计的原动力。当苹果的 iPad 成为一种文化，索尼的笔记本电脑成为一种时尚，三星手机的精巧让人爱不释手时，我们看到设计潜移默化地嵌入我们的生活，看到它为这些国际品牌创造了丰厚的利润，但我们大抵都不知道那是自由创造的可贵成果。设计是内在自由空间的向外开放，一切好的设计都是创作者从心灵里歌唱出来的。“笔尖乃心灵的舌头”（塞万提斯语），心灵自由，笔尖灵动，而缺乏自由心境的舌头，注定是会结结巴巴的。

“自由”两个字尽管“形而上”，却是根子里的。设计涉及技术领域和美学领域，它不是架“电线”、铺“E 路”，如果缺少自由的空间和自由的氛围，设计就会跑光美学的要素，只留下残缺的技术。自由创造，排斥急功近利；自由创造，赢得终极富饶。只有像柏林那样让自由的灵魂始终翱翔在城市的天空，才能成为真正的“设计之都”。

材料来源：根据“中国政务信息网”和其他网络资料进行整理

问题思考

1. 文化创意产业为何首先在欧美等发达国家产生？
2. 文化创意产业对国家或地区的经济有何作用和意义？

线上题库

线上资料 1　线上资料 2　线上资料 3　线上资料 4

理论发展

第二章 文化创意产业理论概述

文化创意产业基础理论的研究，是基于各国文化创意产业实践的迅猛发展。虽然理论研究的起步较晚，但对于文化创意产业发展的经验总结和发展规律阐释，却促进了文化创意产业实践的进一步发展。

材料导读 纽约 SOHO 的艺术盛名从何而来

引导词：对于什么是文化创意产业？以怎样的形式表现？到过纽约 SOHO 的人们，除了沉浸在其非凡的艺术和潮流的时尚里，也在考虑这个问题。纽约 SOHO 能吸引全世界游客慕名前来参观游览，在于它是商业和艺术充分融合的化身。

SOHO 是英语单词 SOUTHOFHOUSTON 的缩写，指的是处于纽约下城 HOUSTON 街南，具体而言，它处于纽约下西城，南起坚尼街（CANALSTREET），北止 HOUSTON 街，西起西部快速路，东到勿街（MOTTSTREET），从 SULLIVAN 到 LAFAYETTESTREET，共 44 个街区，北邻格林威治村，南邻翠贝卡，以百老汇大道为中心，以古老的铸铁建筑和鹅卵石铺就的街道为特色，包括大大小小共计 84 条街区。一半以上为单身住户，住户中近一半为 25 至 44 岁之间的年轻人。该区的白人、亚裔人口数、受教育程度、人均收入均高于纽约整体水平。

SOHO 的历史起起伏伏，从曾经的移民休息疗养基地到国际知名品牌的加工厂和艺术展览区再到破旧的、以血汗工厂闻名的“万亩地狱”，最终发展成为今天艺术家的天堂。使其再生的并不是开发商或城市规划者，而是艺术家们。由于廉价的房租和宽敞的空间，20 世纪 60 年代，一些主要由画家和雕塑家组成的艺术家陆续非法搬进 SOHO 区，把这些空置的工厂变成工作室。美国当代艺术的领军人物、超现实主义的先锋派画家查克克劳斯，视觉艺术领域及保守行动的代表弗兰克·斯特拉和雕塑家理查德塞拉，摄影大师辛迪舍曼均曾在此建立其著名的工作室，查克克劳斯更有“SOHO 市长”之称。今日的 SOHO，与特色酒吧和高档时装店为邻，与艺术画廊和个性化的家居装饰品店并肩，是雅客、时尚青年和游客都不愿放过的重要时尚商业区和旅游景点。

今天的SOHO有近600家各具特色的百货服装、饰品店。以SOHO中心区的百老汇大道为例，特色店有50余家，经营范围包括珠宝、服饰、化妆品、家居用品、文具及百货等；各式餐馆逾100家，囊括了世界各地的风味美食和高级主题餐厅。世界最知名的品牌PRADA（普拉达）、CHANEL（香奈尔）、LOUISVETTON（路易威登）早已登陆这个黄金商业区。PRADA甚至请到芬兰著名建筑设计师库哈斯设计，用2 400万美元在SOHO区的中心位置建筑了具有坐标性意义的旗舰店，以展示自己独特的形象。

虽然商业化浪潮席卷了SOHO区，但它从未有愧于自己曾经的艺术盛名，艺术余韵未衰。留在这里的画廊尚有30余家，其中有商业性画廊18家，如南希·霍夫曼画廊等；剧场10个，共959个座位：如格林威治街剧场、HERE艺术中心以及20余家外百老汇音乐剧制作公司。

SOHO不是艺术区，艺术却无处不在。它是商业和艺术充分融合的区域，是富有个性的、有着深刻文化内涵的商业区，是时尚的代名词。艺术浸透到SOHO每一条街道和每个SOHO人的细胞中，这里的每个商家都使出浑身的解数显示自己商品的个性和艺术品位，就连那些国际知名品牌的服装店也不得不迎合这种气氛，专门为区内专卖店设计专门的服装。到这里的顾客不会是单纯的品牌追逐者，而是特色商品的“淘金者”。

SOHO从艺术园区转为商业区的经济基础，在于其艺术品牌的商业价值。这种由艺术所凝成的品牌所具有的巨大商业潜力，像磁铁一样吸引着全球的商业资本。

SOHO成为独特的时尚园区的条件，还在于它被高度发达的商业文明占领的同时，坚守和发展了独特的艺术特性。对于SOHO区艺术和商业的成功结合，政府法规、民间团体、社区民众和商家都起着缺一不可的作用。如果没有“铸铁建筑之友”的努力和游说，使政府将SOHO区定为建筑保护区并对此广为宣传，SOHO说不定会魅力大减。

材料来源：2009年4月30日《国际文化发展报告》

第一节　文化创意产业的内涵与特点

虽然文化创意产业理论系统内容还处于探讨之中，但对其中基本概念的定义，是系统理论研究的基础和出发点。

一、文化创意产业的内涵

要了解文化创意产业的内涵，首先要了解创意产业的内涵。

随着知识经济的发展和信息技术的普及，传统的产业结构演进规律已经无法描述经济发展的结构特征。创意产业作为一种新型的产业类型开始进入人们的视野，并将其界定为“源自个人创意、技巧及才华，通过知识产权的开发和运用，具有创造财富和就业潜力的行业”。这一产生于1998年英国创意产业特别工作组的定义，后来被许多国家和地区所沿用。在随后的研究中，人们对创意产业的理解不断深化，它不再仅仅局限于内容产业、文化产业的高端，甚至也被认为是思想产业、观念产业、核心产业和关键产业的统称。从更广义的角度看，创意产业也是创新产业，它在客观上已成为知识经济时代的一个标志性产业，涉及具有高科技含量、高文化附加值和丰富创新度的任何产业。对此，《伦敦创新战略与行动方案》（2003）就指出，创新（创意）不能仅仅局限于高科技产品和过程，还要涵盖于21世纪欣欣向荣的经济之所有产生附加值的创造活动和服务部门。

文化经济理论家凯夫斯（Caves）对创意产业给出了以下定义：创意产业提供给我们宽泛地与文化的、艺术的或仅仅是娱乐的价值相联系的产品和服务。它们包括书刊出版、视觉艺术（绘画与雕刻）、表演艺术（戏剧、歌剧、音乐会、舞蹈）、录音制品、电影电视，甚至时尚、玩具和游戏。凯夫斯力图描述和总结当代创意产业的特征。在他看来，创意产业中的经济活动会全面影响当代文化商品的供求关系及产品价格。无疑，创意产业的提出建立了一条在新的全球经济、技术与文化背景下，适应新的发展格局，把握新的核心要素，建构新的产业构成的通道。

英国学者约翰·霍金斯在《创意经济》（*The Creative Economy*）一书中，把创意产业界定为其产品都在知识产权法的保护范围内的经济部门。知识产权有四大类：专利、版权、商标和设计[1]。每一类都有自己的法律实体和管理机构，每

1　[英]约翰·霍金斯．创意经济．洪庆福等译，上海：上海三联书店，2006年，第5页．

一类都产生于保护不同种类的创造性产品的愿望。霍金斯认为，知识产权法的每一种形式都有庞大的工业与之对应，加在一起“这四种工业就组成了创造性产业和创造性经济”（Howkins，2001，xiii）。霍金斯为创意经济所下的定义有不少亮点。创意产业依赖于知识产权保护体系，通过界定创意部门，霍金斯避开了某职业的性质是否有创造性这一潜在难题。对霍金斯来说，“印刷书籍和摆放舞台布景的人与书籍作者、舞台上的表演者一样都只不过是创造性经济的一部分”（Howkins 2001，xiv）。澳大利亚学者金迈克认为，21 世纪为我们提供了一个重新估价文化在我们生活中所扮演的角色的机会。21 世纪将会见证我们（作为消费者、观众和公众）利用文化资源方式的空前变化。文化被生产、传播和消费的方式将越来越取决于技术创新和全球化市场。应该严肃地将文化作为一种产业来对文化进行思考——一个可以提供就业、培训、出口税收和外汇的产业。

根据上述分析，创意产业的真正含义应归结为以下几点：

首先从创意产品的内涵来分析。广义的创意产品应该包含两层含义：一是被赋予特定历史文化内涵或某种艺术想像力的产品。如艺术品、收藏品、电影、出版物等。这一层次基本相当于高端的文化产品；二是以大规模认同和普遍接受为特征的标准、经营或管理规则。如产品制造过程中的技术标准，保证生产效率和创新能力的组织设计规则，甚至也包括达成连锁经营的授权规则等。本质上讲，被人们普遍接受的事物或规则就具有了特定的文化内涵，企业组织生产和经营的理念——企业文化——就是最为明显的例子。因此，当技术设计规则被人们普遍接受之后，这种规则也就可以被看成是生产的文化理念。由此可见，广义的文化属性是创意产业所必须具有的根本特征。

其次从创意产品与创意产业的关系看，创意产品是创意产业的内在属性，它是创意产业形成的微观基础。因此，创意产业的内涵必定具有以下四个特征：①创意产业是生产创意产品的企业集合；②创意产品是作为无形资产的创意渗透于生产过程所创造出的具有象征价值、社会意义和特定文化内涵的产品或服务；③创意产品在本质上表现为特定的文化产品或设计规则；④创意产品必须被普遍地接受和认可。

对上述内涵进一步拓展，并结合各国创意产业的发展实践，我们可以发现，通常理解的创意产业在外延上还应具有以下基本特点：①创意产业推崇创新和个人创造力，是典型的“头脑”产业，表现为“劳动”密集型特征，这里的“劳动”特指复杂劳动；②创意产业不仅强调文化和艺术对经济发展的支持与推动，也关系到经济与文化的互动性与互补性，从而保证了经济与文化的一体化发展；③创意产业的发展空间和延伸领域极其广泛，它不仅包含了“以物质资本、经济资本为运转方式”的传统产业，还拓展了“以智力资本、文化资本、社会资本为运营方式”的新产业内涵；④创意产业所体现出的空间差异性较强，许多类型的创意产品在偏好各异的消费者眼里总是和特殊的地理位置联系在一起的，如巴黎时装、伦敦歌剧等；⑤创意产业与一个国家的生活品质息息相关，它影响到一个国家的生活品质形象，是知识经济时代人们生活文化水平提高的产物。

因而，创意产业是指依靠创意人的智慧、技能和天赋，借助于高科技对文化资源进行创造与提升，通过知识产权的开发和运用，生产出高附加值产品，具有创造财富和就业潜力的产业。

随着科技的发展和人们创意的涌现，可以预见，创意产业将不断出现新的产业类别、新的产业组合模式、新的产业运营方式，在区域经济发展、城市改造与建设等多个方面发挥重要作用。

其次，要了解文化产业的内涵。“文化产业”是阿多诺和霍克海默在《启蒙辩证法》（1947 年）一书中率先使用的概念。他们特别强调：“文化产业必须和大众文化严格区分开来。文化产业把旧的熟悉的东西熔铸成一种新的特质。”

所以，文化创意产业，本质上是人类社会发展到一定阶段的产物。

二、文化创意产业的性质

虽然每个国家在发展文化创意产业过程中的侧重点不同，有的重点发展创意产业，有的重点发展文化创业，但文化创意产业这一新术语往往意味着对旧术语、旧行业的反思与批评，反映了对旧行业的理论范式、现有机制、政策趋向和实际运作的调整或反拨。那么文化创意产业是什么样性质的产业呢?

文化创意产业不再简单地囿于过去的传统文化产业，它是顺应新的产业形态而出现的创新概念，是对新形态的概括、总结和发展。英国提出的十三类创意产业部类，包括新生的产业类别，如动漫、游戏、数字艺术、软件设计等，有些虽然仍然沿用过去的概念，如电影、电视、服装设计，但内涵已大大变化，强调的是这些领域的数字化、信息化。

文化创意产业的根本观念是通过“越界”促成不同行业、不同领域的重组与合作。这种越界主要是面对第二产业的升级调整，第三产业即服务业的细分，打破第二、三产业的原有界限，通过越界，创造融合新的增长点，推动文化经济全面发展，促进社会机制的全面创新。

实际上，几乎所有的产业都需要创造性，那为什么还要提出文化创意产业尤其是创意产业呢？在一些传统的行业或领域中，创造性只是一种附属品而不具有产品的核心地位。同时，这种创造性或创意还是相当普泛化的概念，如我们熟悉的特指艺术创作中艺术家的独创性。而按照后标准化时代的创意理念，创意或创造性成了特指的市场趋向的产业方式的核心。也就是说，制造业卖产品、卖机器，创意产业则卖设计、卖理念、卖精神、卖心理享受、卖增值服务。这样，创意就成了当代产业结构中的一种特殊要素，它决定了产业的性质，并由此决定了产业的管理与运作。

传统产业的发展靠机器、厂房、资源和劳动力，创意产业的发展则靠创意阶层，靠创意群体的高文化、高技术、高管理以及与新经济的“杂交”优势。创意阶层中最富创造性的高端创意人才在文化创意产业中的作用尤为突出，据统计，现代财富的创造更多地集中在一些最优秀的创意人才上。

从产业运作模式上看，文化创意产业的发展更加动态化。它是市场经济运行的高端方式，更加远离计划经济模式，更多地依靠市场和消费自身的推动，同时又不断地设计市场、策划市场、涵养市场、激发市场。也就是说，在目前的全球化消费时代，市场的全球性，传播的全球性，需求的精神化、心理化、个性化、独特化，消费的时尚化、浪潮化，使得文化创意作为产业从根本上改变了过去固化的稳态工业发展模式，而代之以不断变动的创意策划、创意设计、创意营销、创意消费。它在不断关注市场中，创造消费惯例、涵养消费人群、引导消费时尚潮流。它不断在创意中寻找热点、利润和机会，以一种动态的平衡模式替代或提升过去的稳态工业发展模式。

三、文化创意产业的特点

基于对文化创意产业的理解，可以认为，文化创意产业体现了不同于传统产业的特点，具有独特性与创新性、不确定性与风险性、多样性与差异性、越界性与高端性等特点。

（一）独特性与创新性

当代文化创意产业的蓬勃发展，使得文化创意产品成了买方市场，而眼球和注意力则成了卖方市场，成为稀缺商品。文化创意产业产品最忌讳沿袭陈规俗套，它在总体上必须凸显产品独具的特色，才能在市场上获得超值的效益。文化创意产业的精神性、流动性、易逝性，决定了创意是创意经济的核心。尽管创意产业的组织结构与交易过程十分复杂，但其核心仍然是创意，而创造性是文化创意产业的生命线。当代消费社会中，大众流行文化中遵循时尚化、浪潮化的运行方式，也使得文化创意产品的新颖性、短时性和强烈的空间视觉特征空前显现出来。

（二）不确定性与风险性

文化创意产业生产的产品不再是基本物质性必需产品，而是更富于精神性、文化性、娱乐性、心理性的产品。随着人们生活水平的提高，对这种精神性产品的需求在总体上呈上升趋势，需求量也越来越大，这是文化创意产业发展的根本动力。但是对于每一个具体的产品如电影、电视剧、广告片、MTV、动漫、网络游戏来说，这种需求又有很大的不确定性。每一文化创意产品对于消费者的需求来说，存在着时尚潮流、个体嗜好、传播效果、时机选择、社会环境、文化差异、地域特色等多种不确定因素，因而也大大增加文化创意产品的风险。

由此，文化创意产业无疑是风险产业，对文化创意产业的投资因而也是一种风险投资。风险投资被认为是当代经济增长的发动机。它以知识创新与高新科技为支持体系，具有高收益、高回报和高增长潜力等特性，但这种高收益也可能遭遇风险。即使是在文化创意产业十分成熟的好莱坞，著名导演也无法保证他的电影每一部都能成功。成功与风险并存，这就是文化创意产业的魅力所在。

（三）多样性与差异性

文化创意产业更多地具有文化艺术的特性，而文化艺术具有多样化、差异化的性质，使文化创意产业也同样体现出多样性与差异性。文化创意产品的差异性既包含纵向区别，也包含横向区别。所谓纵向区别就是指产品与产品之间在产品水平、等级或质量上的区别，它关乎产品的原创性、技巧性或艺术境界的评价。例如好莱坞的剧作家、导演及制片人在任何时候都会对剧作家的好坏有一致的评价，能断定谁应属“一流”剧作家，谁应属“二流”行列。从根本上说，任何一个产品与其他产品都是不同的，而它们的不同将导致截然相反的结果。横向区别则是指不同类别不同特色之间的区别。消费者会因其习惯、爱好的不同，在同样质量同样水平的文化创意产品之间作出选择。两首歌曲在消费者看来，其特点可能非常相同，但它们又不完全相近。横向区别激发产品种类的多样性，激发艺术家从各种可能中做出选择，刺激消费者或中间商从一系列真正具有创意性的产品中做出选择，而文化创意产品通常是横向区别与纵向区别的混合体。

（四）越界性与高端性

文化创意产业的根本观念是通过“越界”促成不同行业、不同领域的重组与合作。需要特别注意的是，文化创意产业中既有设计、研发、制造等生产活动领域的内容，也有第三产业中的一般服务业，更有艺术、文化、信息、休闲、娱乐等精神心理性服务活动的内容，因而创意产业开拓了艺术型、精神型、知识型、心理型、休闲型、体验型、娱乐型等新的产业增长模态。

第二节　文化创意产业的界定与分类

由于文化创意产业是新兴产业，涉及的内容和范围都比较广，所以，其界定和分类表现出国与国之间、地区与地区之间的不同。

一、文化创意产业分类的原则和要求

根据上述对文化创意产业概念的分析，对文化创意产业进行界定和分类，要能够体现出自主创新的要求，突出其对地区和国家产业结构的影响，以及是否对经济增长方式转变有所促动。因而，在文化创意产业分类时，第一，必须考虑是否具有一定的产业规模或者产业潜力较大。如设计产业，近几年在国内发展非常迅猛，尤其是上海和深圳两地，被联合国教科文组织授予“设计之都”的称号；第二，能够安排较多的就业机会；第三，对原创性和创新性的要求比较高；第四，对资源消耗和环境污染比较少或接近零；第五，有较高的附加值，即在各种商品中融入创意的文化元素，并使之成为该商品的主导和标志性元素，大幅提高该商品的附加值。

二、国外文化创意产业的分类

最早提出“创意产业”概念的是英国，并将该产业分为十三类，包括广告、建筑、艺术品和古玩市场、工艺品、设计、时装、电影与录像、互动休闲软件、音乐、表演艺术、出版、电脑软件、电视和广播。

新加坡将创意产业分为三类：第一类是艺术与文化，包括摄影、表演以及设计艺术、艺术品与古董买卖、手工艺；第二类是设计，包括广告设计、建筑设计、平面产品以及服装设计；第三类是媒体，包括出版业、广播业、数字媒体等。

美国将创意产业分为六类：文化艺术、音乐唱片、出版业、影视业、传媒业、网络服务业。

在日本，创意产业包括：广告、建筑设计、艺术、古董市场、手工艺品、时尚设计、数码技术（电脑游戏、电视游戏）、电影与录像、音乐、表演艺术、出

版业、电脑软件和电视广播等。

联合国教科文组织（UNESCO）则认为，创意是人类文化定位的一个重要部分，可被不同形式表现。“文化产业”适用于那些“以无形、文化为本质的内容，经过创造、生产与商品化结合的产业”。这些内容典型地是受到著作权保护，并且可以采用产品或者服务形式来表现。文化产业或可被视为“创意产业”。由此可见，国外对创意产业的分类基本等同于“文化产业”。

三、国内文化创意产业的分类

（一）北京

北京市将《国民经济行业分类》中的82个行业小类和6个行业中类纳入文化创意产业范围，将文化创意产业分为九大类：文化艺术、新闻出版、广播电影电视、软件网络及计算机服务、广告会展、艺术品交易、设计服务、旅游休闲娱乐以及其他服务。建立了由三个层次组成的文化创意产业的分类体系。

（二）上海

上海市根据产业的共同特征考虑分类范畴，并根据其与创意的相关程度，结合上海经济发展的现状及产业发展的实践，确定了上海市创意产业五大类重点发展行业：研发设计创意、建筑设计创意、文化艺术创意、时尚消费创意、咨询策划创意。同时上海市也确定了文化产业的十大门类：新闻出版发行服务、广播电视电影服务、文化艺术服务、文化信息传输服务、文化创意和设计服务、文化休闲和娱乐服务、工艺美术品生产、文化产品生产的辅助生产、文化用品的生产、文化专用设备的生产。

（三）香港

香港创意产业包括十二类，分别是广告、建筑、艺术品、古董及手工艺、设计、数码娱乐、电影与视象、音乐、表演艺术、出版、软件与电子计算机软件、电视与广播。与英国的提法大同小异。

（四）台湾

台湾对创意产业的界定范畴，包括视觉艺术产业、音乐与艺术表演产业、文化展演设施产业、工业产业、电影产业、广播电视产业、出版产业、广告、设计，还有设计品牌时尚产业，以及建筑设计、创意生活、数码休闲娱乐，其中，创意生活是台湾最早提出来的。

第三节　文化创意产业的相关理论

与文化创意产业相关的理论，涉及产业经济的理论，包括产业结构、产业组织、产业发展、产业布局、产业政策等理论。

一、产业结构理论

产业结构是指在社会再生产过程中，国民经济各产业之间的生产技术经济联系与数量比例关系。国家的产业结构是否合理，对该国的经济发展至关重要。

（一）产业结构理论的思想渊源

英国经济学家威廉·配第在 17 世纪第一次发现了世界各国国民收入水平的差异和经济发展不同阶段的关键原因是由于产业结构的不同。他于 1672 年出版的《政治算术》中通过考察得出结论：工业比农业收入多，商业又比工业的收入多，即工业比农业、商业比工业附加值高。这一发现，后来被称为配第定理。

重农学派的创始人魁奈分别于 1758 年和 1766 年发表了重要论著《经济表》和《经济表分析》，提出了关于社会阶级结构的划分：生产阶级，即从事农业可创造纯产品的阶级，包括租地农场主和农业工人；土地所有者阶级，即通过地租和赋税从生产阶级那里取得“纯产品”的阶级，包括地主及其仆从、君主官吏，等等；不生产阶级，即不创造“纯产品”的阶级，包括工商资本家和工人。他在经济理论上的突出贡献是他在“纯产品”学说的基础上对社会资本再生产和流通条件的分析。

亚当·斯密在《国富论》中虽未明确提出产业结构概念，但他论述了产业部门、产业发展及资本投入应遵循农工批零商业的顺序。

（二）产业结构理论的形成与发展

1. 欧洲学者的产业结构理论

现代产业结构理论的形成时期是 20 世纪 30 年代至 40 年代，在 50 年代至 60 年代得到了较快的发展。对产业结构理论研究作出突出贡献的代表人物包括里昂惕夫、库兹涅茨、A. 刘易斯、赫希曼、罗斯托、钱纳里、霍夫曼、希金斯及一批日本学者。

里昂惕夫于 1953 年和 1966 年分别出版了《美国经济结构研究》和《投入产出经济学》两本书，建立了投入产出分析体系，在《现代经济增长》和《各国经济增长》中，他深入研究了经济增长与产业结构关系问题。

丁伯根认为，经济结构就是要有意识地运用一些手段以达到某种目的，其中就包含了调整结构的手段。他将经济政策区分为数量、性质和改革政策三种。其中，性质政策就是改变结构（投入产出表）中的一些元素，改革政策就是改变基础中的一些元素。另外，他所采用的部分投入产出法，就是一种产业关联方法，它直接从投资计划项目开始，把微观计划简单地加总成为宏观计划。

赫希曼在1958年出版的《经济发展战略》中提出了一个不平衡增长模型，突破了早期发展经济学家限于直接生产部门和基础设施部门发展次序的狭义讨论。其中关联效应理论和最有效次序理论，已经成为发展经济学中的重要分析工具。

罗斯托提出了著名的主导产业扩散效应理论和经济成长阶段理论。他认为，产业结构的变化对经济增长具有重大的影响，在经济发展中应重视发挥主导产业的扩散效应。

钱纳里对产业结构理论的发展贡献颇多。他认为，经济发展中资本与劳动的替代弹性是不变的，从而发展了柯布—道格拉斯的生产函数学说。他指出，在经济发展中产业结构会发生变化，对外贸易中初级产品出口将会减少，逐步实现进口替代和出口替代。

克拉克在1940年出版的《经济发展条件》一书中，指出了劳动力在三次产业中的结构变化与人均国民收入的提高存在着一定的规律性：劳动人口从农业向制造业、进而从制造业向商业及服务业的移动，即所谓的克拉克法则。

西蒙·库兹涅茨在1941年的著作《国民收入及其构成》中，阐述了国民收入与产业结构间的重要联系，即库兹涅茨产业结构论。他通过对大量历史经济资料的研究得出如下结论：①农业部门实现的国民收入，随着年代的延续，在整个国民收入中的比重以及农业劳动力在总劳动力中的比重均不断下降；②工业部门国民收入的相对比重大体上是上升的，然而，如果综合各国的情况看，则工业部门中劳动力的相对比重是大体不变或略有上升；③服务部门的劳动力相对比重呈现上升趋势，但国民收入的相对比重，却并不必须与劳动力的相对比重的上升趋势同步，综合起来看是大体不变或略有上升。

2. 日本学者产业结构理论

筱原三代平于1955年提出了“动态比较费用论”，其核心思想强调：后起国的幼稚产业经过扶持，其产品的比较成本是可以转化的，原来处于劣势的产品有可能转化为优势产品，即形成动态比较优势。

赤松要于1932年提出了产业发展的“雁形形态论”。“雁形形态论”认为，一国产业发展要与国际市场紧密地结合起来，使产业结构国际化。后起的国家可以通过“进口→当地生产→开拓出口→出口增长”四个阶段来加快本国工业化进程。产业发展政策要根据“雁形形态论”的特点制定。某一产业随着进口的不断增加，国内生产和出口的形成，其图形就如三只大雁展翅翱翔。赤松要后与小岛清等人进一步拓展和深化了该理论假说，用三个相联系的模型阐明其完整的内容。

关满博提出了产业“技术群体结构”概念，构建了一个三角形模型，并用该模型分别对日本与东亚各国和地区的产业技术结构进行比较研究。得出的结论是：日本应放弃从明治维新后经百余年奋斗形成的“齐全型产业结构”，必须促使东亚形成网络型国际分工，而日本只有在参与东亚国际分工和国际合作中对其产业进行调整才能保持领先地位。

日本学者的产业结构研究，实际上触及东亚区域产业结构循环演进问题，并已明确意识到一国产业结构变动与所在区域的周边国家的关联性，但这一研究仍以单个国家为立足点，仅涉及国际区域的一个特例，没有上升到一般理论。

二、产业组织理论

产业组织是指同一产业内所有企业的集合。对于产业组织理论的研究，可以从产业组织理论的形成和发展两个方面阐述。

（一）产业组织理论的形成

产业组织理论的渊源可以追溯到古典经济学家亚当·斯密。亚当·斯密提出了最早的产业组织概念，并说明了劳动分工以及由此产生的专一化协作等原理，即市场自发调节自由竞争的市场机制，较为全面地阐述了合理的生产组织促进社会资源的节约这一论点。

把产业组织概念引入经济学的，则是新古典学派经济学家马歇尔。马歇尔在与其夫人共著的《产业经济学》一书中，第一次把产业内部的结构定义为产业组织。1890年，在其著作《经济学原理》中论及生产要素问题时，在总结萨伊的生产三要素（劳动、资本和土地）基础上，提出了“组织”这一第四生产要素，并专门分析了分工的利益、产业向特定区域集中的利益、大规模生产的利益、经营管理专业化的利益以及马歇尔意义上的“内部经济”与“外部经济”、收益递减与收益递增等与现代产业组织相关的内容，提出了“马歇尔困境”这一产业组织研究的核心问题。

20世纪20年代至30年代，美国的张伯伦与英国的琼·罗宾逊都提出了垄断竞争理论，为现代产业组织理论的市场结构分析奠定了理论体系基础。张伯伦特别注重分析现实的市场关系，其所提出的一些概念和观点成为现代产业组织理论的重要来源。他以垄断因素的强弱为依据，对市场形态作了分类，指出市场划分为从完全竞争到独家垄断的多种类型，总结了不同市场形态下价格的形成和作用。他还着重分析了垄断竞争、同类产品的生产者集团和企业进入及退出市场、产品差别化、过剩能力下的竞争等问题。

（二）产业组织理论体系的形成

20 世纪 30 年代以后，在美国以哈佛大学为中心形成了比较完整的产业组织理论体系。1938 年，梅森在哈佛大学建立一个产业组织研究小组。梅森将有效竞争标准归为两类：市场结构基准和市场成果基准。这就是有效竞争标准二分法。之后，一些经济学家将有效竞争标准从二分法扩展为三分法，即市场结构标准、市场行为标准、市场绩效标准，进一步规范了产业组织理论体系。

（三）产业组织理论的发展

20 世纪 50 年代，随着资本主义经济的发展，产业组织理论又有新的发展。比较有代表性的是芝加哥学派和可竞争市场理论。

1. 芝加哥学派

芝加哥学派以施蒂格勒、德姆塞茨等为代表。1968 年施蒂格勒《产业组织》的出版，标志着芝加哥学派关于产业组织理论的成熟。施蒂格勒认为，即使市场中存在着某些垄断势力或不完全竞争，只要不存在政府的进入规制，这种高集中度产生的高利润会因为新企业大量进入而消失；如果一个产业持续出现高利润率，这完全可能是该产业中企业高效率和创新的结果，即使市场是垄断的或高集中寡占，只要市场绩效是良好的，政府规制就没有必要；技术和进入自由这两个因素决定市场结构；进入壁垒是新进入企业必须负担市场中的现存企业不需负担的成本，即新企业比老企业多承担成本，因此，除了政府进入规制以外，真正的进入壁垒在实际中几乎不存在；坚信只有自由企业制度和自由的市场竞争秩序，才是提高产业活动效率，保证消费者福利最大化的基本条件。

2. 可竞争市场理论

在芝加哥学派产业组织理论的基础上，鲍莫尔、帕恩查和韦利格等人提出了可竞争市场理论。鲍莫尔在《可竞争市场与产业结构理论》中认为，良好的生产效率和技术效率等市场绩效，在传统哈佛学派理想的市场结构以外仍然是可以实现的，而无须众多竞争企业的存在。它可以是寡头市场，甚至是独家垄断市场，但只要保持市场进入的完全自由，只要不存在特别的进出市场成本，潜在竞争的压力就会迫使任何市场结构条件下的企业采取竞争行为。在这种环境条件下，包括自然垄断在内的高集中度的市场结构是可以和效率并存的。

可竞争市场理论是以完全可竞争市场及沉没成本（Sunk Cost）等概念的分析为中心，来推导可持续的、有效率的产业组织的基本态势及其内生的形成过程。完全竞争市场是指市场内的企业从该市场退出时完全不用负担不可回收的沉没成本。由于企业进入和退出市场是完全自由的，因此相对于现存企业，潜在进入者在生产技术、产品质量、成本等方面并不存在任何劣势。

市场是否完全可竞争，仅取决于是否存在沉没成本，而与产业内企业数量的多少无关。沉没成本是指企业进入市场所投入的资本在企业退出市场时不能收回的那一部分。在完全竞争市场中，由于沉没成本为零，因而潜在进入者为了追求利润会迅速地进入任何一个具有高额利润的部门，并能够在现存企业对进入作出反应前无摩擦地快速撤出，实施“打了就跑”策略。按照完全可竞争市场理论，自由放任政策比政府规制政策更为有效，政府的竞争政策与其说重视市场结构，不如说重视是否存在充分的潜在竞争压力，确保竞争压力存在。

虽然可竞争市场理论有其前提假设，理论在适用范围方面还存在着很大的局限性，但可竞争市场理论对近二十年来美、英等发达国家政府规制政策思路的转换及措施调整所产生的重大影响却是毋庸置疑的。

三、产业发展理论

对产业结构、产业组织研究的最终目的，是为了促进产业的发展。产业发展理论研究的主要内容有经济增长理论、经济发展理论和可持续发展理论。

（一）经济增长理论

1. 古典经济增长理论

亚当·斯密最早论述了经济增长问题。亚当·斯密认为，经济增长就是人均产出的增长，或劳动产品即社会纯收入的增加。经济增长的因素有劳动、资本、土地、技术进步和社会经济制度环境五个方面。亚当·斯密将劳动看作是经济增长的重要因素。他认为，生产性劳动和非生产性劳动对于国民财富增长的作用是不同的。生产性劳动能够创造价值和物质财富，而非生产性劳动则消耗社会财富。

大卫·李嘉图的经济增长理论，着重分析各种收入分配比例如何通过影响资本积累而影响经济增长，强调资本积累是经济增长的主要因素。

2. 现代经济增长理论

英国经济学家哈罗德和美国经济学家多马提出了经济学界第一个经济增长理论模型——Harrod–Domar 模型，开创了主流经济学家对经济增长理论模型的研究。Harrod–Domar 模型强调物质资本的增长对现代经济增长的决定意义。按照 Harrod–Domar 模型，决定一国经济增长的最主要因素有两个：决定全社会投资水平的储蓄率和反映生产效率的资本—产出比率。Harrod–Domar 模型标志着经济学界运用数理经济方法研究经济增长理论的开始，是对经济增长理论研究的一次重大革命。

索罗在 Harrod–Domar 模型的基础上对其缺陷进行了修正和补充，将其发展为“新古典模型”，即索罗—斯旺模型。模型假设：①全社会只有一种产品；②只有资本与劳动力两个生产要素，但两个要素可以替换；③随着生产规模的扩大而收益不变或成本不变，但资本（或劳动）的边际生产率递减；④市场属于完全竞争型；⑤索罗—斯旺模型不存在技术进步。索罗—斯旺模型表明，经济增长是由资本与劳动的增长率及资本与劳动的产出弹性共同决定的。

格拉斯·诺斯大胆创新，提出了崭新的经济增长理论，成为经济增长理论流派中的“制度决定论”的代表。他认为，经济增长的真正原因要到制度因素中去寻找。因为经济增长如果所需要的仅仅是投资和创新，那么，为什么有些国家具备了这些条件但没有如意的结局呢?

罗默等学者则将研究的重点放在人力资本因素上，开创“新经济增长理论”的先河。

（二）经济发展理论

经济发展理论主要有罗斯托的经济成长阶段论和刘易斯的二元经济模式。

罗斯托的经济成长阶段论是西方现代经济发展理论的集中代表，也是最有影响的理论之一。经济成长阶段论又称作“罗斯托模型”“罗斯托起飞模型”（Rostovian take-off model），是经济发展的历史模型。在罗斯托的经济成长阶段论中，人类社会发展共分为六个经济成长阶段：一是传统社会；二是为起飞创造前提的阶段；三是起飞阶段；四是成熟阶段；五是高额群众消费阶段；六是追求生活质量阶段。第三阶段即起飞阶段与生产方式的急剧变革联系在一起，意味着工业化和经济发展的开始，是所有阶段中是最关键的，是经济摆脱不发达状态的分水岭。罗斯托认为，“起飞”的决定因素是在一个发生扩散效果的环境中引进新技术，降低了成本，扩大了市场，增加了利润的积累，扩大了对其他部门的产品需求及其所在地区经济的影响，从而带动了整个国民经济的发展。

诺贝尔经济学奖得主威廉·阿瑟·刘易斯（W. A. Lewis）在其《二元经济论》中，提出了著名的二元经济发展模型，具体分析了发展中国家内部所存在的“二元经济”结构。所谓“二元经济”结构是指发展中国家的经济一般由两个不同的经济部门组成，一是传统部门，劳动生产率很低，其边际劳动生产率接近于零甚至是负数，剩余劳动力比较多，报酬极低；二是现代部门，劳动生产率较高，人数较少，工资较高。刘易斯二元经济理论的核心是“劳动力供给的无限性”。按照他的观点，经济发展就是工业部门的不断扩大和农业部门的不断萎缩；在工业化过程中，农业部门的首要任务就是为工业输送剩余劳动力，以廉价劳动力为工业部门创造利润，累积扩大再生产的资本；农村剩余劳动力的机会成本为零，在剩余劳动力未输送完毕之前，农业部门的劳动生产率很难提高，始终处于停滞状态。

（三）可持续发展理论

“可持续发展”一词，最早出现在20世纪80年代的一些发达国家的理论研究中，至今可持续发展的理论体系还在完善。其研究的核心内容是：既要使人类的各种需求得到满足，个人得到充分发展，又要保护生态资源和环境，使人类后代的生存不致遭受环境资源的威胁。

可持续发展理论在美国、日本等发达国家也仅有二十年左右的历史。1987年Barbier等人发表一系列有关经济、环境可持续发展的文章引起国际社会的注意。同年，布伦特兰夫人在世界环境与发展委员会的《我们共同的未来》中正式提出可持续发展的概念，标志着可持续发展理论的产生。当时的研究重点是人类社会在经济增长的同时如何适应生态环境的承载能力，以及人口、环境、生态、资源与经济的协调发展。现在，这一理论不断发展，形成自己的研究内容和研究途径。

可持续发展理论研究的主要内容有可持续发展模式与评价指标体系；环境与可持续发展；经济与可持续发展；社会与可持续发展；区域的可持续发展等。

四、产业集聚理论

产业集聚是经济发展过程中所表现出的一种空间现象，由于这种现象本身的复杂性和影响的广泛性，使得自马歇尔开创了对产业集聚现象进行研究的先河之后，学者们分别从经济学、区域经济学、经济地理、国际贸易等多学科对产业集聚问题进行了研究，并形成了大量的研究成果。

（一）产业集聚问题研究的起源

马歇尔（Marshall）是经济史上第一位对产业集聚现象进行专题讨论的经济学大师，其主要观点集中体现在其名著《经济学原理》（上卷）第十章“工业组织、专门工业集中于特定地方”之中。

马歇尔所描述的集聚区的特征是：区域内生产的产品类似，拥有共同的生产技巧和知识。这种集聚被后来人称为“马歇尔集聚”，是产业集聚的一种基本形式。马歇尔从外部经济角度对产业集聚现象进行分析的研究方法，对后续研究产生了重要的影响，包括克鲁格曼等人的研究都受到马歇尔研究方法的启发。

（二）区域经济学中的产业集聚理论

区域经济学中的区位理论是研究产业集聚的重要分支。对区位问题进行最早研究的是经济地理学家杜能（Thunen）。他在1826年出版的《孤立国同农业和国民经济的关系》一书中，第一次从区位研究的角度提出农业生产布局是由级差地租决定的，而与自然条件等因素无关的观点。杜能的研究实际上揭示了影响农业生产集聚的主要因素之一——地租。从严格意义上讲，他的研究还没有涉及普遍含义的产业集聚问题。

阿尔弗雷德·韦伯（Webber. A）是德国经济学家、近代区位论大师、工业区位论的创始人，他在其1909年出版的《工业区位论》一书中，提出了工业区位理论。他用抽象和演绎的方法，第一个比较系统地构建了解释工业活动空间分布的理论体系，在区位论发展史上具有十分重要的地位。韦伯的主要贡献在于：提出了决定工业区位的最小成本原理，揭示了工业区位形成的基本动力在于经济利益、成本的节约以及由此产生的对工业的吸引力。直到今天，这一原理对研究产业的空间分布仍有重要价值；第一次提出了“区位因素”的概念，并系统地分析了运输、劳动力和集聚等几个重要因素对工业区位的影响；创造性地提出了有关区位分析的概念和工具，如原料指数、等运费线、临界等运费线等。

然而，韦伯的理论仍有很大的局限性。这主要表现在：一是忽视了社会文化因素对企业区位选择的影响；二是未考虑需求因素在工业区位选择中的作用；三是仅仅从局部和静态的角度分析了单个企业区位决定问题，缺乏对区位的宏观分析和动态研究；四是对劳动力供给和工资率的假定存在着矛盾和非现实性。

美国区域经济学家E. M. 胡佛（E.M.Hoover）在其1948年出版的《经济活动的区位》一书中，将集聚经济视为生产区位的一个变量，并把企业群落产生的规模经济定义为某产业在特定地区的集聚体所形成的规模经济。他认为，对任何一种产业而言，规模经济都有三个不同的层次：一是由单个区位单位的规模决定的经济；二是由单个公司的规模决定的经济；三是由该产业在某个区位的集聚体的规模决定的经济。胡佛的主要贡献在于指出产业集聚存在一个最佳的规模，如果集聚企业太少，则因集聚规模太小而达不到集聚能产生的最佳效果；如果集聚企业太多，则可能由于某些方面的原因反而使集聚区的整体效应下降。

奥古斯特·勒施（Augustlosch）是区位经济学的集大成者，其著作《经济空间秩序——经济财货与地理间的关系》一书，是区域经济学的经典著作之一。勒施系统地总结了以往集聚问题的研究成果，并得出自己的观点：第一，把区位的集聚分为点状集聚和平面集聚，点状集聚包括同类产品生产区域的集聚和不同类产品生产区域的集聚。第二，分析了同类企业集聚的主要原因。其中有大量生产和联合生产能使利益增加、集聚容易促使市场规模扩大、外部经济可以降低企业的生产费用以及重要的供应源因素。第三，分析了不同企业集聚的主要原因。包括与企业数目有关的利益，便利的铁路运输、廉价的水电、劳动力市场以及街道等公共基础设施等。

比较以上区域经济学家对产业集聚问题的研究，可以看出，韦伯着重于从成本的角度解释产业集聚的形成；胡佛与勒施则着重于从规模经济的角度解释同类产业的集聚。此外，勒施还从外部经济的角度对不同企业的集聚问题进行了解释。这些思想在后来的研究中都得到了不同程度的体现。但是，总体上讲，区域经济学还没有对产业集聚问题建立起完整的理论分析模型，这一工作直到克鲁格曼那里才得到了补充。

（三）经济地理学中的产业集聚理论

从经济地理学的学科角度看，产业集聚是一种地理现象，因为它表现为产业在空间上的集中。因此，研究产业集聚问题自然成为经济地理学不可缺少的一部分。经济地理学家提出的有关产业集聚问题的理论主要有增长极理论、地域生产综合体理论以及新产业区理论。

增长极理论的代表人物是法国经济学家帕鲁（Francois Perroux）。他在1950年提出了“经济空间”的概念，并将“经济空间”界定为“各种不同经济关系的集合，是抽象关系的构成体”。在帕鲁看来，经济空间可以分成三类：即工厂占有由计划所定义的空间；工厂占有作为力场的空间；工厂占有同质集聚体的空间。增长极的概念出现于第二类空间中。所谓“增长极”是指“围绕主导工业部门而组织的有活力的高度联合的一组工业，它不仅本身迅速增长，而且通过乘数效应带动其他经济部门的增长”。增长极理论运用“增长极”的概念解释了产业集聚的形成过程，即经济增长在地理空间上不是均匀分布的，而是以不同强度呈点状分布，并通过各种渠道影响区域经济。当把推动性工业嵌入某地区后，将形成集聚经济，产生增长中心，推动整个区域的经济增长。

地域生产综合体理论是由前苏联学者在总结苏联经济发展的实践经验基础上提出来的。科洛索夫斯基、普洛波斯特、涅克拉索夫、彭德曼等学者以及苏联科学研究院研究人员提出了“地域生产综合体理论”。其中科洛索夫斯基认为，地域生产综合体是在一个工业点或一个完整的地区内，根据地区的自然条件、运输和经济地理位置，给当地有计划地安置各企业，从而获得特定的经济效果，这样的一种各企业间的经济结合（相互制约的结合）就称为生产综合体。地域生产综合体的结构表明它是一种产业集聚，集聚的核心是专门化企业，围绕着核心产业有关联类企业、依附类企业以及所有企业共同享用的基础设施。因此可以说，地域生产综合体是一种典型的传统计划经济体制下的产业集聚体。

新产业区理论兴起于20世纪70年代末80年代初。1977年意大利的社会学者巴格那斯科（Bagnasco）通过对意大利东北部（第三意大利）地区特点的研究，首次提出“新产业区”的概念，并将“新产业区”界定为“具有共同社会背景的人们和企业，在一定自然地域上形成的社会地域生产综合体”。

增长极理论和地域生产综合体理论为政府通过政策干预，促进产业集聚提供了理论支持；新产业区理论则涉及产业集聚过程中的产业文化、社会资本等因素的作用，可以说是对传统产业集聚问题研究的扩展和深化。但是，经济地理学对产业集聚问题的研究仍然缺乏系统性。

（四）波特的簇群理论与产业集聚

20世纪70年代至80年代以后，一些新的经济集聚现象，特别是同类产业的空间集聚引起了人们的广泛关注。1998年，波特在哈佛商业评论上发表了《簇群与新竞争经济学》一文，系统地提出了新竞争经济学的企业集群理论，把企业群落理论推向了新的高峰。在波特看来，企业集群是集中在特定区域的、在业务上相互联系的一群企业和相关机构，包括提供零部件等上游的中间商、下游的渠道与顾客、提供互补产品的制造商以及具有相关技能、技术或共同投入的属于其他产业的企业。此外，还包括政府或非政府机构。

波特提出了企业竞争力的菱形结构分析框架，认为决定企业竞争力的四个因素分别是企业战略、要素条件、需求状况和相关产业，这四点也决定了一个国家竞争优势的水平。产业集聚的作用就在于促进这四个要素之间的互相作用，使“菱形结构”系统产生活力。产业集聚的作用包括：通过靠近专业的物质投入和信息、设施互补等提高生产率；可以改善激励和绩效的评估；可以提高创新率和促进创新成功；降低新企业形成的障碍，营造提高生产率的环境等。

波特对产业集聚问题的研究视角主要是讨论产业集聚与企业竞争力之间的关系，他的研究揭示了产业集聚在企业区位选择中的重要性。当存在产业集聚区域时，集聚因素成为首要考虑的区位因素。从提高竞争力的这个根本要求来看，集聚区域的综合环境比交通、资源等区位因素更重要。因此，政府应该在产业政策制定、基础设施建设、人员培训和教育等方面发挥较大的作用，以促进产业集聚的形成与发展。

第四节　国内外文化创意产业理论概述

对文化创意产业理论的研究，是产业理论尤其是产业集聚理论研究的深化和延续。从熊彼得的创新理论到约翰·霍金斯创意经济理论的初步形成，从理论的雏形到理论的逐步完善，实质是伴随着人类经济的发展和创新思维的活跃。

一、熊彼得的创新理论

可以说，文化创意产业的先驱是著名德国经济史及经济思想家熊彼得（Joseph Alois Schumpeter，1883—1950）。早在1912年，他就明确指出，现代经济发展的根本动力不是资本和劳动力，而是创新，而创新的关键就是知识和信息的生产、传播、使用。

熊彼特认为，所谓创新就是要“建立一种新的生产函数”，即“生产要素的重新组合”，就是要把一种从来没有的关于生产要素和生产条件的“新组合”引进生产体系中去，以实现对生产要素或生产条件的“新组合”；企业家的职能就是实现“创新”，引进“新组合”。所谓“经济发展”就是指整个资本主义社会不断地实现这种“新组合”，或者说资本主义的经济发展就是这种不断创新的结果；而这种“新组合”的目的是获得潜在的利润，即最大限度地获取超额利润。他提出，“创新”是资本主义经济增长和发展的动力，没有“创新”就没有资本主义的发展。熊彼特进一步明确指出“创新”的五种情况：①采用一种新的产品。②采用一种新的生产方法。③开辟一个新的市场。④掠取或控制原材料或半制成品的一种新的供应来源。⑤实现任何一种工业的新的组织。五个创新，其实依次是对应着产品创新、技术创新、市场创新、资源配置创新和组织创新。

二、英国约翰·霍金斯的创意产业理论

英国是全世界创意产业浪潮的发源地，约翰·霍金斯是国际创意产业著名专家，版权研究领军人物，知识产权宪章负责人。他著有《创意产业》等著作，被誉为创意产业之父。1985—1990年他担任国际通信协会执行董事，该组织是全

球唯一的通信技术和政策智囊团体。霍金斯为30多个国家的媒体和协会提供咨询，包括中国中央电视台、美国广播公司、时代华纳、BBC、IBM、日本广播协会、新闻集团等。目前，他是*Equator*集团、电视投资公司及其他公司负责人，还是林肯大学访问学者。约翰·霍金斯还担任上海戏剧学院客座教授，并接受上海创意产业协会的邀请，担任高级顾问，为上海创意产业的发展和创意人才培养搭建国际平台。

约翰·霍金斯在《创意产业》（*The Creative Economy*）一书中，把创意产业界定为其产品都在知识产权法的保护范围内的经济部门。知识产权有四大类：专利、版权、商标和设计。每一类都有自己的法律实体和管理机构，每一类都产生于保护不同种类的创造性产品的愿望。每种法律的保护力量粗略地与上述所列顺序相对应。霍金斯认为，知识产权法的每一形式都有庞大的工业与之相应，加在一起“这四种工业就组成了创造性产业和创造性经济”。创意产业包括四大产业：“版权产业”：包含了所有创造版权或相关作品为主要产品的产业；“专利产业”包括所有创造、经营专利的产业；“商标产业”和“设计产业”。创意产业包含15项内容，包括广告、建筑、艺术、工艺、设计、时装、出版、研发、电影、交互式休闲软件、音乐、表演艺术、摄影、软件、视频游戏。

约翰·霍金斯认为，创意产业与传统的工业经济不同。在“工业经济”时代，一件产品从无到有，通常需经历“设计发明”“生产制造”“分配销售”“消费使用”四个阶段。这个过程像一根直线，从高到低，后者的声音和作用越来越微弱。走完一个过程，有时长达数年。然而，跨入创意产业时代，不得不用“天”计算。计量单位的改变，表明传统工业的四个阶段已经被颠覆了。在工业经济结构中，科学家或者工程师设计好蓝图，交给别人说“这就是我要你做的”，随后生产部门照办。但在创意产业中，“设计发明”和“生产制造”的界限模糊了，甚至趋于一体化，双方都有平等的交流地位。创作者与生产者之间，不断交流，反复循环。现在，“设计发明”的人直接与“消费使用”者交流。在某些产业，如果用户或者消费者有“点子”，不少公司直接允许他们设计。一句话，用户变成发明人。然后在令人难以置信的效率下，形成快速供应链。这个过程或许只需要几天时间。创意产业是竞争最残酷的行业。创意产业依赖的是新颖和创意，每个作品都不能雷同。创意产业里，从事设计和发明的是独立的个体，每个个体都能创作，所以充满竞争。因此，没有创新，没有创造力，创意产业也就形同虚设。创造力并不局限于所谓的创意产业，而是渗透在各个方面——小镇规划、城市交通、酒店管理以及所有东西上。它变成了人们对个体非凡天赋的赞誉，并且使他们能在公司内部发挥才智。

约翰·霍金斯的“资本时代已经过去，创意时代已经到来”这句口号已经成为名言。创意产业的发展有如万马奔腾，在创意产业中，创意是灵魂，套上知识产权的外包装，就变成了流通的“货币”。如果知识产权是创意产业中的“货币”，那推动建立知识产权制度的人就是发“货币”的人。未来，几乎所有商品和服务都不同程度地依赖于知识产权系统，它让发明和创造成功地商业化。任何希望将创新产品的收入最大化的公司，都应尽可能多地申请知识产权。因为在创意时代，知识产权就是货币。

三、美国理查德·弗罗里达的创意产业理论

著名学者理查德·弗罗里达(Richard Fflorida)在他所著的《创意精英》(*Creative Class*，2002)一书中，率先分析了富有创意的人力资源——创意阶层，解剖了它们的知识结构、个性特征和生活形态，以及他们如何成为生产力的中心环节。他与泰内格莉（Irene Tinagli）合作的关于《创意时代的欧洲》（*Europe in Creative Age*）的研究，对主要工业国家的创意活力做了深入的比较，得出了美国创意投资的数量超过许多欧盟国家的结论，提出了欧洲如何在创意产业时代迎头赶上、焕发活力的理念，激起了广泛的热烈反响，而约翰·克莱德尔（John Kreidler）主持的针对硅谷文化创新所提出来的《创意团体指标》（*Creative Community Index*），则引起人们对于创意指标的可量化的研究和分析，引发人们对一个城市怎么样才能激发创意活力，应该创造什么样的机制，才能汇聚大量创意资源的深入思考。

理查德·弗罗里达的《创意阶层的兴起》在2002年出版后，立刻引起了关注。该书有两个主要论点。第一，美国的社会阶层构造发生了重要变化。除了劳动者阶层(working class)、服务业阶级(service class)以外，一个新的阶层在悄然兴起，那就是创意阶层（creative class）。属于创意阶层的人们从事各种不同的行业，但其中一个共同点就是他们经常会有创新的想法，发明新技术，从事“创造性”的工作。第二，创意阶层的出现对城市和社区的未来有深远的影响。

理查德·弗罗里达创意产业的理论，主要包含以下几个方面：

第一，对创意阶层进行了解释。理查德·弗罗里达把创意阶层分成“具有特别创造力的核心（super creative core）”和“创造性的专门职业人员（creative professionals）”两个组成部分。前者包括科学家、大学教授、诗人、小说家、艺术家、演员、设计师、建筑师，引导当代社会潮流的小说家、编辑、文化人士、

咨询公司研究人员以及其他对社会舆论具有影响力的各行各业人士。后者包括高科技、金融、法律及其他各种知识密集型行业的专门职业人员。理查德·弗罗里达认为，创意阶层尚未形成作为一个社会集团的群体意识，但是，创意阶层的成员们有一些共同的价值观。比如说，尊重个性、竞争与实力主义优先，喜欢开放与多样的城市社会环境等，持有此种价值观的人们，多从事创造性职业，他们的生活方式以及价值取向会左右未来城市和社区的发展方向。

第二，创意阶层对美国社会结构的影响。他认为我们不能把创意简单视为一个部门或行业的分类，创意在当代经济中的异军突起表明了一个职业阶层的崛起。理查德·弗罗里达认为，在美国，社会分化成四个主要的职业群体：农业阶层、工业阶层、服务业阶层和创意阶层。创意阶层包括一个“超级创意核心”（super-creative core），这个核心由来自“从事科学和工程学、建筑与设计、教育、艺术、音乐和娱乐的人们”构成……他们的工作是“创造新观念、新技术和（或）新的创造性内容”。除了这个核心，创意阶层还包括“更广泛的群体，即在商业和金融、法律、保健，以及相关领域的创造性专业人才。这些人从事复杂问题的解决，而这包括许多独立的判断，需要高水平的教育和技能资本”。创意人才是遍布于许多部门或行业的。弗罗里达认为创意阶层现在在经济中呈上升趋势。美国工业阶层的人数从 1960 年至 2000 年下降了 15%。到 20 世纪末，非制造业在所有职业中所占比重增长至约 80%（Morris and Western，1999）。理查德·弗罗里达从这些非制造业中挑选出最好的部分，将之合并成创意阶层。即使将超级创造性核心和创造性专门人才去除，剩下的服务阶层仍是最大的职业团体，占整个劳动力的约 45%，创意阶层约占 30%，约 12% 的劳动者属于“超级创造性核心”。

第三，城市吸引创意阶层的环境和条件。理查德·弗罗里达认为，在物质生活已比较丰富的后工业社会中，人们对工资等经济条件的关注降低，但对城市的音乐、艺术等人文环境、气候、湿度，以及绿化等各种城市生活的利便条件（urban amenities）的需求会越来越高。城市的各种各样的利便条件会吸引创意阶层，而企业为了能得到这些受过高等教育的劳动力，也会跟随着创意阶层来到这些城市。所以，地方政府与其为了吸引企业投资而实行各种减税政策，不如投入一些资金用于城市利便性的建设，从而吸引创意阶层，因为他们才是经济发展的主要推动力。那么，城市利便性（urban amenity）到底指的是什么呢？在这里，理查德·弗罗里达引用了经济学家格里则的研究内容。格里则主要强调了四种城市利便性。即充实的商品市场及服务、由优美的建筑和城市规划等形成的良好城市外观、低犯罪率及良好的学校等公共服务的完备、便捷的交通及通信基础设施

（Glaeser，2000）。

第四，创意产业发展的3T原则。理查德·弗罗里达认为，一个城市和区域的经济增长和发展取决于三个条件——技术（Technology）、人才（Talent）和宽容（Tolerance），同时，“3T”的三个要素之间也存在着很强的关联性且相互依赖。他认为，一个国家或一个地区想有效竞争，三个“T”缺一不可。但要获得经济上的成功，只抓住一个“T”是不够的。在“3T”理论中，科技是“3T”的中心要素；人才是经济发展的关键动力，是指那些受过良好教育的人力资本；包容是第三个“T”，包容极大地影响着国家和地区促进其创意生产力和为创意人才而竞争的能力，一个国家或地区越包容或开放，它能够调动和吸引的人才就越多。他将包容定义为开放性、包含性和对所有民族、种族以及生活职业的多样性，理解为包容多样的理念和因素；人才被定义为那些拥有学士学位以及以上的人们；科技则是在一个地区中发挥着创新作用。为吸引创意阶层，产生创新并刺激经济发展，一个地方必须同时具备这三个条件。

四、许焯权的创意形态理论

许焯权博士是中国香港大学教授，他在进行香港创意产业研究的基础上，提出了推动香港“创意产业”的四大资本形态，即结构/制度资本、人力资本、社会资本和文化资本。并对四大资本形态的特点进行了详细分析。他认为，结构/制度资本形态的特点是：一个社会的制度和环境能够提供许多条件来促使创意发生，这些条件也决定其他资本形式的利用和分配。人力资本形态的特点是：人力资本是经济增长的关键。在一个社会里，人力资本的大量流动更加容易促成文化交往、技能和知识的传递以及新思想的产生。社会资本形态的特点是：信用、互惠、合作和充足的社会网络，有利于丰富集体福利，活跃社会表达机制和市民承诺机制。所有这些，反过来又使个人和集体的创意能力兴盛起来。文化资本形态的特点是：艺术和创意的活动和特殊品质，一个有利于文化参与活动的社会环境能产生新思想和新主见，从而有利于加大创意的生成。

许焯权认为，这四大资本如果拆分开来的话，从金融角度看，并没有表现资本的活跃特性。但是，从创意的角度看，资本的四种形式是相互补充的，也是一个相互依托的系统。比如，一个城市如果缺乏承付给艺术和文学发展的公共部门和法人的资源、缺乏对创意、艺术、艺术教育和知识产权保护上的普遍文化标准、缺乏全社会参与文化活动的广度和比较高的水准，那么它就难以产生新思想和新主见，难以加大创意的生成。随之，它就难以建立信用、互惠、合作和充足的社会网络，难以丰富集体福利、活跃社会表达机制和市民承诺机制。这样，就难以吸引优秀的创意精英和其他优秀的人力资源，而经济增长就失去了最根本的发展动力。而且，由四大资本形态所推动的创意活动不仅仅具有明显的经济意义，具有广泛的社会意义，它能够使普通民众更多地分享社会的财富和各种福利成果，提高了社会的平等和谐程度。一个国家与一个城市，能够拥有多少创意资本，它们之间的支持和配合达到什么程度，直接决定了创意的活力和经济效果，决定了这个国家和城市的发展后劲。

五、厉无畏的创意产业理论

自 2004 年来，十一届全国政协副主席、上海市创意产业协会第一任会长、上海社科院创意产业研究中心主任厉无畏教授，在创意产业领域对创意产业理论研究和实践推动做了大量工作。尤其在结合中国国情、推动中国创意产业发展方面提出了诸多观点。

在 2009 年出版的《创意改变中国》一书中，厉无畏教授从宏观、中观（产业）和微观三个维度出发，对创意产业的理论体系和现实应用作了系统而又严密的阐述和论证；并提出了“无边界产业”“创意产业价值体系”等理论体系，奠定了创意产业理论框架，指出创意产业是一种新的发展模式，强调创意、市场、技术、产品的有机结合，用全新的思维逻辑方式把文化创意融入现有产业，实现价值创新，并延伸产业链，构建起包括核心产业、支柱产业、配套产业和衍生产业的完善的价值实现系统，是对传统产业发展模式的颠覆。而“创意农业”“创意旅游”等特色学科的建立，在我国也属于创新，具有重要的参考价值[1]。

材料分享　老厂房变身世博园

裸露的排水管，自由随性的涂鸦，类似舞台效果的楼梯，隔断出双层复式结构，盆栽透出点点绿意……生命的律动激荡着创意，这样的所在，怎能不令人眼前一亮？这就是用上海老厂房改造而成的世博会创意园区。

或许是聚集了某种能量和灵性，上海老厂房在世博年迎来它的新生。作为上海世博会最富创意的行动之一，昔日“中国第一厂”的江南造船厂，与上海南市发电厂、上钢三厂等旧厂房一起，纷纷被豪华“整容”，成为世博会中国船舶馆、

1　厉无畏 . 创意改变中国 . 北京：新华出版社，2009 年 .

最佳实践区案例、宝钢大舞台。

中国船舶馆的前身是江南造船厂的旧厂房。原来此处是一座开敞式单层钢排架厂房，上面有 1 000 多平方米的网架。改造中采用“抽柱换梁法”进行施工。改造后的建筑其外围采用了玻璃幕墙，幕墙内嵌有岩棉，起到隔热作用。大门也用隔热保温材料制作，以达到现代建筑的节能环保要求。而综艺大厅多边形玻璃休息厅容纳异形红色观众厅，仿佛水晶盒中红色钻石熠熠生辉。两个建筑单体共处于同一屋檐下，之间形成共享入口广场，顶部保留网架设景观照明“光云团”，营造不同建筑间共生、互动的关系。

由原上海南市发电厂旧厂房改建的最佳实践区，世博会期间用于展示意大利环境署展馆、蒙特利尔展馆等 7 个案例。其外立面采用了镂空花纹的设计，里层衬有玻璃。意大利环境领土与海洋部司长克里尼解释说，相关人员在改建时保留了厂房原有结构，并用意大利产的纯天然材料在其外部搭建立面，达到充分采集自然光源的目的，以此节能环保。

宝钢大舞台的前身是原来的上钢三厂特钢车间，包括 2000 年建造成的主厂房和 1987 年建造的连铸车间。其中，主厂房是钢结构梁柱排架结构，面积 8 660 平方米，连铸车间是混凝土排架结构，面积 2 540 平方米。曾经这里是个钢花四溅、热火朝天的大车间，如今已经摇身一变成为具备 3 500 座规模的开敞景观式演艺场所，世博会期间进行主题演出以及各类非主流的综艺表演，包括各国家馆日、各省市馆日、各主题馆开馆日的庆典及表演，以及具有上海城市特色的“天天演”活动等，都在这里上演。游客们自由地坐在高挑开阔的车间里观赏演出，头顶上就是横七竖八的钢架通道，别有一番味道。

从曾经钢花四溅的车间里拆除的钢炉、冷却槽、巨型螺栓等构件，也被制作成各种主题雕塑放置于世博园内，让从世界各地赶来的游客，在不经意间便能对话中国工业文明的遗存。

上海是中国近代民族工业的发祥地，也是 1949 年后最重要的工业基地。改革开放以来，随着经济结构转型，老旧的重工业工厂逐步退散。令人惊喜的是，这些具有历史价值、地标景观意义的工业遗产，作为旧时根基，被维护保留下来，还植入了新的产业元素。

在淮海西路的红坊创意园，一位供职某家居设计室的白领告诉记者，比起写字楼，这里低廉的价格和开放性的设计，吸引大量文化艺术设计类企业驻扎。空间宽大的老厂房、仓库，通过灵活剪裁，构建的工作室不仅户型全无障碍，还能自行决定风格和格局，成为艺术家、创业者们的理想领地。目前上海已有田子坊、

8号桥、M50、1933老厂房、名仕街、红坊等数个由老厂房改造而成的创意街区，容纳的工作室不计其数。

上海世博会“城市，让生活更美好”为主题。凝聚了人类对工业文明的何种思考？在人类半数以上人口已寓居城市的今天，人类在地球上留下的最大构造物——城市，将以怎样的方式“诗意地存在”？或许，在上海老厂房默不作声地巨变中，答案已悄然显现。

材料来源：根据2010年4月14日《中国新闻网》重新整理

问题思考

1. 什么是文化创意产业？
2. 文化创意产业理论研究的代表人物是谁？具体观点是什么？

线上题库

线上资料 1　线上资料 2　线上资料 3　线上资料 4　线上资料 5

国内外实践

第三章　国内外文化创意产业实践及其发展

文化创意产业发端于欧美，已形成相对成熟的产业。这与欧美国家的经济现状、产业发展、历史文化、政府政策、整体的创新意识和能力等都有着必然的联系。

材料导读　《来自星星的你》为何连连激发中国消费者热情

引导词：在2014年中国寒冷的冬天，炸鸡和啤酒这两种原本没有联系的食物被牢牢地捆绑在一起，竟然还卖得如此火爆。一部电视剧能引发人们的满腔消费热情，还能拯救奢侈品销售危机，似乎有点耸人听闻，但事实真相容不得你再怀疑，因为韩流确实强劲。

2014年，新一波N7H9禽流感疫情重创了中国家禽业，但万万没想到，一部韩国当红电视剧《来自星星的你》，竟然助其挽回部分市场。杭州一家日本连锁餐厅在情人节期间主打的产品不是刺身，而是炸鸡啤酒套餐，2月14日晚间卖出了上千份。还有一家提供冷冻鸡翅原材料的企业表示，因为禽流感疫情，春节之前大幅减少了备货，对于眼下的订单感到相当意外。

炸鸡啤酒套餐之所以如此火爆，源于韩国电视剧《来自星星的你》中的一句台词——“下初雪就应该吃炸鸡配啤酒”。

这部尚在首轮播出中的连续剧在中国引发了热潮。在中国一视频网站“爱奇艺”上，该剧点播已累计3亿5千万次；在百度输入“来自星星的你”，相关搜索结果达到4 820万条；新浪微博的电视剧微话题前五名中，相关话题占据了四个；而在豆瓣等影视分享网站中，这部连续剧的关注度也一直占据榜首。

影视界人士认为，《来自星星的你》在中国引发的热潮至少可以支持一个结论：中国的文化内需体量非常巨大，潜力无限。

在亚马逊图书网站，剧中男主角阅读的《爱德华的奇妙之旅》，中英文版本出现脱销。该书中文版出版社的工作人员告诉记者，2014年1月《来自星星的你》

热播后，这本书确实受到韩剧粉丝的追捧。出版社目前已紧急加印，除了加印平装书，还会再修订再版精装书。

对潮流反应灵敏的淘宝网，剧中出现的服装、首饰、家居用品的仿制品已经热销。“同款的戒指卖得最好”。淘宝网某店家主管告诉记者，嗅到“星星”的商机后，她专门找厂家定做了女主角在剧中佩戴的戒指，一个月内成交量就达782笔。

“爱奇艺”网数据显示，《来自星星的你》的点播量在中国的农历新年里达到了最高值。而在该剧热播的同时，春节期间电影消费市场也出现了异常火爆的局面。

根据国家新闻出版广电总局发布的数据显示，春节七天中国电影票房突破14.34亿元，观影人次3 945万，放映场次82万场，与2013年同比分别增长62.2%、73.3%和46.4%，创下历史同期最高。

韩剧的风靡和春节期间电影市场火爆，反映的是同一个问题——中国已经进入文化消费的启动期。与韩剧、美剧相比，目前国内影视剧的投资并不弱。但创作者往往屈从于投资者，什么火就跟风做什么，因此影视剧制作无法形成规范的产业链条，影视文化作品激不起较大的社会购买力。优秀的影视文化作品的产生是三位一体的，需要政策、创作者、观众共同营造出适宜的土壤与气候，具有一定宽松度和合理导向性的政策，专业创作人以及成熟的观众市场必不可少。

材料来源：根据2014年2月16日新华网日本频道材料整理

第一节　欧洲文化创意产业的发展概况

欧洲往往将创意产业等同于文化产业。欧洲是文化创意产业的发源地，欧洲的文化历史底蕴为创意产业提供了热土。美国是一个创新型国家，美国创新、创意的观念意识与其历史有着渊源，与美国产业文化发展也密切相关。

一、欧洲文化创意产业的发展

欧洲文化创意产业从区域发展的角度研究，主要有以英国为代表的创意产业和北欧诸国的创意产业。

（一）英国文化创意产业的发展

英国的文化历史底蕴和英格兰浓郁的文化气息，为英国的文化创意产业发展提供了坚实的创意基础，使创意文化产业成为英国的重要产业。

英国一般以“创意产业”概念来表达“文化产业”或“文化创意产业”。

英国居住着来自全世界不同种族和民族的人。随着英国逐渐成为一个文化多元化的社会，各种不同的风俗习惯、宗教、音乐和观点纷纷涌现。保证人人平等和认同不同生活方式被认为是社会的责任。伦敦缤纷的时尚、多彩的设计和音乐、悠久的历史文化和名胜，都对年轻人有很强的吸引力。伦敦和其他大城市都有很多文化中心，包括大型画廊、博物馆、剧院、音乐厅等。英国许多地区和城镇都与伟大的作家、艺术家和音乐家有关，如莎士比亚、勃朗特姐妹、哈代和利物浦的甲壳虫乐队等。英国的音乐产业，占全球音乐产业的15%，音乐销售市场位列世界第三，出口的净收益比英国钢铁工业还要高；英国音乐人组成的工会，规模超过煤矿工人工会。来自英国的优质设计，随处可见。中国香港国际机场、中国香港汇丰银行总部、德国国会大厦等，都出自英国建筑大师手笔。伦敦是全球第三大繁忙的电影摄制中心，在过去的几年里，英国电影已经多次获得奥斯卡奖，如《角斗士》《艾里斯》《高斯福大宅谋杀案》和《指环王》；英国视频游戏的销售额占全球的16%，占据英国和欧盟1/3的市场份额和美国10%的市场份额；英国的动画片在托尼奖中占有一席之地，音乐剧也在百老汇上演，而且是美国音乐剧目的第二大来源国。

经过近二十年的发展，英国创意产业年经济产值超过710亿英镑，提供170万个工作岗位。2012年，广告、设计、影视、音乐和发行业等部门均实现了10%的增长，为拉动当年经济增长贡献了5.4%。较之就业率0.7%的增长，艺术、媒体、科技等部门的就业人数增长了8.6%。英国设立创意产业的“黄金标准”，即政府以减免税收、增加培训、融资倾斜等方式鼓励文化创意产业的增长。除了积极吸引进口，在出口方面，英国文化创意产业也成绩斐然，如英国著名歌手阿黛尔和曾经创下英国电子游戏首发销量史的《侠盗猎车手》等。英国创意产业发展速度遥遥领先。

（二）北欧文化创意产业的发展

北欧文化创意产业发展的国家主要指芬兰、丹麦、瑞典等国。虽然北欧国家在文化创意产业的总体规模上比不上英美国家，但是有自己的亮点，较为注重特色，不求大而全，但求小而精。20世纪90年代，北欧文化创意产业蓬勃发展，诞生了诸如诺基亚、宜家、IITALA和B&O等带有创意产业特质的品牌。北欧国家通常也以“创意产业”涵盖“文化产业”或“文化创意产业”内容。

丹麦注重“设计立国”，它的设计几乎体现在了生活的每个方面，因此不仅仅是童话王国，更是设计的王国。芬兰政府极力主张通过发展创意产业提升国家竞争力。20 世纪 90 年代初，芬兰发生严重的产业衰退，GDP 下降，失业率大增，政府希望凭借文化产业发展而重新获得产业增长，因此采取了一系列措施大力推动芬兰文化产业的发展。而瑞典最具国家代表性的文化创意产业是电影与音乐，瑞典是全球第三大音乐输出国，电影产业更为成功。

二、欧洲文化创意产业的模式与特点

由于地区的经济基础、文化底蕴、社会价值观不同，欧美地区国家文化创意产业的发展有着各自的发展内容和特点。

（一）英国文化创意产业模式与特点

英国政府对创意产业的积极推动、制订创意产业范围、界定标准等是英国创意产业发展的特点。

在创意产业范围的界定上，英国政府把就业人数多或参与人数多，产值大或成长潜力大，原创性高或创新性高三个原则作为标准，选定十三项产业作为创意产业的范畴，包括软件开发、出版、广告、电影、电视、广播、设计、视觉艺术、工艺制造、博物馆、音乐、流行行业以及表演艺术等。

英国创意产业的发展，与政府的积极推动政策密切相关。英国政府把创意产业定义为："那些发源于个人创造力、技能和天分，能够通过应用知识产权创造财富和就业机会的产业。"对于创意产业，英国政府强调个人的创造力，个人的灵感、理念、技能是创造价值的核心。

英国政府的推进工作主要集中在国家层面和地方层面上进行。在国家层面，英国的文化、传媒与体育部专门设立了创意产业分部，支持创意产业的发展。虽然英国贸易与产业部具体负责其中一些产业部门的发展，但文化、传媒与体育部负责电影与音乐产业部门的发展，并对政府的政策进行协调。地方层面的推进工作表现在艺术机构与地方政府纷纷开展合作，成立许多专业型组织。这类专业组织包括：曼彻斯特的创意产业发展服务局，默西塞德郡的艺术、文化与媒体公司，西约克郡的创意产业发展局，南约克郡的 Inspiral 公司，伦敦哈姆雷特堡的文化产业发展推介中心，以及在康沃尔郡新近成立的创意 Kernow 公司等。这些创意产业支持机构向所在地区提供的服务有一定的相似性，重点是帮助创意产业部门实现发展，对创意企业在创业、融资、经营、人员培训等环节进行指导。

英国政府对创意产业的扶持措施主要集中在支持创意产业从业人员技能培

训、企业财政扶持、知识产权保护、文化出口扶持等方面。具体包括：重视创意产业的基础研究；培育公民创意生活与创意环境；实施创意产业数字化战略；积极探索国际合作与交流和拓展中小企业筹资渠道。

（二）北欧文化创意产业的模式与特点

1. 丹麦

丹麦将创意产业归纳为 9 大领域，其中每一个领域包括从产品制造、关联产业部门到相关服务的产业链的详细定义。

丹麦政府在创意产业政策上提出了五大战略方向：第一，为创意产业领域提供更多的风险资本和创投基金；第二，提供创意产业的专业知识培训，为创意产业建立创新环境；第三，重视创意产业的全球化发展；第四，为创意产业建立有效的市场机制，规范市场环境；第五，改善文化创意与产业界之间的互动关系，促进文化与产业互动发展。

2. 芬兰

芬兰政府在推动国家创意产业发展中采取了以下措施：第一，建立创意产业的知识基础；第二，加强创意产业教育培训；第三，加强版权保护；第四，促进文化的产业化；第五，为创意产业提供资金支持。

此外，芬兰推动创意产业的最重要计划是 SISU，计划的主要精神是：创意产业的研究应该更有系统，并应该更积极的保护传统文化，尤其以濒临被破坏的文化遗产、印刷版权、博物馆等文化资产为研究保护重点。SISU 计划首先定义特殊企业对于文化产业的影响，并且从中寻找优良经营的实际模范，目标是希望创造能够适应市场环境的企业关系。

3. 瑞典

瑞典最具国家代表性的文化创意产业是电影与音乐，瑞典是全球第三大音乐输出国，电影产业更为成功。此外，瑞典的汽车与建筑业在国际市场上也大获成功，除了顶尖的高科技人才外，工艺设计也是关键因素，这已成为足以代表瑞典文化特色的国宝级产业。瑞典的文化产业发展向都市集中，尤其以斯德哥尔摩最为明显。拥有全瑞典 1/5 就业人口的斯德哥尔摩，其文化产业人口占全国比重 1/3；在文化密集区文化人口占了 73%，而在非文化密集区也有 53% 的文化人口。据有关统计报道，瑞典大约有 9% 的就业人口从事文化创意产业，从瑞典就业人口的统计数据观察，瑞典文化创意产业中增长最快的是设计业和多媒体产业，其次是精致艺术，包括表演艺术、平面艺术和文学艺术等。

第二节　美国文化创意产业的发展概况

一、美国文化创意产业的独特发展

美国是世界上创意经济发展最强大的国家。美国将创意经济称为版权产业，体现着美国对创意经济的独特理解。

美国的版权产业可分为四块：第一块是核心产业，包括出版业（报纸、期刊等）、音乐出版、电台、电视广播、有线电视、电影、舞台制作、广告、电脑软件及资料处理等；第二块是部分版权产业，即产品为部分版权资料的产业，如建筑；第三块是负责将版权产品分销到市场的边缘版权产业；第四块是与版权相关的交叉版权产业，指产业制造或分销的产品完全或部分与版权有关（如电脑硬件、收音机及相关产品）。

版权产业在美国发展迅速，成为国民经济中具有举足轻重作用的产业部门之一，在对 GDP 的贡献和创造就业两方面，已经持续超过美国经济中的其他部门，同时在美国出口增长中也扮演着日益重要的角色。美国创意经济主要涉及以下三个产业，包括研发设计服务业、文化传媒产业、咨询策划产业。

（一）研发设计服务业

严格意义上说，研发设计产业可分为两大块。一块是研发服务业，主要指侧重利用物理、生命领域社会、人文领域的专业知识，提供产业技术创新所需技术和知识版权，支持制造业以及具备技术背景的服务业。研发服务业可通过协助制造业的发展，提高制造业的研发效率，加速技术产业化，从而提高产业附加值。另一块是设计服务业，是以研发为主要投入要素，以品牌导向确定市场，以与不同产业结合的多元化发展为特征，主要涉及产品设计和服务设计两类。产品设计主要有工业产品设计、电脑辅助设计、包装设计、流行时尚设计、工艺产品设计等，而服务设计包括品牌视觉设计、平面视觉设计、广告设计、网页多媒体设计、产品策划等。作为以科技、创新、人文为主要成分的整合性活动，设计服务业是促进文化与经济互动的关键产业部门。

（二）文化传媒产业

全球传媒排名榜显示，美国在线时代华纳、迪士尼、维亚康姆、考姆卡斯特、索尼、维望迪、新闻集团等经常榜上有名。美国在线时代华纳是全球范围内利用电脑多媒体平台和网络通信手段提供交互式信息娱乐内容的媒体巨人。迪士尼在 20 世纪 90 年代，成功地将它的经营重点从主题公园和度假胜地的建设转移到电影和电视业，从而变成了一个复合的传媒巨人。随着全球经济一体化趋势，美国传媒的发展呈现了垄断、并购、跨行业跨地域经营和监管放松的几大特点。

（三）咨询策划产业

咨询策划产业最早兴起于英国，现已发展成为全球不可或缺的专业部门。

在美国的咨询专业服务中，行政管理与一般管理咨询无论在机构数量或营业收入上都占据了 50% 以上的绝对比重，是咨询专业服务的主营业务。然后按营业收入依次为市场咨询服务，人力资源管理咨询，加工、配送与物流咨询以及其他管理咨询服务。

二、美国文化创意产业的模式与特点

（一）美国文化创意产业发展的特点

美国文化创意产业发展的特点可归纳为以下三点：

第一，知识产权产业增长对美国 GDP 的影响日趋增强。知识产权产业是目前美国产业中最重要的增长驱动器，对美国产业未来的增长起关键作用。

第二，知识产权产业对增强美国在全球产业中的竞争力起了重要作用，特别是在软件和媒体产品出口方面。美国的出版、软件制造、电影制作年产品净出口额大大多于其他产业，尤其是软件出版。

第三，核心版权产业在美国知识产权产业中贡献力度最为显著，特别是在解决就业与平衡贸易方面。核心版权产业对平衡对外贸易也作出了突出贡献。核心版权产业和以专利为主要特征的航空宇宙产业是美国贸易平衡中最大的贡献者。

（二）美国文化创意产业发展模式

美国创意产业的发展模式并不同于英国，它更重视自由和市场，政府只是创造一个良好的环境。从开始就采取自由竞争政策，刺激产业发展。完善发达的融资投资环境，使年轻人创业更容易。政府补助研究项目，促进创新，创造良好的就业环境，从而吸引人才。完善的营销体系以及新技术的层出不穷也是其重要优势。

20 世纪 70 年代以后，随着美国版权产业的崛起，美国为了维护其产业利益，促进其版权产业发展和全球竞争力的提升，开始全面实施版权战略，因而，加强版权保护，就成为美国文化创意产业发展的模式。

第三节 亚洲文化创意产业的发展概况

文化创意产业的浪潮虽然起源于英国，但也波及到了亚洲国家。亚洲国家文化创意产业发展模式和发展路径有别于欧美国家和其他地区，具有自身的特点。尤其是韩国、新加坡和日本的文化创意产业的发展经验，对于刚刚起步的中国来说，具有很高的参考价值。

一、亚洲文化创意产业的发展

20 世纪 80 年代以来，韩国、新加坡、马来西亚、泰国、印尼、菲律宾等国家经济经历了较高的增长，这在很大程度上与文化创意产业的发展是分不开的。亚洲国家文化创意产业发展的重点领域与欧美不同，其涉及的领域主要包括研发设计、咨询服务、动漫和游戏等。如新加坡的咨询服务业和韩国的游戏业，在世界文化创意产业格局中是非常有特色的。

（一）韩国

韩国文化创意产业源自亚洲金融危机。1997 年亚洲金融危机给韩国以沉重打击，为了摆脱危机，韩国政府实施产业转型战略，于 1998 年提出"设计韩国"战略。经过多年的实施之后，设计和创新在韩国开花结果，韩国已经拥有三星、LG 等全球著名品牌，韩国也从制造型国家向设计创新国家成功转型。

韩国文化创意产业发展得较为成功，动漫和游戏业是其文化创意产业的特色。动画产值居世界第三位，数码游戏作为科技发展的附加产业，已被海外发达国家和地区认可并加速发展。

（二）新加坡

新加坡充分认识到随着以创新为驱动力的产业时代的来临，未来的发展动力一定是来自人的想象力和创造力。

2002 年新加坡政府成立了创意工作小组，专门分析创意产业的现状，确定发展战略和政府的对策。同年，工作小组公布了第一份报告——《创意产业发展战略》，提出了新加坡创意产业的发展目标是：经过十年的发展，使创意产业占 GDP 的比例翻一番，从 2000 年的 3% 提高到 2012 年的 6%，解决新加坡 5% ~ 7% 的就业人口，树立起"新亚洲创意中心"的声誉，使新加坡成为"亚洲的纽约、旧金山或伦敦"。报告根据创意产业的三个主要领域：文化艺术、设计和媒体，确立了新加坡在每个领域中的发展目标——"文艺复兴城市""全球文化和设计业中心”“全球媒体中心”，并制订了三个战略计划——“文艺复兴城市 2.0”“设计新加坡”“媒体 21”。“文艺复兴城市 2.0”战略计划力图将新加坡建成一个在艺术和文化方面具有高度创新性和兼具多项才能的国际化都市。“设计新加坡”规划将新加坡建成一个在产品、概念和服务设计方面的全球文化和商业中心，使设计理念和创造性渗入工作、家庭及娱乐的各个方面。“媒体 21”则致力于将新加坡建成一个拥有繁荣的媒体生态系统、有强大的国际推广力的国际化媒体城。

（三）日本

日本素有“动漫王国”之称，是世界上最大的动漫制作和输出国，目前全球播放的动漫作品中有六成以上出自日本，在欧洲这个比例更高，达到八成以上。在日本，各种动漫的人物形象充满街头，早已超越了杂志和电视的范畴，渗透到日本社会的各个角落。根据日本贸易振兴会公布的数据，销往美国的日本动漫片以及相关产品的总收入是日本出口到美国的钢铁总收入的四倍。广义的动漫产业实际上已占日本 GDP 十多个百分点，超过了汽车工业，成为日本第二大支柱产业。

日本企业培养了一批国际顶尖级的漫画大师、动漫导演以及大量兢兢业业工作在第一线的动画绘制者。电视和网络传媒的普及发展，传播手段的不断完善，为日本动漫市场的发展和壮大奠定了良好的基础。快速扩张和高附加值使动漫产业成为推进资产增值的“资本孵化器”。

二、亚洲文化创意产业发展的模式与特点

（一）韩国文化创意产业的发展模式和特点

韩国文化创意产业的发展得益于政府从政策制定、法律法规、园区建设、资金支持等各方面营造的良好的发展环境。主要表现在以下几个方面。

第一，完善政策和法规。1998 年，韩国正式提出“文化立国”方针。1999 年，通过《文化产业促进法》，明确“协助文化、娱乐、内容产业”。2002 年出台“文化产业发展推进计划”等一系列的法律。从 1995 年起修改《音像—影像法》，奠基了游戏产业的发展和支持条件，并根据《音像—影像法》的实施，在 1996 年确立了游戏产业振兴推广发展的基本计划。为使游戏产业持续健康发展，韩国还强化和完善相关规章制度，对从事游戏产业的高科技人才免除两年的兵役；完善游戏产业各行业代码制；对游戏企业实行各种税制优惠政策，减少甚至免除游戏企业的税收。

第二，提供资金支持。韩国政府建立了文化创意产业资金支持体系，这一体系包括产业预算、专项基金和投资组合三个方面。2000 年首次突破国家总预算的 1%，2001 年又上调 9.1%，达到了 1 万亿韩元（1 元人民币约等于 168 韩元），2003 年达到 11 673 亿韩元。韩国政府设立的专项基金也很多，包括文艺振兴基金、信息化促进基金、广播发展基金、电影振兴基金等，这些专项基金给创意产业的发展提供了很大的空间。在投资组合方面，韩国文化产业振兴院 2000 年至 2001 年两年间，共融资 2 072 亿韩元。2001 年韩国电影振兴公社通过“电影专门投资组合”融资 3 000 亿韩元，保障了电影事业的发展。正是由于这些资金的强大的支持，创意产业才能如火如荼地发展起来。

韩国政府每年向游戏产业投入的资金多达 500 亿韩元，并为游戏企业提供长期的低息贷款。同时通过设立游戏投资基金会，引进风险创业投资，对具有优秀项目和技术的创业者进行企业孵化。

第三，加强文化创意产业管理。政府为了营造更有序的文化创意产业发展环境，专门设立一些组织管理机构，来协调文化创意产业的发展。这些机构包括文化产业局、游戏综合支援中心、游戏技术开发支援中心、韩国卡通形象文化产业协会、韩国文化产业振兴委员会和文化产业振兴院等。

第四，大力培养文化创意人才。韩国政府非常重视创意阶层的培养，建立文化创意人才培养机制，制订具体的培养措施。具体措施主要包括：完善人才管理系统，加强院校文化创意人才的培养，利用网络和其他教育机构作为培养基地，鼓励民众创新。

在韩国占优势的游戏产业方面，很多大学开设了游戏专业课程，并设立了相关的短期教育课程和远程网络教育课程。该国不少大学的游戏专业和研究院是由政府指定赞助的，还建立了游戏学术学会，确立了游戏产业人才流动机制。

（二）新加坡文化创意产业的发展模式和特点

新加坡文化创意产业发展策略，聚焦于艺术、设计、软件、广告、建筑、媒体等领域。尽管新加坡国土面积很小，但本土的设计师与创意产品在世界上却有一定的市场和知名度。他们的广告设计、平面设计、动画、时装、美食也被业内人士称好。新加坡文化创意产业的发展主要得益于以下三个方面：

第一，政府积极推动。随着全球产业变革潮流的兴起，新加坡政府的管制模式正在发生变革。2000 年制订的新世纪文化发展战略提出政府在 5 年内增拨 5 000 万新元投资文化艺术的发展，推动新加坡迈向“文艺复兴”城市。同时还提出发展文化的六大策略，即培养欣赏与从事文化艺术的庞大群体、培养主干艺术公司、肯定与培育本地人才、提供良好的基础设施、进军国际舞台、发展文化艺术产业。

第二，重视文化创意人才的教育和培养。新加坡在培养文化创意产业人才的软件上作了很大的投入，重视软环境建设和软力量培育。新加坡着力营造健康向上的人文环境，廉洁高效的治理环境，透明公正的法制环境，规范诚信的市场环境，安定团结的社会环境，绿化洁净的生活环境，逐步开放的国际环境，整体优化的人口环境，以充分培育和发挥本土的文化力、科技力、管理力、制度力、秩序力、开放力、凝聚力、人才力等软竞争力。

第三，充分整合多元文化资源。早期离乡背井到新加坡再创家园的移民将各自的传统文化带入新加坡，各种族之间的交流与融合，不仅创造了新加坡今日多民族的和谐社会，也留下丰富的多元文化特色。新加坡充分整合多元文化资源，发展特色文化，利用特色文化催生特色产业。这体现了新加坡在吸纳现代文化理念上有很强的接受力和包容力。

（三）日本文化创意产业的发展模式和特点

日本十分注重通过发展动漫产业链来促进本国经济的发展。日本动漫市场的状态是：制片人制作卡通动画片、代理商销售、影视系统播放、企业购买卡通动画产品形象并开发衍生产品、商家销售产品。按照国际惯例，卡通市场分三个层次：一是动画本身的播出市场；二是卡通图书和音像制品市场；三是卡通形象的衍生产品，包括服装、玩具、饮料、生活用品等。其中，最后一个层次比前两个层次的周期更长，市场反响更为深远。动画片本身不能是一个“孤独”的商品，相反应该是整个产业链和周边产品的广告。例如，日本东映集团等公司在投入制作一部动画片之前，已做好周边产品的开发规划；动画片放映之际，相关产品也开始热卖，资金回收、市场开拓、卡通形象推广等系列工作都同时开展。

在衍生产品的盈利模式下，日本在欧美动画市场甚至可以免费提供给电视台播出。而随着一批日本动画片在国际市场的成功，日本的动画风格形象逐渐成为国际时尚。在世界范围内掀起的日本卡通热使得好莱坞的电影公司争相购买日本动画片的电影改编版权。日本卡通产业的出口额急剧扩大。

第四节　中国文化创意产业的发展概况

改革开放40年，中国经济迅速发展，全球范围的创意经济也已开始全方位地渗透于中国的社会和经济，改变着经济增长方式，也革新着人们的观念。一线城市的文化创意产业已在国民经济的发展中占据着重要位置。

一、中国文化创意产业发展的背景和条件

在改革开放四十年中，我国经济保持了良好的增长势头。但不可否认的是，随着我国制造业生产规模的扩大，对资源的极大消耗以及对环境的破坏，都对未来的发展构成很大的威胁。我国的制造业虽然规模较大，但主要是依靠廉价劳动力和土地资源培养起来的加工型产业，而产品的核心技术依旧掌握在欧美日等发达国家企业手中。由于缺乏产品设计理念，中国企业的产品很难赋予品牌以真正的生命力。这就是为什么全球有很多销量巨大的产品都贴着“Made in China”的标签，却不是中国品牌。处在产业链高端的外国企业拿走大部分利润，而中国的制造企业只能占很少的利润份额。实施创新战略，实现从“中国制造”向“中国创造”的转化，已经成为我国未来经济发展的重要战略。

在产业转型、结构调整的宏观形势下，寸土如金的城市空间的再利用便历史性地提了出来。随着环境保护政策的不断推出和人们对传承历史文脉的渴望，智慧型的文化创意产业便在发达城市扎下了根。文化创意产业既使城市大量老建筑得到了保护，也促进了城市功能的转化。

二、中国文化创意产业发展的特点

我国文化创意产业发展呈现出集群化、老建筑老仓库利用、产业多样化等特点，并以产业集聚的模式在全国各大城市蓬勃发展，呈现出集群化和多样化等特点。

（一）集群化

集群化是我国文化创意产业的一大特点。目前我国初步形成以下六大文化创意产业集群：以北京为核心的首都创意产业带，以上海为龙头的长三角创意产业带，以广州、深圳为聚集区的珠三角创意产业集群，以昆明、丽江、三亚为中心的滇海创意产业集群，以重庆、成都、西安为中心的川陕创意产业集群，以长沙为代表的中部创意产业集群。这些大集群中的每个城市，又都具有各自的集群特

点。位于旧厂区的创意产业基地，外部环境宽松、可塑性强，企业运营成本低，产业集聚地具有很强的吸引同类企业入驻的能力。有的基地已初步形成较完整的产业业态，影响和带动周边地区的发展。如上海的泰康路艺术街，云集了与视听艺术相关的中外小企业 160 多家，包括画家工作室、设计室、画廊、文化中心、时装展示中心等，这些企业以创意设计为核心，涉及视觉创意设计各个领域，形成了完整的产业链。北京 2004 年提出重点支持发展的文化行业不同程度地呈现产业集聚趋势。

（二）以老建筑为载体

以老建筑为载体发展文化创意产业是我国文化创意产业发展的特点之一。如上海，近年来加大保护开发工业历史建筑力度，初步形成了一批文化创意产业集聚区，把老厂房特有的历史底蕴、文化内涵变成激发创意灵感、吸引创意人才、集聚文化创意产业的新载体。文化创意产业园区在北京城的东西南北不断崛起，昔日的工业区、旧厂房甚至农家院落，由于文化创意产业而焕发出新的光彩。杭州创意产业聚集区 LOFT49 前身就是建筑面积近 10 000 平方米的老厂房。

（三）多样化趋势

我国文化创意产业发展呈现多样化的特点。如上海正在吸取国外经验，整合社会资源，探索一条具有上海特色的文化创意产业发展之路。上海按照城市创意产业的发展特点，形成研发设计、建筑设计、文化传媒、咨询策划、时尚消费五大类内容。深圳的创意产业，形成“三层”模式，即以新闻、出版、广播、电影、电视服务和文化服务等为核心层，网络文化、文化休闲娱乐服务等为外围层，文化用品、设备生产销售等为相关层。充分利用社会力量，用市场化的方式推进产业发展。深圳市放宽市场准入标准，鼓励国有、民营和外资非文化企业以及非国有资本进入文化产业领域。北京文化创意产业发展模式体现为政府引导、市场主导和企业主体并具有典型的创新基础结构特征。

三、中国文化创意产业进一步发展的条件

目前，我国文化创意产业还处在市场不成熟、需求不稳定、产业链尚不完整的阶段。与此同时，文化创意产业又是需求高速增长、市场前景十分广阔、经济效益非常诱人的朝阳产业。文化创意产业在中国的进一步发展，必须具备系列条件。

第一，政府制订产业发展的长期规划。中国政府和各省市在制订经济发展“十三五”规划中，都将文化创意产业列入经济发展和经济转型的支柱产业，尤

其是在文化创意产业发展比较快的一线城市，如北京、上海、深圳、杭州、南京等城市。

第二，健全产业运行的体制机制。一是完善管理体制。中国的文化创意产业由于起步较晚，主要分布于经济发达的各大城市，一些城市正在制定相关的政策以引导文化创意产业的合理架构和布局。但各城市间还缺乏信息的沟通和相互之间的协调；二是健全公共服务机制。建立创意企业信用评估、评价体系建设和创意产业项目评估网络。吸引境内外的风险投资基金，实现投资主体的多元化、社会化，营造一个成本最低、信息最灵、效率最高的投融资环境。建立知识产权交易平台，促进创意批量化生产。进行项目策划和评价，组织参加境内外展览，协调各方利益冲突，进行人才培训等有效服务，帮助中小文化创意企业抵御市场风险，推动协调文化创意产业的发展。

第三，重视对创意经济行业人才的开发和培养，为创意经济的蓬勃发展提供智力支持。文化创意人才资源是创意产业最根本，也是最核心的要素。如何开发创意型人才，也就成为当前发展文化创意产业所面临的重要问题。对文化创意人才的开发可从三方面入手：一是发掘人才，二是培养人才，三是引进人才。

第四，加大知识产权的法律保护力度。创意经济对知识产权保护的要求很高，知识产权是其生存和发展的关键。对于知识产权的保护主要依赖于人们对其认识的程度。一方面，我国现已出台了《专利法》《著作权法》《音像制品管理条例》《知识产权海关保护条例》等多部保护知识产权的法律法规；另一方面，要建立对创意产业产品无形资产的评估体系，加大对版权、专利、商标和设计等知识产权的保护力度，保护创意企业的创作价值和合法利益，营造规范、健康、有序的商业和法律环境。同时加大对知识产权保护的宣传力度，培养文化创意企业，特别是民众的知识产权保护意识。

第五，注重文化创意产业集聚区开发和建设质量，整合文化创意产业链。除了要打造产业发展的核心即产业链，还要形成具有特色的创意经济园区：①高标准规划文化创意产业集聚区，以长远的眼光来规划产业集聚区，提升产业集聚区的服务功能，充分发挥产业集聚区集聚人才、集聚产业的平台作用；②鼓励和引导有条件发展文化创意产业的地方在尊重市场经济规律的前提下充分发挥产业界在集群创导中的积极作用，加大对本地区自发形成的集聚区的扶持力度，加强与产业界的共同合作，高质量开发和建设新的集聚区；③创新文化创意产业集聚区的建设和发展模式，要避免将文化创意产业集聚区做成传统的开发区和工业园区，或是房地产开发项目。

材料分享 巴黎左岸的艺术集聚

左岸的历史与传说

记得有段话是这么说的：巴黎右岸是用来看的，而左岸是用来走的；巴黎右岸是拜物的，而左岸是用来激情生活的。“左岸”，最早仅仅是一个地理上的区域而已，它指的是塞纳河左岸圣日耳曼大街、蒙巴纳斯大街和圣米歇尔大街构成的，一个集中了书店、咖啡馆、美术馆、画廊、博物馆的文化之地。

最早的左岸除了一些零星的住户外，剩下的只是3所高等学府：三语大学（日后的法兰西大学）、索邦大学（日后的巴黎大学文学院）、四国学院（日后的法兰西学院）。按照国王的诏令，各学院师生都必须精通拉丁语，并将拉丁语作为写作、交流的第一语言，所以这一个区域也被称为拉丁区。以法国的奢侈水平来看，这里的生活配套设施显得有点凄凉：顶级旅馆一家都没有，后来才逐渐建立起来几座中小酒店，其中还有一半最早不是做这个用的。法国人非常善于变废为宝：著名的奥赛博物馆，最早是座火车站；有些下水道设施，后来改成了地下铁，不一而足。

就这样，左岸的拉丁区渐渐成为文化精英荟萃之地，它还有着一个著名的传说故事——圣女简娜维芙。公元451年，匈奴人的铁蹄在欧洲大陆横冲直撞，他们一路上烧杀劫掠，击破重重阻击后杀向巴黎。当时居住在巴黎的富贵阶层是罗马人后裔，他们逃得飞快，剩下巴黎本地人只能等着束手就擒。正在人心惶惶时，居住在拉丁区小山坡上的处女简娜维芙向巴黎人宣布：不必惊慌，上帝会让你们逃过这一劫。果然，最后关头，匈奴大军折向罗马人逃亡的奥尔良去了，巴黎逢凶化吉。到了17世纪，“太阳王”路易十四迁居凡尔赛，左岸成了巴黎去凡尔赛宫的必经之路，由此，左岸进入飞速发展的黄金时期。当时，诸多达官显贵、社会名流纷纷来此营建豪宅，像点样的高级酒店也跟着建起来了，慢慢形成了以文化知识界、小资产阶级为主流的中产阶级社区，与右岸的王宫府邸、商业大街组成的权利和经济中心形成了对照。现在，“巴黎左岸”有了真正意义上的区域概念——广义上，它是指塞纳河以南部分；狭义上，它指的仅仅是靠近河南岸圣米歇尔大街和圣日耳曼大街交汇的方圆几公里的地方。

在巴黎的左岸，有着许多非常著名的广场：加泰罗尼亚广场、意大利广场、索邦广场、先贤祠广场、贞德广场、夏特莱广场、军事学院广场、蒙日广场等。而这些广场，又都有着专属于自我的那份独特情怀：意大利广场附近有世界闻名的唐人街，亚洲人经营的酒店很受亚洲游客欢迎；索邦广场为索邦大学所在地，这里的酒店最受知识分子青睐；贞德广场名称源于圣女贞德的古老故事，这里只有顶尖的酒店才能获得昂贵的一席之地；先贤祠广场，从1791年建成以来，即为著名的名人墓地。从路易十六到雨果，几乎囊括了法兰西历史上所有重量级人物，想在这附近住上一晚，一定不会便宜。想以文化谋生，巴黎的地位不可替代。波西米亚式的放浪生活，音乐家、剧作家、自由文化人、作者和诗人的生活圈子，统统为巴黎的左岸增添了光彩。

无形的艺术文化

到过巴黎的人都说巴黎的世俗与文化是隔河相望的。沿着塞纳河的两边前进，右边是银行家，左边是艺术家。在左岸，你可能会坐在海明威坐过的椅子上、萨特写作的灯下，也可能在毕加索发过呆的窗口旁。

塞纳河左岸涵盖了塞纳河畔一个整体的扇形区域。在巴黎市区内如果你乘船由塞纳河顺流而下，船首左侧所展现的就是巴黎左岸的风光。

塞纳左岸可以说是一处强力体现巴黎艺术生命，使巴黎人民为之自豪的地方。直到现在，它辉煌的历史，艺术的声名仍然使它有资格成为众多巴黎艺术之地的中心。不仅如此，塞纳左岸还是巴黎建市的见证人，它的区域里，伫立着巴黎创建初期的许多历史遗迹。

左岸悠久的历史固然是其出名的原因，还有一个重要的原因，就是这里的文化气息。这里的咖啡馆，酒吧和啤酒罐虽然到处都是，却有着别具一格的特色。这里保留着无形的艺术声望——毕加索、海明威、魏尔伦等著名的艺术家、作家、诗人，都曾在这里留下过自己的印迹，与朋友相聚，把酒言欢，寻找灵感……这些无形的艺术声望，与那悠久的历史遗迹，使得巴黎人认为，塞纳左岸的这片区域，值得永久保留它的一切。

在巴黎的市中心，有专门的艺术画廊街，这些画廊主要分布于拉丁区及三区。这些画廊有临街的，也有在街巷深处的。其中部分画廊与民宅的区别不是很大，只不过是在门口挂了一块小牌子，只有内行人才知道，按铃就可以进入。但是在里面却是截然不同的一片景色，有许多大师的作品。有的画廊与世界上的著名收藏家保持密切联系往来，生意做得非常大，所以要提前电话约定才有机会进入。沿塞纳河边拉丁区，有一街区专营古玩。除了古玩店外，巴黎每年要举行几次大型的艺术品展销会。比如在巴士底广场，每年举办两次的艺术品展销会上，艺术家们会把自己的作品直接出售。在这里，没有中间商，售价更加便宜，交易也自然更加热闹。

材料来源：2012年5月8日 中国日报网

问题思考

1. 欧洲文化创意产业与美国文化创意产业各自发展的特点是什么？其差异性表现在哪几个方面？

2. 现有中国文化创意产业发展的模式是否科学？进一步发展的关键要素有哪些？

线上题库

线上资料 1　线上资料 2　线上资料 3　线上资料 4

孵化与运营

第四章　文化创意组织的孵化及其运营管理

文化创意产业生产组织即文化创意企业，是人类生产组织形式发展到一定阶段的经济产物。不同的生产组织的性质和形式，反映了相对应的经济发展水平和发展模式。从个体的劳动到简单协作的集体劳动，直至文化创意产业的社会结合性劳动的出现，无不说明人类社会经济的快速发展。

材料导读　文化创意产业园——台湾文创的孵化器

引导词：文化创意产业生产组织 60% 以上是中小微企业，依赖高新技术和文化要素进行创意，具有小型化、扁平化、个体化的特点，虽处在产业链的前端，但在管理、融资、政策、市场信息、法律等方面缺乏资源和支撑。孵化是解决文化创意企业成活与发展的有效途径。中国台湾地区的文化创意产业如此火爆，与文创园区对企业的孵化是分不开的。入驻文创园区的都是些中小微企业，但是这些中小微企业在文创这个孵化空间里创造了一个又一个的奇迹。

说到中国台湾（以下简称台湾）的文化创意产业，人们总会想到台北的故宫博物院的文创产品，从“朕知道了”胶带，到翠玉白菜伞，每一次文创产品的出现都会引领一次文创界的潮流，以致台湾地区文创成为了亚洲甚至世界文化创意产业最发达的地区之一。

而以华山文创园和松山文创园为代表的特色园区，集合了台湾多种文创业态为一体，成为台湾目前最重要的文创产业孵化器。这两个由衰败的厂房经过腾笼换鸟式的改造，搭建成的新型文创产业园，承载了台湾文创产业太多的光荣与梦想，已然成为台湾文创产业对外交流的一个窗口。咖啡馆、画廊、餐厅、酒吧、生活美术店铺等这些全新商业业态的植入，引起了市民的广泛情感共鸣，让改造后的厂房空间焕发出勃然生机。

松山创意园区，位于台北市信义区。松山创意园区前身为台湾日据时期“专卖局松山烟草工场”，建于1937年，1945年更名为“台湾省专卖局松山烟草工厂”，1947年又更名为“台湾省烟酒公卖局松山烟厂”，1998年停止生产，2001年由台北市政府指定为第99处市定古迹。松山烟厂占地18.986 4公顷。建筑风格属“日本初现代主义”作品，强调水平视线，形式简洁典雅，面砖、琉璃及铜钉均为特别定制的建材，做工精细，堪称当时工业厂房之楷模。台湾政府为了活化旧区，把“专卖局松山烟草工场”重新规划成一个结合艺文、文创和设计的创意园区，除了用作展出和表演活动外，更与台湾创意设计中心合作设置“台湾设计馆”，和与国内知名琉璃工房共同推出“小山堂”推广琉璃艺术，并于机械修理厂设有轻食餐厅，以“创意实验室”“创意合作社”“创意学院”和“创意橱窗”创意四大策略，将园区提升为设计及文创产业的基地。

如果你到台湾，一定要去感受台湾的文创气氛。

第一节　文化创意生产组织

文化创意产业的实践是落实在不同的生产组织中，这些组织与传统的生产组织有着很大的差异。在组织形式、经营战略、组织文化、盈利模式等方面，有着自身的显著特点。

一、文化创意产业的生产组织类别

文化创意产业是由不同的生产组织集群所架构的。各生产组织在产业的不同层面发挥着不同的作用。考察文化创意产业链各环节的内容，就会发现，文化创意产业是由三个层面的生产组织所组成，分别是原创类生产组织、运作类生产组织和延伸类生产组织。如图 4-1 所示。

这些处于产业链不同层面的生产组织，在文化创意产业中是相辅相成的，共

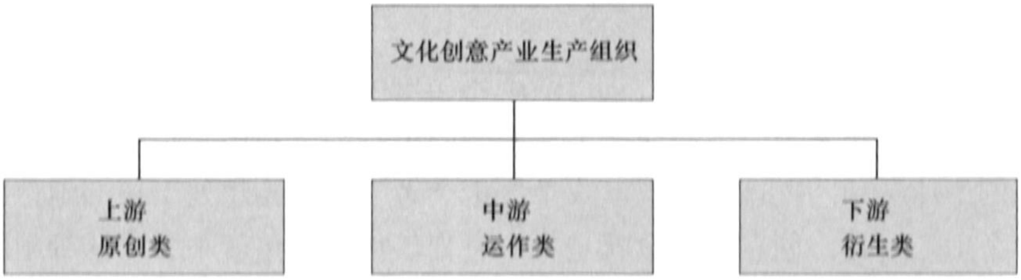

图 4-1　文化创意产业生产组织的结构

同组成从创意至市场产品的产业链并以企业为载体。由于每一层面都是由一大群同质或异质的企业组成，因而，每个文化创意企业都可以在这一产业结构中找到自己的位置。如出版业、动漫设计企业就是处在结构的上游层面的生产组织，由众多的出版企业和动漫设计企业组成，规模有大有小，其作品产出时间较长，属于原创类生产组织；而一些影像制作、软件、电子出版、旅游等生产组织就是处在产业结构中的中游层面，担负着将原创作品进行制作和实施的任务，这些行业的投资往往也是巨大的，企业也众多；而比较起来，处于下游延伸类生产组织的企业规模要小，数量最多，且风险也小，如剧院等娱乐业。

当然，在文化创意产业这一组织结构中，如果再往下分，还可以细分为文化创意产业下同一行业同质企业、文化创意产业下不同行业异质企业、文化创意产业下跨行业交叉企业。

同质企业间的关系主要是竞争关系。比如，同处于下游层面的剧院，就是属于同质企业，它们的关系也是竞争关系；异质企业由于是分属不同行业，所以它们之间的关系是相互联系、相互依赖的关系。如一家报业就同多个行业的企业发生业务关系，如与广告行业的广告企业发生业务关系；交叉企业是创意产业中跨行业交叉的最为普遍的现象。如上海 SMG 集团，就跨电视、收音机等多个领域。

二、文化创意生产组织的形式

任何一种产业都有其特定的生产组织形式，并随着生产的发展而不断发生变化。如第一产业，最早的生产组织形式可以追溯到人类早期的家庭手工作坊，进而发展为简单协作的手工工场和以分工为基础的手工工场，最后发展为以机器大工业为基础的现代工厂和以高科技为支撑的工业园区。作为新兴产业的创意产业，其生产组织不再是单一的，而是多种生产组织形式并存。同时由于创意产业的特点使得创意产业的生产组织形式相对比较宽松。目前的文化创意产业有如下几种生产组织形式：一是以个体为单位的组织形式，二是以简单协作为基础的组织形式，三是以规模化集体合作为基础的组织形式。

（一）以个体为单位的组织形式

以个体为单位的生产组织形式包括工艺品设计制作者、作家（包括自由撰稿人）、画家、雕塑家等，他们通常不从属于固定的经济实体，是一种分散的、没有分工的个体劳动。在这种组织形式中，生产者的创意构想处于核心地位，它贯穿于整个生产过程，创意过程也就是生产过程。从产业角度来看，这种组织形式通常只单纯进行产品生产，不与流通和销售环节相联系。但随着文化创意产业的发展，各种新的社会化生产方式正在不断地将个体生产吸纳到整个产业链之中，形成新的生产形式的组成部分。如在某些城市的画廊与油画村里，画家的创作就被纳入到整个生产、销售流程之中，按照市场需要进行创作。在这个过程中，画家独立的艺术品格可能被削弱，而成为生产流程中的一个技师。

（二）以简单协作为基础的组织形式

以简单协作为基础的组织形式主要包括影视产品、演艺节目、设计工作室、广告策划等，这些创作生产由小规模的集体通过一定的分工与协作来完成。这种组织形式的生产有明确的利益追求和市场目标，受市场机制和利益机制的制约。但在复杂的市场环境中，创意仍然是这种生产的核心竞争力，一个平庸、雷同的作品是不可能有市场效益的。在这种组织形式中，创意来自创作团队中每一个个体的聪明才智，最终的产品质量和效果还取决于整个团队的集体努力和创造。

（三）以规模化集体合作为基础的组织形式

以规模化集体合作为基础的组织形式主要包括从事新闻出版、系列化大型影视产品和演艺节目、网络游戏、动漫、工艺品设计生产的出版集团、影视集团、网络公司、演艺公司等。在这类组织形式中，不仅有明确的目标市场，而且有更为细化的分工和长期的计划。除了生产的组织者具有创意能力和生产组织能力外，还要有大批具有不同专业知识和技能的人才共同参与合作。集团的经济行为贯穿了创意产业的上、下游，并形成既有一批高端创意人才从事产品研发，又有专门团队进行产品的宣传包装；不仅有一整套的市场调查、分析手段为产品开发服务，还有一个系统而完善的流通网络和渠道。

文化创意产业及其产品的独特性决定文化创意产业的生产组织与传统产业和现代大工业生产组织有着很大的区别。文化创意产业最大的特点就是原创性，创意产品的这些特点，决定文化创意产业的生产相对松散和自由，需要有更为宽松的环境和浓厚的文化氛围。产业组织呈现集群化、网络化，企业组织呈现小型化、扁平化、个体化、灵活化的特点。当今社会，文化创意产业已不再仅仅指个体设计师艺术家灵感突发，而是知识和社会文化传播构成与产业发展形态及社会运作方式的创新。文化创意产业的发展并不仅是个人和单个企业的行为，而是需要集体的互动和企业的地理集聚，形成集群化的环境。文化创意产业集群的特征是生活和工作结合、知识文化产品生产和消费的结合、多样化的宽松环境、独特的本地文化等，而且与世界各地有密切的联系。由于文化创意产业的企业呈现出小型化、扁平化、个体化、灵活化的特点，因而“少量的大企业，大量的小企业”成为普遍现象。一个小的设计公司虽然只有几个到十几、二十人，但其设计创意人员占据主导地位，处于产业价值链的高端，对周边制造业起到重要的带动作用。

三、文化创意生产组织的特点

由于文化创意产业自身的特点和文化创意产业生产组织的特有形式，决定文化创意产业生产组织具有以下特点：需求的不确定性、产品的原创性、技能的多样性、质量的差异性、价值的永恒性。

（一）消费者需求的不确定性

文化创意产业的产品不再是基本的物质性必需产品，而是更富于精神性、文化性、娱乐性、心理性的产品。随着人们生活水平的提高，对这种精神性产品的需求在总体上日益提升，需求量越来越大，这是文化创意产业发展的根本动力。但是对于每一个具体的产品，如电影、电视剧、广告片、MTV、动漫、网络游戏来说，这种需求又有很大的不确定性。每一创意产品对于消费者需求来说，存在着时尚潮流、个体嗜好、传播效果、时机选择、社会环境、文化差异、地域特色等多种不确定因素，因而也大大增加了创意产品的风险。如2010年南非的足球世界杯，谁都不会想到“保罗章鱼”风靡全世界，并带来了众多的衍生产品，如玩具、服饰、美食等。可以说2010年足球世界杯的举办是确定的，但对“保罗章鱼”衍生品的这种需求是不确定的。

（二）文化创意产品的原创性

所谓原创性是指创意的不可替代性，它是旧有元素的新组合。由于文化创意产业的创意性特点使得文化创意产业生产组织的产品具有原创性。原创性是文化创意产业的核心和生命线。尽管文化创意产业的组织结构与交易过程十分复杂，但其核心仍然是创意。

文化创意产业的产品最忌讳沿袭陈规俗套，它在总体上必须突显产品独具的特色，才能深入人心，才能在市场上获得超值的效益。如广告设计中，广告定位所要解决的是“做什么”，广告创意所要解决的是“怎么做”，即“怎么做”是最终吸引消费者眼球的关键点，或以形式、或以内容的表达、或以有创意的图像等。

（三）文化创意产品的多样性和差异性

原创性虽然是文化创意产品的核心，但严格意义上的文化创意产品必须由创意策划、技术制作、传播操作、管理协调、商品销售等多方合作才能最终完成，它是各方协同联合的产物。如一部电视剧的制作过程，是由多方合作而成的创意产品。由于文化创意产品内容或形式上的独特性，因而其风格、基调、艺术特色更多地具有多样性与差异性。所以，文化创意产品具有创意的多样性和差异性。

文化创意产品的差异性既包含纵向区别，也包含横向区别。所谓纵向区别，是指产品与产品之间在产品水平、等级或质量上的区别，它与产品的“原创性”“技巧性”等因素联系。从根本上说，任何一个产品与其他产品都是不同的，而它们的不同将导致截然相反的结果。比如在同时播放的电影或电视节目中，一个观众就会选取这一部作品观看，而不是选择另一部。因为在尝试了两个产品之后，买方认为甲产品比乙产品好，如果两种产品的销售价格相同，就没有人会买乙产品。而横向区别则是指不同类别不同特色产品之间的区别。如两首歌曲，两部动作片，在消费者看来，其特点和质量可能非常相同，但它们又不完全相同。而文化创意产品通常是横向区别与纵向区别的混合体。

（四）文化创意产品价值的永恒性

传统产业比较注重改变商品的功能价值，为消费者提供新的更高的使用价值，而文化创意产业则主要通过改善商品的观念价值来获得消费者的青睐和市场利润。所以，与传统产业以产品功能为导向的价值机制不同，文化创意产业是以附属于产品的观念价值为导向的价值机制。这种观念价值，是创意资源，也是文化创意产业赖以生存和发展的资源。这种资源有别于传统产业所依赖的资源。

文化创意产业赖以生存和发展的资源不但能反复使用，且这一使用过程同时也是价值积累过程，使用频率和使用时间与价值成正比；文化创意产业的发展过程既是人本身对价值的生产过程，也是人的文化素质不断提高的过程。

与一般高消耗高负担不同，创意资源只有在开发利用中增值和创新才能生生不息，亦即消费本身就是生产。文化创意产品可以不断重复使用，大大降低能耗和自然资源的浪费，提高投入产出比，获取高额利润。在经济和社会发展过程中所具有的战略地位非常重要，所以文化创意产业具有价值永恒性。

第二节　文化创意产业孵化器的建设

目前各国文化创意产业的发展面临的主要问题，是如何实际运作，推动文化创意企业的快速生长，并发挥集聚效应，培育创意市场，打造并完善文化创意产业链，形成新的产业发展群落。因此，建立并建设文化创意产业基地，创建文化创意产业孵化器是文化创意产业发展十分重要的基础建设。

一、企业孵化器的发展现状

孵化器，英文为 incubator，原意是指人工孵化禽蛋的专门设备。后被引入到经济领域，专指一个集中的空间，能够在企业创办初期举步维艰之时，为企业提供资金、设施等多种便利，其对象一般是高新技术成果、科技型企业和创业企业。

美国孵化器专家鲁斯坦·拉卡卡认为，企业孵化器（business incubator）是专门为经过挑选的知识型创业企业提供培育服务，直到这些企业能够独立运作，不借助其他的帮助而设立的。企业孵化器在中国也称高新技术创业服务中心，在我国台湾地区叫育成中心，在欧洲一般叫创新中心（innovation center）。

企业孵化器是通过为新创办的科技型中小企业提供多层次、系列化的服务，包括孵化场地、共享设施、资金筹集、市场开拓人员培训、咨询诊断、信息网络、公共关系等，努力减少企业的创业风险，提高企业的存活率，促进科技成果转化，培养成功的企业和企业家。

（一）企业孵化器在美国的起源和发展

20 世纪 60 年代以前，煤炭、钢铁、汽车、造船、纺织等传统产业在美欧等西方发达国家一直是国家经济的命脉，而且其大型制造企业创造了整个社会中绝大多数的就业机会、产品和服务，是经济发展的主导力量和社会福利的主要来源。但是，到了 70 年代，受石油价格上涨冲击的影响，支撑国家经济命脉的传统产业衰退，很多大型制造企业不得不进行大规模的改组，其结果是大企业总部搬迁，厂房关闭，大量人员失业，地方政府税源急剧缩小，在这种不利的大环境下，政府和企业都迫切需要找到新的解决办法。

20 世纪中期，也是新科技革命不断深入、新领域不断开拓的时代。大公司已不能包揽一切，小企业的发展越来越快。小企业不仅吸收大量的就业，地方税收也不断增加，有效促进了地方经济的发展，显示出小企业以规模带动经济发展的魅力。特别是美国的硅谷、波士顿 128 号公路等的成功，吸引了众多的眼球关注小企业的发展。因此，地方政府经济发展的重心从采取优惠税收政策和条件吸引大企业转向大力发展小企业。

可以说，企业孵化器源于 20 世纪 50 年代的美国，是伴随着新技术产业革命的兴起而发展起来的。美国的孵化器发展经历了这样几个阶段：第一阶段是从 1959 年孵化器贝特维亚工业中心诞生开始到 20 世纪 80 年代初，其孵化的主要目标是为了缓解当时美国社区的高失业率，主要的孵化功能集中在场所和基本设施的提供、基本企业管理职能的配备以及代理部分政府职能；第二阶段是 20 世纪 80 年代中后期，是政府支持力度不断增强阶段。孵化器作为一种有利于经济开发的新型工具得到政府的强力推广，专业技术孵化器是美国政府对企业孵化支持系统化的一个重要方面，虚拟孵化器是美国企业孵化支持日趋系统化的另一个标志；第三个阶段是20世纪90年代上半期，风险资本的青睐使孵化器的功能不断增强，并且孵化器在第三阶段呈现企业化运作趋势，主要表现在服务对象向外扩张和服务形式多样化，孵化经营的重点由孵化新创企业转向涵盖市场机会的识别以创建企业本身；第四个阶段是20世纪90年代后期至今，伴随着创业孵化集团的出现，解决了前几个阶段传统孵化器的两个基本问题，即具备了独立的投资功能和解决了传统孵化器难以吸引高素质的管理人才的问题。

（二）中国企业孵化器状况

1995年，联合国开发计划署与科技部火炬高技术产业开发中心在天津合作召开国际创业中心研讨会，国际企业孵化器试点工作正式在我国酝酿、启动。到2006年，火炬中心在联合国开发计划署UNDP专家的帮助下，已批准建立了北京、苏州、重庆、成都、武汉、天津、上海、西安、广州9个国际企业孵化器试点，使之成为我国科技企业孵化器国际化的先行者。经过十几年的探索与实践，中国科技企业孵化器无论是在自身建设，还是在培育在孵企业国际化能力、引进全球先进企业与技术等方面，都取得长足的进步，对全国孵化器的国际化发展起到了辐射和带动作用。

目前上海是我国孵化器产业发展的领头羊，被科技部列为首批科技企业孵化器体系建设的试点城市。上海企业孵化器经历了四个发展阶段，每个阶段有不同的特点。第一阶段是初创期，从1988年到1996年。以1988年上海第一家孵化器“上海市科技创业中心”成立为标志，主要以科技园区创办的企业孵化器为主。在这个阶段，企业孵化器处于起步和探索阶段，创办主体是上海高新技术产业开发区的各个园区，包括张江、漕河泾、金桥、嘉定、中纺城、上海大学科技园创办的科技创业服务中心；第二阶段是发展期，从1997年至1999年。以杨浦创业中心成立为标志，为促进大学科研成果转化，在大学周边发展企业孵化器。在这一阶段，企业孵化器处于发展阶段，其主要特点是大学企业孵化器发展起来了，创办主体为政府和大学。分别成立了杨浦创业中心、慧谷创业中心、同济大学科技园、东华大学科技园等；第三阶段是扩张期，从2000年至2001年。这一阶段的主要特点是中心城区科技创业中心发展比较快；第四阶段是2002年之后，企业孵化器朝专业化方向发展期。2000年上海集成电路设计创业中心的成立标志着上海专业孵化器的诞生，到2003年上海企业孵化器朝专业化方向发展，出现了多媒体、都市工业设计、现代农业、环保等专业孵化器。

（三）企业孵化器在世界的发展

由于企业孵化器在推动高新技术产业的发展、孵化和培育中小科技型企业以及振兴区域经济、培养新的经济增长点等方面发挥了巨大作用，因而引起世界各国政府的高度重视，企业孵化器也因此在全世界范围内得到了较快的发展。

全球企业孵化器的发展正呈现出以下特点和趋势。第一，每个国家的企业孵化器发展都有其特定的目标，而且发展目标决定了企业孵化器的发展方向和支持力度，以及孵化器的类型。企业孵化器的主要目标是繁荣当地经济、创造就业机会、促进科技创新与产业化；第二，绝大多数国家的企业孵化器在起步阶段都是由政府出资创办的，并逐步实现投资主体从政府单一主体向大学、研究机构、企业多元参与的多元化主体转变。目前一些大型企业已经认识到企业孵化器是实现其发展战略的有效工具，自办或者参办企业孵化器；第三，非营利孵化器所占比例均超过75%，美、欧、日等西方发达国家非营利孵化器的比例在80%左右；第四，企业孵化器正朝专业化、专门化、网络化、企业化方向深度发展。专业化并不限制在狭小的专业领域，而是在一个较宽的专业领域，以便在孵化器内形成一定的集群效应；第五，帮助企业成长和成功是企业孵化器工作的核心内容。为帮助企业成长和成功，企业孵化器认识到与风险投资、大学、社区、大企业、社会中介机构的密切结合的重要性，并形成一个规模宠大、覆盖面广的社会资源网络，为在孵化企业提供全面的支持和服务。

二、文化创意企业孵化器的必要性和功能

（一）孵化文化创意企业的必要性

当全球出现孵化器之时，文化创意产业还未产生。随着文化创意产业的产生和发展，人们越来越认识到其对一国和地区经济的重要作用。但是，文化创意产业的生产组织载体往往都是一些小企业，文化创意企业的运作又很大程度上依赖于高新技术和文化要素。因而，在全球经济因遭遇金融危机而低迷之时，文化创意产业却风靡全球，有战略眼光的各国政府和地区，纷纷在政策上给予支持，其中就有借助孵化器的功能，掀起新一轮的小企业的培育浪潮。

文化创意产业的发展离不开文化创意企业的兴旺。国内外研究表明，60%的文化创意企业为中小型企业，具有小型化、扁平化、个体化的特点，虽发展前景良好，但在管理、融资、政策、市场信息、法律等方面缺乏资源和支撑。从发达国家的经验及我国文化创意产业发展的现状来看，文化创意企业孵化是解决文化创意企业成活与发展问题、促进文化创意产业化的有效途径。

从企业孵化器的概念出发，结合文化创意产业的特点，文化创意企业孵化器可以被认为是一种现实（物理集聚）或虚拟（整合服务提供）的空间，该空间以一些建筑和设施为依托，吸引聚集一定数量新创的文化创意中小企业（现实空间）；通过整合各种创新创业资源，提供一系列文化创意企业发展所需的管理支持和资源网络（虚拟空间），促成双方或多方客户之间的交易，并且通过收取恰当的费用而努力吸引交易各方使用该空间，在帮助和促进新创企业成长和发展的同时，最终实现孵化器的价值。

（二）文化创意企业孵化器三大功能

1. 盈利功能

文化创意企业孵化器具备孵育和盈利的双向性特征。所谓孵育，是文化创意企业孵化器具备的实现就业、税收等区域经济的社会功能目标。文化创意企业孵化器具备孵育功能，是一个智能化的“孵化”机器，能对各要素流进行处理，实现系统的畅通，资源的配置和增值，实实在在的“加工产品”（企业和项目）。孵化器孵育文化创意企业，最终目标是为了更好地实现文化创意产业化，主要体现为使孵化企业解决生存和发展问题。孵化器的盈利性是指孵化器也需要在盈亏平衡的基础上实现盈利。

2. 智能服务功能

孵化器的智能服务体现在两个方面：一是集成社会的智能资源为在孵企业服务，如利用规模效应整合管理咨询公司、会计师事务所、律师事务所等服务机构为在孵企业提供超值服务；二是专业的孵化器管理人员所提供的智能服务。这两个方面的智能服务都体现出畅通性、增值性和资源配置特征，是创意企业孵化器不同于一般文化创意园区的重要特征之一。

3. 投融资功能

孵化器的投融资功能是文化创意企业孵化器的又一重要特征。它是文化创意产业发展各要素（大学、企业、政府和金融机构）有效联系的必不可少的“软功能”。文化创意产业发展各要素通过孵化器的投融资功能构建了联系。由于孵化器的投融资功能能够通过自身的运作模式为孵化企业和相关的大学进行投融资服务，这就把金融机构同前二者紧密联系起来。

三、文化创意企业孵化器的管理

（一）不同特点不同孵化器

硬件上，注重文化创意企业的特点，不能统一标准配备基础设施。文化创意企业与传统的科技企业孵化器不同，对硬件的要求也有所不同。区别之一在于，文化创意工作者偏好将工作与生活环境融为一体，即孵化器空间需兼具一定的生活属性与功能；区别之二，文化创意产业行业分类较细，行业特点明显，对于孵化器设施的要求亦不尽相同，统一规格统一标准对孵化器进行大批量的建设不足取。

（二）区分孵化器和园区

明确孵化器功能，把孵化器当作文化创意产业园区来建设的情况在科技企业孵化器领域也比较常见。由于我国孵化器大多作为工业园的附设机构，孵化器的总体政策也基本上是沿用工业园区的模式，容易把工业园区和孵化器混为一谈。事实上，工业园区是依靠投资及规模效益推动经济发展，而孵化器则着眼于以创新推动经济的发展。两者的性质截然不同。

（三）启动孵化器带动周边发展

孵化器主要从三个方面着手：政策、资金和人才。依据企业不同需求来弥补其所缺资源来快速推进文化创意产业类企业从无到有的健康发展。例如：当企业在政策支持、资金来源、专业人才、管理模式、市场空间等出现瓶颈时，孵化器将为之提供服务，使各种优势资源得以发挥。众所周知，上海是一个地狭人稠的城市，有些产业不适合发展，因而需要通过孵化器的优势整合功能，培育更合理的企业发展布局，从而将产业链延伸至长三角地区，形成整体发展、特色突出的协同发展之路。

第三节　文化创意企业的科学化管理

文化创意产业生产组织的载体是众多的中小企业，因而，企业管理也成为这些中小企业成长的关键。因为孵化器的使用毕竟是外在的推动力，企业内在管理机制上还需具备科学性。

一、企业管理理论的借鉴

企业管理的理论和实践不断发展，大致经历了古典管理理论、人际关系理论和现代管理理论阶段。

（一）古典管理理论

古典管理理论主要是以生产为中心，围绕提高劳动生产率和建立比较严密的组织形式而展开的，包括以泰罗为代表的科学管理学派和以法约尔、韦伯为代表的组织管理学派。

1911 年泰罗的《科学管理原理》代表了古典管理理论的主要内容。泰罗制的前提是把作为管理对象的“人”看作“经济人”，利益驱动是该学派用以提高生产效率的主要途径。由于泰罗制的实施，企业管理开始从经验管理过渡到科学管理阶段。

亨利·法约尔着重分析研究高层管理效率和一般管理原则，他第一个明确阐述了“一般管理”理论，并根据自己总结的管理经验，提出“十四点管理原则”和“管理五要素”。“十四点管理原则”的主要内容为：分工、权限与责任、纪律、指挥或命令统一、尊重等级和横搭跳板的信息传递、个别利益服从整体利益、报酬、集权、等级系列、秩序、公平、保持人员稳定、首创精神、集体原则。“管理五要素”的主要内容为：计划、组织、指挥、协调、控制。

马克斯·韦伯对近代管理理论的贡献是提出“理想的组织机构模式”。他认为，行政组织体系应当具有准确性、稳定性、纪律性和可靠性，只有这样才具备提高工作效率的条件。

韦伯在《社会组织与经济组织》中，阐述了理想的行政组织体系的“官僚制”或“科层制”内容，如为了实现一个组织的目标，把组织中的全部活动划分为各种基本的作业，作为公务分配组织中的各个成员；各种公务和职位是按照职权的等级原则组织起来的，每一职位有明文规定的权利和义务，形成一个指挥系统或层次体系；组织中人员的录用，完全根据职务上的要求，通过正式考试或教育训练来实现；管理人员有固定的薪金和明文规定的升迁制度，是一种“职业”的管理人员；管理人员严格遵守组织规定，不受个人的感情因素影响，保证在一切情况下都能贯彻执行；管理人员必须以理性为指导，完全没有个人目标（怜悯、仇视、同情、偏爱）。

古典管理学研究的重点是组织管理的科学性、严密性和纪律性，但缺乏对人的认识和关怀，排斥人的感情因素，导致了整个社会感情匮乏，扼杀了个人的主动性和创造性。

（二）人际关系管理理论

人际关系理论的主要代表人物及理论有梅奥的霍桑实验、马斯洛的需求层次理论、麦格雷戈的“X-Y”理论、卢因的团体力学理论、布莱克和莫顿的管理方格理论。

梅奥是公认的以人际关系作为管理方法研究的创始人，而霍桑实验是梅奥等人于1924年在芝加哥霍桑工厂进行开拓性研究的一项著名实验。历时8年的研究得出以下结论：工人是“社会人”，并不单纯追求金钱收入，还有社会、心理等方面的需求，因此必须从社会、心理方面鼓励工人提高生产率；企业中存在着“非正式组织”，有其自然形成的规范或惯例，成员必须服从。非正式组织与正式组织相互依存，对生产率的提高有很大影响；新型领导能力在于通过提高职工的“满足度”，激励士气，达到提高生产率的目的，新兴的领导能力就是要在正式组织的经济需要与非正式组织的社会需要之间维持平衡。这些结论表明：工人不同于机器，必须重视组织中人的因素。霍桑试验对管理思想的发展方向产生巨大影响，促进管理中对人的因素的关注，掀起一场人际关系的运动。管理人员开始主动寻求提高职工工作满足度和激励士气的方法，使得人际关系研究成为人们多年来研究管理的普遍方法。

美国心理学家马斯洛在其《人类动机理论》及《激励与个人》等著作中提出著名的“需要层次理论”，他把人的需要按其重要性和发生的先后提炼为五种层面：生理需要、安全需要、爱的需要、尊重的需要、自我实现的需要。马斯洛通过挖掘人的需要来解释人的行为及动机，从而成为研究人的需要、动机和激励问题的代表人物。

研究人性问题的美国麻省理工学院教授麦格雷戈于1957年提出“X–Y理论”。麦格雷戈把传统管理学说称为“X理论”，他自己的管理学说称为“Y理论”。“X理论”认为：多数人的本性是懒惰的，对工作具有厌恶的天性，一般人没有雄心大志。为克服人们这种不良倾向，必须进行强制监督、指挥，才能取得较高效率。“Y理论”则正好相反，它认为人并不懒惰，人们对待工作的态度取决于这项工作对他是一种满足还是一种惩罚，若是前者，则工作积极，若是后者，则工作消极。在正常情况下，人愿意承担责任，充分发挥自己的才能和创造性。由此可见，“X理论”和“Y理论”的差别就在于对工人的看法不同，据此采用的管理方法也不同。“X理论”主张对工人采用严格控制、强迫管理的方法；“Y理论”则主张要给工人创造一个能够充分发挥个人才智的宽松环境，以更好地实现组织和个人的目标。所以他认为“X理论”已经过时，只有“Y理论”才能在管理上取得成功。

卢因的“团体力学”理论主要研究了非正式组织与人际关系方面的问题。他于1944年提出“团体力学”理论，这一理论的主要观点认为，非正式组织与正式组织一样，有其目标、要素、内聚力、规范、结构、领导方式、参与者、行为分类、规模和对变动的反应等。

美国学者布莱克和莫顿的“管理方格图”，主要研究组织的领导方式及效率问题。他们在合著的《新管理方格》等著作中，提出了直观的“管理方格图”，将“对生产的关心程度”和“对工人的关心程度”分为正方形图的两个维度各 9 个刻度，组合成 81 个小方格，每个方格代表着不同结合的领导方式。被誉为效率最高的领导方式的，是由“对生产的高度关心”和“对工人的高度关心”结合起来的领导方式。

人际关系理论用人类学、社会学、心理学、经济学、管理学的理论和方法，分析研究人的本性与需要、行为与动机，以达到协调人际关系和提高工作效率的目的。其中，人性假设是行为科学管理理论的出发点，激励理论是它的核心内容，群体行为理论是它的重要支柱，领导行为理论是它的重要组成部分。同古典管理理论注重提高生产率和强调行政组织的作用不同，人际关系理论重视人的因素，把对人的管理看作是管理的中心，运用多学科从多角度研究人的行为、心理与管理的关系，这是管理思想的重大变革。

（三）现代管理理论

20 世纪 80 年代以来，全球经济、政治、文化发生了深刻的变化，人们的生产方式、生活方式、交往方式和思维方式不断更新，为管理理论的创新提供了强大的动力。现代管理理论的兴起，正是西方管理学取得的新进展之一。现代管理学是在古典管理理论和人际关系理论的基础上发展起来的。主要的理论学派有：社会系统学派、决策理论学派、系统管理学派、经验主义学派和管理科学学派。

1. 社会系统学派

社会系统学派的代表人物是美国著名的管理学家切斯特·巴纳德，他在 1938 年发表的《经理人的职能》一书中，提出与传统组织和管理理论完全不同的一系列基本观点。他认为组织是一个复杂的社会系统，应从社会学的观点来分析和研究管理的问题。他的观点主要归纳为以下几个方面。第一，组织是一个是由个人组成的协作系统，个人只有在一定的相互作用的社会关系下，同他人协作才能发挥作用；第二，组织作为一个协作系统都包含三个基本要素：信息交流、协作的意愿、共同目的；第三，组织是两个或两个以上的人所组成的协作系统，管理者应在这个系统中处于相互联系的中心，并致力于获得有效协作所必需的协调；第四，经理人员的作用就是在一个正式组织中充当系统运转的中心，并对组织成员的活动进行协调，指导组织的运转，实现组织的目标。经理人员的主要职能有三个方面：①提供信息交流的体系；②促成必要的个人努力；③提出和制订目标。

巴纳德所代表的社会系统学派理论认为，经营管理就是领悟到作为一个整体的组织以及与之有关的全部形式的过程，这就是管理的艺术，是内部平衡和外部条件适应的全部综合。每个层面的组织是这个协作系统的各个部分。

2. 决策理论学派

决策理论学派是在二战后吸收行为学科学、系统论、运筹学和计算机科学的内容而发展起来的。其代表人物是西蒙和马奇等人。西蒙是美国卡内基－梅隆大学心理学系计算机科学和心理学教授，著有《管理行为》《组织》《管理决策新科学》等。

西蒙决策理论的主要观点：第一，管理就是决策。制订计划是决策，选顶方案也是决策。组织的设计、部门化方案的选择、决策权的分配等，是组织上的决策问题；实践中的比较、控制、手段的选择等，是控制上的决策。决策贯穿于管理的各个方面和全部过程，是全部活动管理的中心；第二，决策过程论。决策是一个过程，包括三个阶段。第一阶段是收集情报阶段，又称参谋活动阶段。第二阶段是拟订计划阶段，又称设计活动阶段。第三个阶段是选定计划阶段，又称选择活动阶段。根据当时的情况和对未来的预测，分析、对比各备选方案的论证结果，综合评价，选出最优或满意的方案；第三，决策准则论。决策的准则有两条。第一是满意准则，即被采纳的决策不一定是最优的，却是各方面满意的。第二是相关准则，即决策时不考虑一切可能发生的情况，只考虑与问题有关的特定情况，对工商企业来说，只考虑“适当的市场分额”“适当的利润”“公平的价格”等；第四，决策技术论。即对各种决策进行深入细致的分析，提出有针对性的方法，发展相应的决策技术。

3. 系统管理学派

系统管理学派侧重以系统观点考察组织结构及管理基本职能，代表人物是美国的弗理蒙特·卡斯特、罗森茨威克。第二次世界大战之后，企业组织规模日益扩大，企业内部的组织结构也更加复杂，从而提出一个重要的管理课题，即如何从企业整体的要求出发，处理好企业组织内部各个单位或部门之间的相互关系，保证组织整体的有效运转。以往的管理理论都只侧重于管理的某一个方面，它们或者侧重于生产技术过程的管理，或者侧重于人际关系，或者侧重一般的组织结构问题。为了解决组织整体的效率问题，系统理论学派认为：第一，组织是一个由许多子系统组成的，组织作为一个开放的社会技术系统，是由目标与价值分系统、技术分系统、社会心理分系统、组织结构分系统和管理分系统组成。这五个分系统之间既相互独立，又相互作用，不可分割，从而构成一个整体。这些系统还可以继续分为更小的子系统；第二，企业是由人、物资、机器和其他资源在一定的目标下组成的一体化系统，它的成长和发展同时受到这些组成要素的影响，在这些要素的相互关系中，人是主体，其他要素则是被动的。管理人员需力求保持各部分之间的动态平衡、相对稳定、一定的连续性，以便适应情况的变化，达到预期目标。同时，企业还是社会这个大系统中的一个子系统，企业预定目标的实现，不仅取决于内部条件，还取决于企业外部条件，如资源、市场、社会技术水平、法律制度等，它只有在与外部条件的相互影响中才能达到动态平衡；第三、如果运用系统观点来考察管理的基本职能，可以把企业看成是一个投入—产出系统，投入的是物资、劳动力和各种信息，产出的是各种产品（或服务）。运用系统观点使管理人员不至于只重视某些与自己有关的特殊职能而忽视了大目标，也不至于忽视自己在组织中的地位与作用，可以提高组织的整体效率。

4. 经验主义学派

经验主义学派的主要代表人物是彼得·德鲁克。经验主义学派把对管理理论的研究放在对实际管理工作者的管理经验教训的研究上，强调从企业管理的实际经验而不是从一般原理出发来进行研究，强调用比较的方法来研究和概括管理经验。经验主义学派理论的研究内容主要涉及以下几方面的管理问题：①管理应侧重于实际应用，而不是纯粹理论的研究；②管理者的任务是了解本机构的特殊目的和使命，使工作富有活力并使职工有成就；处理本机构对社会的影响和相对社会的责任；③实行目标管理的管理方法。德鲁克理论给管理学的最大贡献是他提出任务（或目标）决定管理，并据此提出目标管理法。德鲁克认为传统管理学派偏于以工作为中心，忽视人的一面，而行为科学又偏于以人为中心，忽视了同工作相结合。目标管理则结合以工作为中心和以人为中心的管理方法，使职工发现工作的兴趣和价值，从工作中满足其自我实现的需要，同时，企业的目标也因职工的自我实现而实现，这样就把工作和人性二者统一起来了。目标管理在当今仍是运用最多的管理方法。

5. 权变理论学派

权变理论学派是20世纪70年代在美国产生兴起并受到广泛重视的学派。其代表人物有美国学者卢桑斯、菲德勒、豪斯等。权变理论认为，在企业管理中要根据企业所处的内外条件随机应变，没有什么一成不变、普遍适用的“最好的”管理理论和方法。权变理论学派从系统观点来考察问题，其理论核心就是通过组织各子系统内部和各子系统之间的相互联系，以及组织和它所处的环境之间的联系，来确定各种变数的关系类型和结构类型。它强调在管理中要根据组织所处的内外部条件随机应变，针对不同的具体条件寻求不同的最合适的管理模式、方案或方法。如卢桑斯在其1976年出版的《管理导论：一种权变学》一书中，系统地概括权变管理理论。他认为：第一，权变理论就是要把环境对管理的作用具体化，并使管理理论与管理实践紧密地联系起来；第二，环境是自变量，而管理的观念和技术是因变量；第三，权变管理理论的核心内容是环境变量与管理变量之间的函数关系，就是权变关系。可以说，权变理论为人们分析和处理各种管理问题提供一种十分有用的方法。

6. 管理科学学派

管理科学学派是以美国学者埃尔伍德·斯潘赛·伯法为代表的一种西方管理科学学派。又称作管理中的数量学派或运筹学。管理科学学派认为，管理科学其实就是管理中的一种数量分析方法。它主要用于解决能以数量表现的管理问题。其作用在于通过管理科学的方法，减少决策中的风险，提高决策的质量，保证投入的资源发挥最大的经济效益。这一学派主要不是探求有关管理的原理和原则，而是依据科学的方法和客观的事实来解决管理问题，并且要求按照最优化的标准为管理者提供决策方案，设法把科学的原理、方法和工具应用于管理过程，侧重于追求经济和技术上的合理性。 管理科学强调了管理中应用的先进工具和科学方法，但对管理中人的作用不够重视，因而，成为这一学派的理论缺陷。

美国管理大师彼得·德鲁克曾指出，管理以文化为基础。他在《管理—任务、责任、实践》一书中指出：管理是一种社会职能，因而既要承担社会责任，又要植根于文化之中。管理虽然是一门学科，一种系统化的并很实用的知识，但同时也是一种“文化”。管理是一种社会职能并植根于一种文化（一个社会），一种价值传统、习惯和信念之中，根植于政府制度和政治制度之中。管理受到而且应该受到文化的影响，同时管理和管理人员也会影响文化和社会的发展。管理理论发展演变的实质之一，就是管理学对人本身的不断重新认识，在管理学理论体系中人的本体地位不断提高、越来越关注人的情感与精神需求，从而不断提升人的价值。管理理论不断演进更新的过程，就是从把人当作单纯的管理客体到强调管理中人的主体性的过程。就是从片面运用科学原理对工人的操作行为进行控制监督，为追求效率而把人当作机器附属来驱使，到把文化概念应用于企业管理，把具有丰富创造性的人作为管理理论的中心，强调通过保护和倡扬人的主动性和创造性而获取良好的企业经济和社会效益的过程。

二、文化创意企业的管理要点

从企业管理看，由于文化创意产业的迅猛发展，要求文化创意企业对市场的变化作出快速的反应，而生产和提供消费者满意的文化创意产品和文化创意服务成为文化创意企业生存和发展的关键，这就要求文化创意企业的管理高度信息化和市场化以适应社会的快速发展。

（一）全面提升管理者的综合素质

创意经济时代，一方面，高科技的不断发展，表现在网络技术的不断被开发，世界因此发生了巨大的变化；另一方面，社会在其长期的发展中，积淀了深厚的文化底蕴，支持了一个社会有别于其他社会的差异性，这是社会发展到何等程度都不能被扼杀的。

文化创意企业虽然多为中小微企业，但这并不掩盖其运作内容的高科技性和深厚的文化要素支撑。文化创意企业与传统企业的巨大差异性，使文化创意企业的管理者必须具备综合的素质。一方面，要善于全面掌握高科技的发展动向，另一方面，必须对产品开发中的文化要素进行研究，创造出独特的文化创意产品，满足市场和消费者的不同需求。

（二）充分认识智力是企业经营的实力基础

文化创意企业的管理者应充分地认识到知识是企业经营的实力基础。创意经济实质上是知识经济的进一步深化，是知识经济的个性化发展的新阶段，更是人类文明史上又一次大的进步，它使人类进入智力时代。这一时代的产业多以高科技群为代表，他们都是知识、技术密集型产业，也可称为智力产业或知识产业。此外，文化创意产品对于经济发展产生愈来愈大的影响。这时，真正占主导地位的资源和生产要素，既不是资本也不是一般劳动力，而是人们的知识和智力。

事实上，今天的经济增长，归根结底是把知识应用于生产过程中，使潜在的生产力转化为直接生产力。而科技创新和文化创意是其中的中心环节，离开科技技术创新和文化创意就很难实现企业的持续快速增长。在科学技术进步日新月异的今天，可以说，只有不断更新知识，才能持续地推动企业的发展。而人才是知识的载体，没有人才就没有知识。在未来的世界经济竞争中，知识必将成为关键性的战略资源，成为经济增长的重要动力。一个国家、一个行业、一家企业能拥有的主要优势，就在于它能获得更多的人才和知识。

（三）确立知识管理意识

知识管理就是为企业实现显性知识和隐性知识共享提供新的途径。知识管理是知识经济时代的必然要求，它已成为现代企业的主要资源，同时对管理者提出了确立知识化管理意识的要求。

知识管理何以成为企业的主要资源，原因有：第一，知识管理与其他资源管理相比有自己的特殊之处，即知识资源可以以显性亦可以隐性形式出现，而对于知识资源的吸取，则主要视管理者对员工的教育和如何能将个人意愿和企业的命运结合起来；第二，利用知识管理，企业可以减少决策错误，减少反复劳动，减少研究成本等，在没有知识管理的时候，决策往往不是依赖于决策所需的知识和信息，所作出的决策可能是不正确的。

（四）确立人文管理意识

人文管理的核心是要创造一种机制和氛围，使企业员工的创造力最大限度地发挥出来，并形成一种集体的创造力和创新能力。而这种创造力和创新能力取决于企业管理者对人才资源的合理使用和通过对企业文化的建设使其更好地渗透到企业的每一个层面，并在企业行为的各个方面发挥作用。

创意经济中，企业只有拥有了人才，才能创造、拥有并运用知识。所以，管理者要牢固树立“以人为本”的意识，要把人作为核心，尊重人才、培养人才、使用人才，加大对人才的投入，营造具有本组织特色的企业文化。“以人为本”的企业经营理念，在强调人在企业中的主体地位的同时，特别注重发挥人的能动作用，通过各种对人规范的有效管理，更多地依靠人这一具有无限潜能、无限创造力的因素，使企业在竞争中得以生存和发展。

（五）制定知识产权管理制度

文化创意企业的财富形态与以厂房、设备等为核心的传统企业迥然不同。创意智力成果的知识产权，才是文化创意产业最大的财富和最重要的竞争力。创意作为知识产权的客体，是看不见摸不着的无形财产。机器和房屋等有形财产一般可以根据实际占有和支配状况推定权利归属。对无形财产则不能像对有形财产一样以物质方式加以控制。文化创意企业的成果往往以版权、专利、商标、商业秘密以及与网络技术紧密相连的形态表现出来，故创意一经公开，就会有版权的管理问题。在网络高度发达的社会，复制作品变得非常容易。电影还未公映却有盗版的现象比比皆是。因此，作为文化创意企业的管理者，必须对自己的作品加以严格管理，并上升到法律的层面。

根据文化创意产业知识产权的作用，文化创意企业在知识产权维护上首先是获取知识产权，以法律保障创意成果；其次，始终贯穿知识产权维权和自律，既采取一定的措施保护自身，又自觉遵守规则，了解知识产权制度，以避免无意侵权。这样，产权才能明晰，交易秩序才能稳定，企业付出的智力劳动才会有合理的回报。

（六）注重文化创意产品和服务的传播与营销

文化创意产品和服务要得到市场的认可，必须积极营销，广泛传播。

营销推广是文化创意产品价值实现的重要手段。从内容创意到市场交易的价值链环节中，营销专家和媒介人的作用不可忽视。营销专家和媒介人阶层懂得市场、了解市场，能够运用各种营销手段和模式，运用传媒运作的方式将文化创意产品推到大众面前，并实现销售。国内外经验证明，文化创意产品的专业策划、营销推广在文化创意产业价值链中具有举足轻重的地位。

传播可使文化创意产品实现“一项创意，多重使用”的神奇效果。一曲网络歌曲《老鼠爱大米》，通过网络、电视、广播等媒体的传播，被市场接受，并被制成光碟、手机铃声下载、小说等创意产品，使作者和飞乐公司靠一曲《老鼠爱大米》，赢得一个亿的价值。

材料分享　韶华匆促 看德必易园里的日新月异

中华传统文化源远流长，五千年的时间长河不仅没有将这些珍宝遗失，反而将这些珍宝细腻打磨，呈现出更温润厚重的色泽。

魔都在继承这无限荣耀的同时，更保持着强盛的生命力，将传统与未来相融合，而德必易园便是这其中一颗耀眼的明珠。

作为上海市长宁区文创园区巡礼的其中一站，德必易园凭借其独有的文化和产业特色，致敬上海的旧貌与新颜，让我们看到一个年轻活力的“魔都”，看到未来无尽的可能性。

位于文化底蕴深厚的上海长宁区，德必易园承继《易经》简与变的精神，追求简约、素雅、隐逸的风格，为所有入驻的企业，提供园林式舒放办公体验，并根据不同企业的各类需求，为中小文科创企业提供全方位资源与服务，为企业从出生到发展孕育提供肥沃土壤。

■ 长宁德必易园

作为德必“易园”系列的第一个园区，长宁德必易园是由上海德必易园多媒体发展有限公司签约上海航天局第809研究所改造而成，坐落于长宁区安化路492号，雄踞长宁区核心区域，中山公园商圈黄金地带。

踏入园区后，感受就是绿化环境也太好了吧！随处可见的绿色植被，还有空中鱼池，在明媚阳光的照射下，水波粼粼闪耀着光芒。

而绿化的植被中，绝大多数都是“岁寒三友”中的竹，这也正好呼应了德必易园的设计主题。同时，竹子厚积薄发，以破土之势迅猛生长，节节高的好寓意也象征了德必易园的发展前景。

园区内的景观平台、连接廊亭等众多休闲之地，设计多以圆弧线条构成，充分彰显了《易经》文化的思想。

参观的最后，还有一处可以说令人羡慕不已：长宁德必易园的办公休闲区。茶水间、阅览室、健身和睡眠空间一应俱全，真的是十分人性化了。

作为多媒体产业园，园区内的入驻商户中文创、科创企业集聚度达到75%，包括高新技术、科技服务、新媒体、网络、多媒体、设计、广告等企业，包括像美团点评、上海爱观视觉科技有限公司等知名企业。

以多媒体与文化创意产业为主业态的长宁德必易园，致力于为文创科创企业提供发展平台和服务，并因出众条件被评为上海市文化创意产业示范园区。

■ 德必法华 525

在三大德必易园里，德必法华 525 是一定要考察的。

作为中国首个禅意文化创意办公空间，德必法华 525 也恰好坐落于繁华的中山公园商圈和徐家汇商圈之间的法华镇路 525 号，与上海交大继续教育学院仅是一墙之隔。

而说到与高等学府的一墙之隔，那就一定要来看这两株已三百多年的银杏古树。无树华之林，每到秋天满地金灿灿的银杏落叶，也是一道别样的风景。

这里曾是法华寺的遗址，因为历史变迁，这里能够看到的法华寺的遗迹，也仅剩这两个佛像的底座，人们称之为“缘石”。

而正是这两块历史遗物的缘石和两棵百年古树，见证了这片土地的前世和今生，更见证了德必易园人的态度和智慧。

同样继承了德必易园的设计理念，德必法华 525 在设计中依旧遵循中式庭院廊、庭、园区域的互换，更添移步换景的空间设计精髓。同时，西式现代建筑元素的巧用，搭配蒙德里安抽象艺术，营造出“似屋而墙”“似树非树”的奇妙之感。

正是这样一个历史和现代理念结合的创意园区，吸引到了例如全球专业水岸设计公司法国 NDA，来自美国加利福尼亚的圣沣工程设计有限公司等众多国内外知名企业入户其中，与德必法华 525 一同成长前行。

■ 邵化德必易园

位于长宁区昭化路 357 号的昭化德必易园，前身是上海广播器材厂（后改制为上海新上广经济发展有限公司）。这里必须骄傲的提一下，1958 年，中国第一代、上海第一台电视机就是在这里诞生！

2013 年改造计划开始实施，历时一年，改建后的昭化德必易园，承袭“易园”系列风格，设计理念引入花园式办公园区，采用原生态的景观，强调天和地的充分接触融合的氛围，为现今入住的 31 家商户提供一个更加优越的环境。竹林、鱼池、游鱼、青砖、石墙，营造出宁静悠然的绿色办公环境，而平台、廊桥、小径则构建出幻化多变的创意办公空间。楼宇间的相互连接，园林植被的布置设计，突破传统办公区的刻板印象，将园区整体风格打造得更加灵活多变，相互融通。

正是因为坐拥如此优越的环境条件，昭化德必易园吸引来众多文化创意、设计、互联网等类型企业，例如上海素然服饰有限公司、上海观池文化传播有限公司等，不但形成了一个氛围良好的产业圈，更为商户间的联结合作提供了充足的条件。

时代前进的车轮正在飞速转动，新事物更在以一种难以想象的速度迭代更新，在这样不可思议的变化中，总有一些事物被消失替代。

然而当面对这样的历史趋势，德必易园秉持着自己的发展理念，为脚下的这片土地注入新鲜血液，带给这片土地无可估量的可能性！

未来，德必易园将以一个更加年轻的姿态，去迎接每一个挑战和机遇！

材料来源：SHANGHAI BANG，2019 年 7 月 25 日

问题思考

1. 文化创意企业为什么要孵化？
2. 文化创意企业运营管理与一般企业有什么不同？

线上题库

线上资料 1　线上资料 2　线上资料 3　线上资料 4　线上资料 5

产品价值实现途径

第五章　文化创意产品的价值内涵与价值实现途径

一般的产品是一个整体的概念，包含核心产品、形式产品和延伸产品三个层面，并遵循着产品生命周期的规律。文化创意产品是一种特殊的产品，由于文化要素的植入以及新科技的运用，使文化创意产品在产品风险、产品价值、产品生命周期性、产品流通、产品成本以及产品知识保护上，都与传统的产品有着差异。

材料导读　“装死兔”的火爆缘由

引导词：兔子，作为再普通不过的儿童玩具，其形状造型已深入人心，两个高耸的长耳朵，大大的红眼睛，精神气十足！可有一种耷拉着脑袋的“装死兔”让人爱不释手，引来全球几千万粉丝的火爆现象，生产企业一年营收数亿元。这种一改常规形象的兔子玩具，为什么如此火爆？

近几年有一种叫做“装死兔”的兔子玩具火爆了整个网络，并在全球拥有千万粉丝，其至萌至真的特有形象吸引了广大粉丝：呆萌的表情，迷离的眼神，下垂的四肢，耷拉的双耳，装死呆萌的样子被粉丝宠上了天。“装死兔”能够风靡全球，一方面是因为它的呆萌讨喜的外在形象，而另一方面，至臻的制作工艺更使其惟妙惟肖的形象展现出了国际范儿。“装死兔”全身选用顶级水貂毛制作，四肢采用最柔软的绵羊皮，耳朵包裹着七十多颗灵净石颗粒，在增加耳朵悬垂感的同时更具备去除甲醛、净化空气、永久远红外、天然负离子等健康科技含量。其呆萌的形象适合从家居摆件、包包挂饰、钥匙扣件、再到车饰吊坠，“装死兔”带着“不理我就装死给你看”的口号，使得粉丝的年龄跨度非常大，一举成为中国本土玩偶的先锋。整个“装死兔”玩具经过三十道纯手工工序缝制而成，不仅链接兔子的挂环都是采用电镀真金工艺，经久耐用，就连吊绳都用真皮材质，并用激光刻着明轩国际的logo。而“装死兔”15cm的身材大小，适用范围广，一举成为全球玩偶的先锋。

第一节　一般产品分析

产品是企业从事生产经营活动直接而有效的物质成果。在市场营销活动中，企业满足消费者需要是通过一定的产品来实现的，企业和市场的关系也是通过产品而连接起来的。因而，产品是买卖双方进行市场交易的基础，对于企业来说，产品是企业的生命，是企业可持续发展的物质保障之一。

一、产品层次

产品是指能够提供给市场进行交换供人们使用或消费，并能满足人们某种欲望或需要的任何东西。产品包含有形产品和无形产品。

通常人们对产品的理解是一种具有某种特定物质形状和用途的物体，如钢铁、汽车、家居、食品、衣服等，其实这是对产品的传统看法。事实上，顾客购买某种物品，并不是只要得到一个产品的有形物体，同时还要从产品中得到某些欲望和利益的满足。如人们购买旅游服务，游客通过与旅行社签订协议到某个景点旅游，旅客通过景点旅游，在享受大自然风光中放松心情，满足其精神层面上的需求。又如，影视剧的欣赏，已摆脱基本物质层面的需求，上升至精神层面的需求。

因而，对于产品概念的分析，从市场营销的角度来说，应该从整体性出发。所谓整体产品，是指人们通过购买（或租赁）所获得的需要的满足，包括一切能满足顾客某种需求和利益的物质产品和非物质形态的服务。所以，产品既是有形的又是无形的。

（一）产品三层次说

一般讲，现代营销学产品的整体性包含三个层次的内容，即核心产品、形式产品和延伸产品，如图5-1所示。

1．核心产品

一个产品的基本效用和利益，是顾客真正需要购买的实质性内容，这就是核心产品，也是整体产品最为基本的层面。如果产品对顾客来说没有效用和使用价值，不能给人们带来利益的满足，产品就不会有销路，顾客也就没有购买的欲望。如顾客购买洗衣机的目的是为了省时、省力，洗衣机若是没有洗衣的功能，不能给消费者带来省时省力的使用价值，即使有再漂亮的外观设计，顾客也是不会去购买的。

2. 形式产品

形式产品也称为有形产品，是指核心产品借以实现的形式。现代营销学将形式产品归结为由五个标志构成，即品质、特征、形态、品牌和包装。有形产品是产品的实体性，以产品的形态、品质、特色、包装、品牌等表现出来。产品的基本效用都是通过产品的有形性加以实现的。

3. 延伸产品

延伸产品是指销售产品时同时提供的服务与利益，也可称附加产品或外延产品。包括安装、培训维修、信贷保证、售后服务等。美国学者西奥多·莱维特曾经指出，新的竞争不是发生在各个公司的工厂生产什么产品，而是发生在其产品能提供何种附加利益（如包装、服务、广告、顾客咨询、融资、送货、仓储及具有其他价值的形式）。

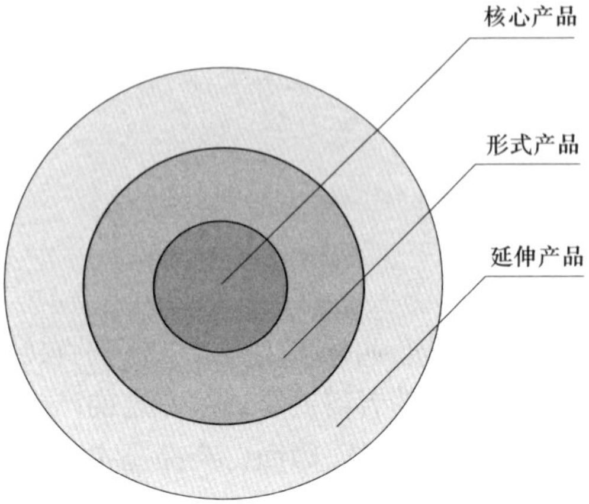

图 5–1 整体产品概念示意图

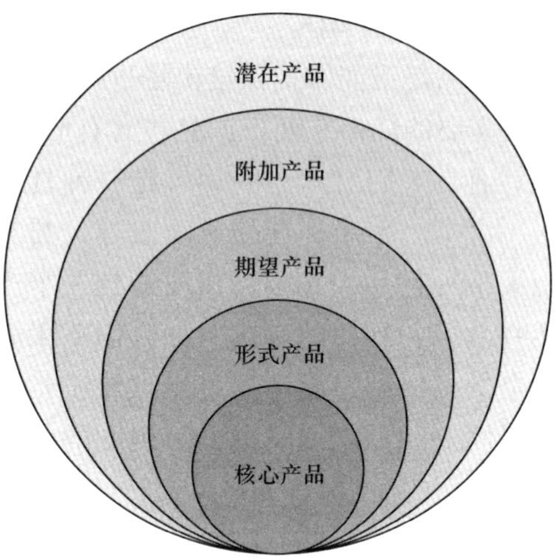

图 5–2 产品的五个层次

与传统的市场竞争所不同的是，今天的竞争主要发生在产品的附加层次上，也就是企业在提供产品的基本效用基础上，能为顾客带来什么样的附加利益或服务，尤其是超越生产的物理空间而延伸出去的一系列附加服务。这就为企业的营销带来了新的思考：第一，附加利益为企业带来的成本增加问题；第二，附加利益向期望利益的迅速转换，促使企业不断创新产品的附加层次的内容。

（二）产品五层次说

对产品层次的理解和认识随着市场的发展而不断提升和丰富。莱维特在 20

世纪 80 年代提出了产品的五层次说，如图 5-2 所示。

第一个层次是核心产品，即购买者真正想购买什么；第二个层次是形式产品，也就是将核心产品的利益转化为基本产品；第三个层次是期望产品，即购买者在购买产品时期望得到和默认的一系列基本属性和条件；第四个层次是附加产品，是指提供者提供产品时增加的附加服务和利益，也是购买者购买产品时希望得到的附加服务和利益；第五个层次是潜在产品，是指现在产品可能发展的前景，包括现有产品所有延伸和演进部分，最终可能发展成为未来产品的潜在状态的产品。

二、产品的市场生命周期

产品生命周期（product life cycle）概念，简称 PLC，是把一个产品的销售历史比作人的生命周期，要经历出生、成长、成熟、老化、死亡等阶段。就产品而言，也就是要经历一个开发、引进、成长、成熟、衰退的阶段，到最终被淘汰为止所经历的时间。

产品生命周期理论，是美国哈佛大学教授费农 1966 年在其《产品周期中的国际投资与国际贸易》一文中首次提出的。这个周期在不同技术水平的国家里，发生的时间和过程是不一样的，其间存在一个较大的差距和时差，正是这一时差，表现为不同国家在技术上的差距，反映了同一产品在不同国家市场上的竞争地位的差异，从而决定了国际贸易和国际投资的变化。

产品在开发研制阶段，就如同人类的胚胎时期，一旦进入市场，就开始了自己的市场生命。任何一个产品从进入市场到被市场淘汰的过程，就是产品生命周期。如图 5-3 所示，产品生命周期共经历四个阶段：产品的导入期、增长期、成熟期和衰退期。

（一）导入期

产品技术尚不完全成熟、性能还不尽完善，消费者对该产品还不了解，因此时需求较为隐蔽，产品批量小、单位成本高，尚未建立起稳固的销售渠道，促销费用大，因而此阶段利润较少，甚至亏损。

（二）成长期

产品技术已成熟，工艺稳定，消费者对此产品已较为熟悉，因而销量大增使大批量生产形成，单位成本迅速降低，已建立较为稳固的销售渠道，在增长率进一步增加的情况下，销售量亦大增，从而利润迅速增长。

（三）成熟期

市场需求趋于饱和，销售增长率开始下降，利润增长率也开始下降，全行业出现过剩，市场竞争更趋激烈，部分竞争者开始退出，此时企业销量很大，利润多，现金收入多。

（四）衰退期

产品已逐渐被新产品所替代，产品销售增长率由开始下降转为迅速下降，甚至是负增长率，从而销量也开始下降，消费者兴趣已转向其他产品或持币待购，竞争使价格下降至最低水平，多数企业已无利而被迫退出。

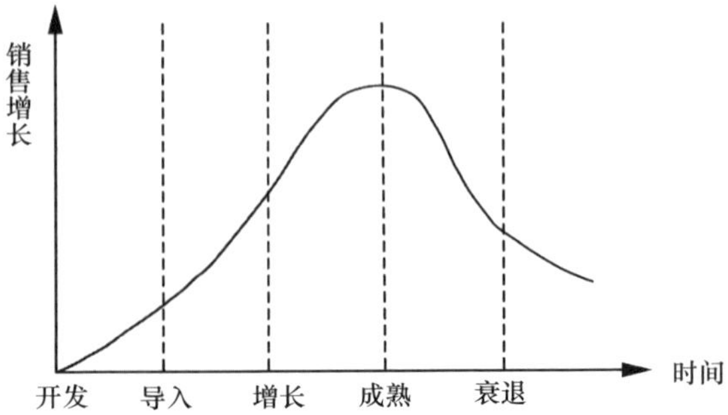

图 5–3 产品的市场生命周期

在市场中，大多数产品的生命周期都呈现图 5–3 形状，但并非所有产品的生命周期都是如此。有些产品一上市就很快进入成长期，有些产品则没有成长期，从投入期直接进入成熟期，还有些产品经过成熟期后，再次进入第三次迅速增长期。探寻其原因，第一，取决于产品的性质；第二，取决于企业的营销战略；第三，取决于企业的产品创新。

研究产品生命周期理论，对于企业正确制订产品决策，及时改进老产品，开发新产品，有计划地进行产品更新，制订各项经营策略，指导企业经营管理，都具有重要意义。

三、产品的分类和新产品的开发

（一）产品的分类

根据不同的标准，产品可以分成不同的类别。

1. 根据购买者意图分为：消费品和工业品

所谓消费品，就是指那些由最终消费者购买并用于个人消费的产品。如为满足人类生存需求的各类消费品。

工业品则是指那些为进一步用于行业生产而购买的产品。钢铁厂的铁矿石材料、汽车生产厂家的钢铁材料等都属于这一类。

2. 根据产品的表现形式分为：有形产品和无形产品

有形产品就是实体产品，有外观、包装、颜色、形状，如汽车、空调机、冰箱等。

无形产品则是以服务、咨询方式表现的产品，如旅游产品、金融理财产品等。服务与实体产品最根本的区别就在于服务的无形性。这种无形性使得商品在被购买之前是看不见、尝不到、摸不着、听不见或闻不到的。这种特点使得企业在向消费者宣传产品的时候比较困难。例如美容服务，在使用此类产品之前是没办法看到其效果的。

3. 根据消费者的消费习惯分为：便利品、选购品、特殊品和非需品

便利品是指消费者频繁购买，很少进行比较的产品和服务。例如，牙膏、牙刷等。便利品的价格通常是很低的，并且被置于很多营销点等待顾客随时购买。

选购品是指消费者对其品牌质量、外观形态、功能等非常在意，并且购买频率不高的消费品。如冰箱、电视机、家具、服装等。选购此类商品时，消费者会花很多的精力和时间，通过收集信息进行比较，最后作出抉择。

特殊品是指产品有特殊性质、品牌识别的消费品，并且消费者愿意花特殊的精力去购买的产品。例如，劳斯莱斯汽车就是特殊品的典型代表。这类商品的消费者有着强烈的品牌忠诚度和偏好，愿意花特殊的精力购买，比如到很远的地方购买，并且这类消费者不愿意使用替代品。一般情况下，购买者不会比较相同档次的其他品牌汽车。

非需品是指产品信息无论被消费者知晓与否，大多数消费者不会购买的产品。如大多数的新产品，刚上市的时候，由于消费者的消费习惯、观念等还没有与新产品相契合，因而，在一段时间内不会购买，并且这一行为不会影响消费者需要的满足问题。如液晶电视机刚上市的时候就是属于非需品。

（二）新产品的开发和分类

新产品开发是指从研究选择适应市场需要的产品开始到产品设计、工艺制造设计，直到投入正常生产的一系列决策过程。广义上，新产品开发既包括新产品的研制也包括原有的老产品的改进与换代。新产品开发是企业研究与开发的重点内容，也是企业生存和发展的战略核心之一。

新产品可以从不同的角度进行分类。

1. 按新产品创新程序分类

分为全新新产品、改进新产品和换代新产品。全新新产品是指利用全新的技术和原理生产出来的产品；改进新产品是指在原有产品的技术和原理的基础上，采用相应的改进技术，使外观、性能有一定进步的新产品；换代新产品是指采用新技术、新结构、新方法或新材料在原有技术基础上有较大突破的新产品。

2. 按新产品所在地的特征分类

分为地区或企业新产品、国内新产品、国际新产品。地区或企业新产品是指在国内其他地区或企业已经生产但本地区或本企业初次生产和销售的产品；国内

新产品是指在国外已经试制成功但国内尚属首次生产和销售的产品；国际新产品是指在世界范围内首次研制成功并投入生产和销售的产品。

3．按新产品的开发方式分类

分为技术引进新产品、独立开发新产品、混合开发的产品。技术引进新产品是直接引进市场上已有的成熟技术制造的产品，这样可以避开自身开发能力较弱的难点；独立开发新产品是指从用户所需要的产品功能出发，探索能够满足功能需求的原理和结构，结合新技术、新材料的研究独立开发制造的产品；混合开发的产品是指在新产品的开发过程中，既有直接引进的部分，又有独立开发的部分，将两者有机结合在一起而制造出的新产品。

第二节　文化创意产品分析

一、文化创意产品内涵及其特点

文化创意产业是一个新兴产业，其产生和发展的时间比较短，因而，对于文化创意产品的定义，各有各的说法，尚处在探讨的过程中。

（一）文化创意产品的概念

一直以来，对文化创意产品的认识，有两种代表性的观点：第一种观点认为文化创意产品就是文化产品，是具有特定历史文化内涵或者某种艺术想象力的产品，如艺术品、收藏品、电影音像出版物等。这种观点把文化创意产品等同于文化产品，排除了依靠技术标准、经营或管理规则存在的大量文化创意产品，无疑带有一定的片面性；第二种观点是笼统地把所有的文化产品和设计产品都看成文化创意产品，这又掩盖和混淆了创意产品的个性。这两种观点都给全面认识文化创意产品的经济特征带来了困难。

本书认为，文化创意产品有广义和狭义之分。广义的文化创意产品，是指人类在历史各个时期的发展过程中，通过其智慧利用自然资源、社会资源和文化资源所生产的全部产品。广义的文化创意产品范围广、内容多，涉及的行业也非常齐全。狭义的文化创意产品，是指在知识经济时代一种源自个人创意、技能和才干，根据社会实践要求，以脑力劳动为主，通过知识产权的开发和运用，自觉创造出的具有象征价值、社会意义和特定文化内涵的产品或服务。

文化创意产业学科所研究的文化创意产品严格地讲是狭义的文化创意产品。因为狭义的文化创意产品具有本身特殊的性质和特点，有别于广义上的文化创意产品。

（二）文化创意产品的特点

由于文化、创意和高科技元素的植入，决定了文化创意产品使用价值和价值的不确定性、流通过程的共享性和重复利用性、生产过程成本的复杂性、应用过程的增值性和知识产权保护性等特点。对文化创意产品特点的深入研究，有助于探索其价值的实现路径。

由于创意的特殊性，决定了文化创意产品具有以下几个方面的特殊性。

1. 使用价值和价值的不确定性

文化创意产品的特点和其生产制作不同于一般传统产品，这使文化创意产品的价值和使用价值具有不确定性。一方面，文化创意产品的价值是不确定的。从消费者的角度来看，文化创意产品为消费者创造的产品价值，包含着功能价值和观念价值[1]。功能价值主要是指物理功能，是商品的物质基础，主要指向市场价值。而观念价值是商品中包含的能够符合一部分社会群体精神追求和文化崇尚需求产生共鸣的无形附加物，是文化的附加观念。文化创意产品的价值更多依赖于消费者个人的精神和文化偏好，不同的需求偏好者对同一个文化创意产品可能会从不同的需求角度出发，对其文化价值、艺术价值、娱乐价值或者是商业开发价值做出不同的价值评价，而且只有在认同这种文化创意商品的价值之后，消费者才会做出购买决定。这种依照消费者主观标准对文化创意产品进行评价的特点，使文化创意产品的价值具有不确定性；另一方面，文化创意产品的使用价值具有潜在性和不确定性。文化创意产品的内涵是文化资源与创意结合的非物化形态的观念、内容、符号。消费者购买文化创意产品是因为其所具有的审美价值、思想、内容、愉悦功能等，满足的是其精神文化的需求。如对一部电影的使用，从观看使用中可以直接得到精神上的满足感或视觉上的愉悦等，而对一部电影的版权使用是看不见摸不着的，该电影版权本身并不具有任何价值，可以说它们的使用价值是潜在的，电影的使用价值只有通过版权交易、电影的发行才能体现。因此，文化创意产品的使用价值是潜在的、不确定的。

2. 流通过程的共享性

传统商品交易中，有形产品如果进行交换，生产者将让渡使用价值，丧失所有权和使用权。但作为具有知识产权的文化创意商品却可以在同一时间内，分别由若干人使用，与他人共享文化创意产品与创意服务，传统产品如洗衣机、汽车、

1 厉无畏．创意改变中国．北京：新华出版社，2009年．

手机等产品，使用的过程实质上就是其价值的消耗过程。但是，文化创意产品知识共享和重复利用的特殊性，以及其产业链各环节的相互联系，使文化创意产品的使用过程，不但不会像传统物质形态产品那样消耗其价值，而且在一定条件下可转换为其他的使用价值并带来大量的增值价值。例如，一张音像产品、一项设计技术的专利，版权人和专利权人既可以自己使用，也可以同时转让给他人使用，或者由若干使用者同时共享这项专利。或一部历史悠久的动画片《米老鼠和唐老鸭》，迪士尼乐园的全球扩张，不但在使用过程中不消耗其价值，产业的衍生反而使其价值不断增大。文化创意产品应用于具体的工艺生产过程中，通过合理有效的运用，其使用价值不仅可以等量地转移到新产品中去，而且可能会创新出其他新的产品，或改革原有产品，在同样条件下创造出更多更好的物质财富，开发出更多的能量。

这种知识的独享和共享行为并不会降低文化创意产品的价值，不会影响版权和专利技术的质量，这就是文化创意产品与文化创意服务的非排他性特征。这些特征，使文化创意产品不同于传统产品使用的消耗性，而是可以重复使用，并带来这类产品的重复生产，因而易于形成规模经济效应，能有效降低社会交易成本。

3. 生产过程的成本复杂性

创意作为人类社会一种特殊的知识产品，其生产过程不是一个简单的过程，而是复杂的脑力劳动过程，因而其生产过程成本非常复杂。人的创造力在产品的生产过程中起着主导作用。从瑞士心理学家皮亚杰的“发生认识论”来考察创意的生成，就不难体会脑力劳动在文化创意产品生产过程中的作用以及产品成本的复杂性。一个创意的生成将经历五个阶段：提出问题阶段、创意酝酿阶段、创意孵化阶段、创意生成阶段和创意成熟完善阶段。在此基础上，文化创意产品的生产才有可能。

同一般物质产品的生产不同，决定文化创意产品价值量的是精神生产劳动。由于精神生产劳动具有独创性、不可比性，无法以社会必要劳动时间作为确定价值量的唯一标准，因而，文化创意产品生产过程成本具有复杂性。文化创意产品价值链增值能力呈现先期研究与开发附加值高、中期生产制造利润低、后期营销利润高的“微笑曲线”特点[1]，同时显示了文化创意产品高成本研发、低成本制造、复制产品的成本几乎为零的特点，这是传统商品生产过程中所不具备的。这种成

1　由施振荣提出的“微笑曲线”(Smiling Curve)的理论。表明微笑嘴型的一条曲线，两端朝上，在产业链中，附加值更多体现在两端，设计和销售，处于中间环节的制造附加值最低。

本复杂性给产品定价带来了极大的困难。文化创意产品在未被生产出来之前，市场对它的需求是难以判断的，具有高风险性和不确定性。这就决定了文化创意产品难以采用以生产者为导向的、以费用为基础的成本定价模式，而适宜采用以消费者为导向的、以价值为基础的差别定价模式。

4. 应用过程的增值性

文化创意产品的使用与传统产品不同。传统产品如洗衣机、汽车等，使用的过程就是其价值的消耗过程。但是，文化创意产品的使用过程，不但不会消耗其价值，在一定条件下还可转换为其他的使用价值并带来大量的增值价值。例如，一部小说《蜗居》，在被拍成电视连续剧后，其价值倍增。文化创意产品应用于具体的工艺生产过程中，通过合理有效的运用，其使用价值不仅可以等量地转移到新产品中去，而且可能会创新出新的产品，或大大革新原有产品，在同样条件下创造出更多更好的物质财富，开发出更多的能量。

5. 知识产权的保护性

文化创意产品和其他传统产品一样，在没有被交易以前，商品的价值和使用价值不可能体现，只有在交易发生后，商品的使用价值和价值才会表现。但是，文化创意产品交易的内容与一般传统商品交易内容有着不同，就是蕴含在文化创意产品背后的知识产权交易内容。文化创意产品无论价值有多高，因其复制成本的归零特性，一旦得不到知识产权保护，产业将面临任意仿制和抄袭，产品的价值就不能体现。

作为具有知识产权的文化创意商品又可以在同一时间内，分别由若干人使用，与他人共享文化创意产品与服务，这就是文化创意产品流通过程的共享性和重复利用性特点。这是传统商品交易中不具备的。传统商品交易中，生产者将让渡使用价值，丧失所有权和使用权。例如，一个音像产品、一项设计技术的专利，版权人和专利权人既可以自己使用，也可以同时转让给他人使用，或者由若干使用者同时共享这项专利。这种知识的独享和共享行为并不会降低文化创意产品的价值，不会影响版权和专利技术的质量，这就是文化创意产品与服务的非排他性特征。文化创意产品还可以进行重复使用并带来这类产品的重复生产，因而易于形成规模经济效应，能有效降低社会交易成本。传统意义上尤其是物质产品生产所占有的自然资源特性，形成产品后很难再次完全利用，当然有些物质产品可以通过再生资源的利用，使其进入另一个制造通道。但是，文化创意产品由于是对文化资源的再利用和再开发创造，具有非实物形态，同时又具有个人意义的创造性劳动成果。因此，同一文化资源题材可通过创意创造出不同的精神产品，如相同的历史故事，可以创作成电视剧、小说等不同形式的文化创意产品，也可以由不同的创作者从不同的视角，在不同的阶段对其进行不同的演绎，生产出不同的文化创意产品。

文化创意产品的知识产权交易具体涉及文化创意产业不同领域创意符号、创意要素、创意所有权、创意使用权等的交易内容，还有特定文化创意产品的著作权、专利权、商标权等交易内容。如美国迪士尼产品，其增值部分就是迪士尼这个创意符号、商标和版权。

知识产权保护是文化创意产品的一个核心问题。文化创意产品的开发均有独创性和成本复杂性，而复制成本却呈现归零性，从而使文化创意产品的知识产权保护问题显得非常重要，也成为文化创意产业发展的一个重要标志。

二、文化创意产品的不同分类

由于文化创意产业的内容和形式纷繁多样，从不同的角度，可以将文化创意产品划分为不同的类型。

（一）从创意与不同领域的融合来划分

文化创意产业通过分散的个体劳动、简单协作的集体劳动和社会结合劳动来组织生产，由此产生了文化创意产品。在从分散劳动一直到社会结合劳动的过程中，创意与不同领域进行融合，因而文化创意产品可分为艺术性文化创意产品和经济性文化创意产品两类。

1. 艺术性文化创意产品

所谓艺术性文化创意产品，是指存在于文化产业领域中的文化作品。艺术性文化创意产品是文化产业化的核心，其创作者往往是来自文化领域（文学艺术、视觉艺术、传媒艺术、表演艺术等）的艺术家们。这些作品包括文字书写、声音图像录制、现场表演，视觉印象等。如一部小说、一幅画、一场话剧表演等。

2. 经济性文化创意产品

所谓经济性文化创意产品，是指创意元素融入传统产业生产过程中而出现的产品。创意元素的植入，极大地提高产品的附加值，增加产品的市场竞争能力，从而也扩大市场的销售。这类产品包括因工业设计、建筑设计、广告和会展策划等创意元素的融入而产生的产品或过程。这类产品具有新颖性、奇特性、高附加值性等特点。在这类产品中，产品的物理价值无法避免地构成价格的一部分，但是其所占的比例却随着创意元素的植入而变得越来越少。如在全国甚至全世界都盛行的体验旅游，一改传统旅游的单一观景，创意演变为景情相融、观景体验互动的情景旅游和体验旅游。

人们观念中的博物馆，似乎是陈列古老的的文明痕迹。但现代的博物馆，并不都是陈列着遥不可及的老古董。日本宫崎骏博物馆，就是一座展示海枯石烂、定格天真烂漫的博物馆。人们在博物馆中找寻童年记忆，将童年记忆封存。当你进入宫崎骏博物馆的那一刹那，仿佛迈入一个奇幻世界，穿梭于此，不觉乏味，反而乐在其中，面对一个又一个展品，亲切却新鲜，静静发呆，浅浅微笑，继续好奇继续幻想，盼望回归小时候的美好。由日本动画大师宫崎骏亲自设计的“三鹰之森吉卜力美术馆”（Ghibli Museum），也称“宫崎骏博物馆”，是每一个动画迷心驰神往的梦幻之城。自 2001 年 10 月开馆至今，慕名而来的游客源源不绝。该馆地处东京卫星城三鹰，在“三鹰之森”的掩映中若隐若现，每天还没开馆，就已排队等候开馆。

说起这个博物馆，不得不提宫崎骏。宫崎骏，1941 年 1 月 5 日出生于东京都文京区，日本动画师、动画制作人、漫画家、动画导演、动画编剧。毕业于日本东京学习院大学政治经济部。

宫崎骏 1963 年进入东映动画公司，从事动画师工作。1971 年加入手冢治虫成立的“虫 Production 动画部”。1974 年加入 Zuiyou 映像与高田勋、小田部羊一共同创作《阿尔卑斯山的少女》。1979 年转入东京电影新社创作了自己首部电影《鲁邦三世卡里奥斯特罗之城》。1982 年开始独立创作漫画，在 *Animage* 上连载漫画《风之谷》，该作品获得第 23 届日本漫画家协会赏。1984 年执导《风之谷》，该片获得罗马奇幻电影节最佳动画短片奖等 4 项大奖。

1985 年与高田勋、铃木敏夫共同创立吉卜力工作室。1986 年执导《天空之城》，该片获得第 41 回每日电影奖大藤信郎赏等 6 项大奖。1988 年执导《龙猫》，该片荣获第 13 回报知电影奖最佳导演奖等 24 项大奖。1997 年执导《幽灵公主》，该片荣获第 21 届日本电影学院奖最佳影片奖等 27 项大奖。2001 年执导《千与千寻》，该片荣获第 75 届奥斯卡金像奖最佳动画长片奖及第 52 届柏林电影节最高荣誉“金熊奖”等 9 项大奖。2004 年执导《哈尔的移动城堡》，该片荣获第 9 届好莱坞电影奖最佳动画片奖等 8 项大奖。

2013 年执导《起风了》该片荣获第 37 届日本电影学院奖最优秀动画作品奖等 8 项大奖，也是其最后长篇作品。同年 9 月 6 日宣布引退。2014 年 11 月 8 日荣获第 87 届奥斯卡金像奖终身成就奖。

（二）从文化创意产品的形态划分

从文化创意产品的形态划分，一般可以分为有形和无形文化创意产品两大类。

1. 有形文化创意产品

有形文化创意产品是指借助于物质载体形成的既有物质形态又有文化符号的创意商品，如设计图纸、书刊、报纸、图画、雕塑、唱片、音像磁带、照片、电影拷贝、手稿、讲稿、电脑软件等，它直接为社会提供多姿多彩的消费品，并构成劳动力再生产所必需的享受资料与发展资料，成为社会总产品的组成部分。

2. 无形文化创意产品

无形文化创意产品是指直接为社会提供服务的创意服务等，如咨询服务、演出服务、教学服务等。创意服务通过把各种各样的事物作为符号加以利用，使其具有某种象征意义，受到消费者的认同，从而具备商品的属性，可以作为商品进入市场流通，并转化为生产力，使用户获得经济效益。

（三）从文化创意产业群层面划分

从文化创意产业群层面划分，文化创意产品可以分为原创类文化创意产品、运作类文化创意产品和延伸类文化创意产品。

1. 原创类文化创意产品

所谓原创类文化创意产品是指处于文化创意产业核心地位、与出版业、报业、电影业、广电业、文艺演出业、动漫产业等相结合的文化创意产品。内容性、新颖性、文化性、奇特性是原创类文化创意产品的主要特征。比如创意与电影创作结合，便生成了电影业原创类文化创意产品。好莱坞著名导演斯蒂芬·斯皮尔伯格拍摄的《侏罗纪公园》就是典型的原创类文化创意产品。影片将社会百态和科幻现象相结合，创下了当时的票房纪录。超级多媒体梦幻剧《ERA——时空之旅》，深入挖掘和利用中国特别是江南特有的民族艺术元素，综合杂技、音乐、舞蹈、武术等，以时空交错为表现手法，艺术地展现中华民族的悠久历史、灿烂文明。该剧自 2005 年 9 月 27 日在上海马戏城首演以来，票房净收入超过 1 亿元。时空之旅已成为上海城市文化新名片和都市旅游新景观剧目。

2. 运作类文化创意产品

所谓运作类文化创意产品是指创意融入到已有产业中、并处于文化创意产业群运作层面的文化创意产品。运作类文化创意产品融入的产业有音像业、计算机和软件业、工业设计业、建筑设计业、服装设计业、广告业、旅游业、互联网业等。创意的转移性和创意的生命周期性是运作类文化创意产品的主要特征。创意的转移性是指创意一旦嫁接产业，即不再对创意进行深化，而是注重于与产业融合的形式。比如，“分众传媒”的楼宇网络广告形式，即是创意转移至广告形式的典型说明。创意一旦转移成功，即开始了文化创意产品的生命周期。文化创意产品的生命周期与一般产品的生命周期相同，也经历导入期、成长期、成熟期、衰退期。其生命周期的长短取决于市场同类产品的出现和新创意的生成。

3. 延伸类文化创意产品

所谓延伸类文化创意产品是指处于文化创意产业群边缘，与服装业、体育娱乐业、会展业、工艺品、商业服务业等相结合的创意产品。这类产品往往处于产业链的末端，其创意含量相对于原创类和运作类文化创意产品来说要少，但其生命周期比较长，而且其门类之多也是原创类和运作类文化创意产品所不能比拟的。如美国迪士尼，其延伸产品涉及很多行业，有服装业、玩具业、工艺品、娱乐业、图书、电子游戏等。值得注意的是，运作类和延伸类文化创意产品有时又是交叉的，即运作类文化创意产品具有延伸性，而延伸类文化创意产品具有运作性。

从文化创意产业群的层面进行划分的原创类文化创意产品、运作类文化创意产品和延伸文化类创意产品，其创意含量逐渐变小，而其生命周期逐渐变长，操作性特征亦愈加明显。因而，文化创意产品的生成主要还是集中在原创类文化创意产品中。

三、文化创意产品的开发原理

狭义的文化创意产品是指在知识经济时代一种源自个人创意、技能和才干，根据社会实践要求，以脑力劳动为主，通过知识产权的开发和运用，自觉创造出的具有象征价值、社会意义和特定文化内涵的产品或服务。所以，文化创意产品的生成本质上是创意的生成，并进行相应的开发。无论是原创类文化创意产品、运作类文化创意产品还是延伸类文化创意产品，都离不开创意以及创意的开发和运用。我们以艺术性文化创意产品和经济性文化创意产品为例，说明文化创意产品的生成特点。

（一）灵感是艺术性文化创意产品产生的源泉

灵感是创造性劳动过程中出现的一种功能达到高潮的心理状态。这种状态能导致艺术、科学、技术的新构思和新观念的产生或实现。人类灵感具有以下特点：

（1）注意力高度集中，全部精神力量贯穿于创造性活动的客体上；

（2）情绪异常充沛和紧张，对自己的创造性劳动的对象充满激情；

（3）思想的极度明确性和智慧的高度敏感性。

所有的科学发明、技术创造、艺术形象的形成，都是在这样的灵感状态中出现的。灵感是由疑难而转化为顿悟的一种特殊的心理状态。灵感是以长期的、辛勤的巨大劳动为前提或为基础的，是在创造性劳动中出现的心理、意识的运动和发展的飞跃现象。

文化创意产品中的艺术创意产品，表现为文学、舞蹈、画作等形式，灵感是这些作品产生的源泉。世界上伟大的、优秀的文艺作品都是作者顽强坚韧的创造性劳动的结晶。没有巨大的劳动做准备，根本不可能有任何灵感的产生。例如，歌德的名著《浮士德》写了六十年。托尔斯泰为了塑造《复活》中饱经忧患，受尽折磨的妇女玛斯洛娃的生动形象，反复琢磨，仅对玛斯洛娃外貌的描写就修改了二十次。

灵感并不是无中生有的，它必须在人类实践的基础上产生。文学家如果远离社会，不与人交往，是写不出好的作品的；画家的画无论多么抽象，总能在画中找到生活的影子。

艺术家和文学家等创造的作品，还须经过相应的环节，才能作为产品到达消费者终端。如一部文学作品，无论是以书籍还是电视剧的形式表现于消费者面前，都必须通过出版、拍摄等环节而成为文化创意产品。因而，艺术性文化创意产品的创作过程，是一种结合的社会劳动。

（二）需求是经济性文化创意产品产生的动力

随着人类经济的不断发展，人均 GDP 不断提高，城市消费层面也随着经济的发展而不断升级。人类基本的需求如生存的需求、安全的需求已不再是人类追求的主要目标，自我实现、美的需求成为创意经济时代消费者新的需求目标。这一新的需求层面的出现，促使文化创意产品的产生，并呈现出多样化的趋势，满足城市消费者对文化创意产品的需求。

创意经济时代消费者对文化创意产品的需求主要表现在以下三点：

1. 追求产品的奇特性

追求奇特是人类的天性。在市场经济竞争的时代，产品供大于求，消费者有更多的选择余地，在产品质量和服务保证的前提下，人们更多地将目光停留于产品的奇特性上。

2. 追求满足精神需求的产品

在创意经济时代，人们的生活方式已发生极大的改变，欣赏音乐、参观展览、收藏艺术品等已成为城市中相当部分消费者的生活方式，而文化创意产品中所蕴含的文化要素、科技要素正是满足消费者精神需求的主要吸引力。

3. 消费者的社会责任及其观念的更新

经济的快速发展，使地球面临着资源枯竭、环境不断恶化的局面，社会宣传和消费者的认识，也是促使文化创意产品产生的一大原因。因为文化创意产品一般都是低能耗、少排放或者零排放的产品，对于自然资源起着保护的作用。

第三节　文化创意产品价值的开发和运作系统

随着文化创意产业的兴起，文化创意企业纷纷登场，文化创意产品也迅速跃然于市场并成为新颖的消费品。但文化创意产品不是一种传统意义上的产品，文化要素的植入和新科技的运用使其所呈现出的特有属性，使产品价值的实现路径与传统产品有着一定的差异。通过何种途径最大化地实现文化创意产品价值，将成为文化创意企业的营销新战略。

一、文化创意产品的价值来源

文化创意产品与传统产品的差异从静态角度考察是由于文化和科技要素的沉淀与植入，而从动态角度考察，可以视为其生产过程的独特性。文化创意产品具有以文化为基础、以创意为源泉、以消费者需求为动力的特点。

（一）文化是创意产品生成的基础

文化创意产品对于文化的需求一方面表现为对文化资源的开发和利用，另一方面则表现为需要一个具备一定文化品味并对文化创意产品与服务有消费需求的消费群体。

文化创意产品通过对文化资源的开发利用使人们在消费产品中达到精神需求的满足。这种资源并不完全由物质自然界决定，它是可再生和可重复产生并被利用的。但是具体怎么利用则取决于人们对这些资源的认识程度。文化资源越是被人们深入了解，其市场就会越大，它的重复利用的可能性也就会越大。如石库门是凝聚在建筑上的上海居住文化，上海新天地通过对这一建筑旧区的改造，对有百年历史的石库门建筑外表修旧如旧，内部彻底现代化，既适应了21世纪都市人的生活需求，又保留了一个城市的历史风貌。来自世界各国和地区的餐馆、商店、娱乐业投资者纷纷落户于此，不仅把石库门原先的居住功能改变为商业经营功能，使古老建筑既有观赏价值，还具有自我生存和发展的能力，而且创造了一种新的时尚休闲文化生活，成为一个尝试通过文化建设带动经济发展的成功案例。上海新天地目前已经成了一个具有国际知名度的聚会场所，并被纳入了上海文化旅游景点的名片中。上海新天地的缔造者罗康瑞先生说，老房子不是包袱，是财富，城市里的老房子是这座城市的历史和文化的载体，是城市的价值，要保留老房子的特征，又要按现代人的要求对它进行改造，让老房子的价值体现出来，并得到提升[1]。

具有一定文化品位并有消费需求的消费群体，是文化创意产品生成的又一文化基础。根据预测，在人均 GDP 达到 1 600 美元水平时，对文化创意产品的消费应占收入的 20%，但我国目前对文化创意产品的消费尚不足 1/4。我国人均 GDP 水平的提高并不一定意味着对文化创意产品消费需求的提高，实质上还存在着消费水平的差异、生活方式习惯差异和对文化创意产品价值的认识问题。从产品供方来讲，通过产业链的开发满足不同层次消费者的需求和开发出居民愿意消费的产品是关键因素。与传统产业注重改变产品使用价值不同的是，文化创意产品是以消费者的文化需求为导向，关注顾客价值，特别是对文化的认同，通过改善产品的观念价值获得市场和利润。

（二）创意是文化创意产品生成的源泉

在创意经济时代，人类的创意将逐步成为经济发展的首要推动力[2]。文化创意产品的生成在本质上是创意的生成，并进行相应的开发。无论是原创类、运作类还是延伸类文化创意产品，都离不开创意以及创意的开发和运用。创意分为两种：文化创意和科技创意。科技创意即科技创新，在于改变产品与服务的功能结构，为消费者提供新的、更高的使用价值，或改变生产工艺以降低消耗和提高效率；而文化创意则为产品和服务注入新的文化要素，如观念、感情和品位等因素，为消费者提供与众不同的新体验，从而提高产品与服务的观念价值[3]。

常州虽古称龙城，但被称为龙城的不止常州一个城市。中国的恐龙之乡当属云南禄丰县恐龙山，但常州中华恐龙园却成为近几年来人们津津乐道的恐龙之乡。没有出土过恐龙化石，中华恐龙园借着几具恐龙骨架，无中生有，并成长为一条产业之龙。常州中华恐龙园通过创意，突破了资源的限制，建立了中华恐龙园这一优质主题公园品牌，引领了常州经济增长方式的转变。不断放大的恐龙文化效应，进一步拉长了企业的产业链，开发了卡通衍生品。卡通片《奇奇颗颗历险记》、动画片《恐龙宝贝之龙神勇士 2》、图书《恐龙宝贝》、自主研发的千余款玩具《恐龙宝贝》系列，逐渐形成“动漫投拍、衍生产品开发、主题公园连锁、休闲旅游

1 孙福良，张迺英．创意上海，上海：学林出版社，2009 年．

2 弗罗里达．创意经济，方海萍，魏清江，译．北京：人民大学出版社，2006 年．

3 厉无畏．创意改变中国．北京：新华出版社，2009 年．

目的地”的产业链，成为江苏省文化创意产业的领头羊。

（三）消费者需求是文化创意产品产生的动力

当社会处在农业或工业时代，人们对产品的需求只局限于满足基本的衣食住行这些最为基本的需求。对于精神层面需求的产生，是随着人类经济的不断发展、人均 GDP 的不断提高而出现的消费需求的升级。人们追求的目标更高了，自我实现、美的需求成为创意经济时代消费者新的需求目标。这一新的需求层面的出现，促使文化创意产品的产生，并呈现出多样化的趋势，满足了城市对文化创意产品的需求。

二、文化创意产品的价值体系

文化创意产品作为知识经济时代的新产物，对其价值的认识尚有一个过程。目前的研究表现出对创意产品价值构成的多样性观点。观点的多样性，说明文化创意产品的价值构成确实与一般商品有着很大的差异。

基于对文化创意产品的生成机理和特点的分析，一般文化创意产品的价值并不是由单一的要素所决定的，如社会必要劳动时间、个别劳动时间决定或由购买者的需求和支付能力、价值效用等决定，而是由隐性价值和显性价值所组成。由于文化创意产品的本质是文化内容创意，因此文化内容价值是文化创意产品的隐性价值；承载文化创意产品的载体具有不同的形式，因此功能价值、体验价值和信息价值就成为文化创意产品的显性价值或形式价值。

文化创意产品的隐性价值是文化内容，是企业的核心竞争力，是文化创意产品价值的核心部分，更是文化创意产品高价值部分和文化创意产业链的高利润区域。文化内容源于文化资源。丰富的历史文化资源和深厚的人文底蕴无疑是文化创意产品发展的“宝藏”。从文化资源与价值创造的关系来看，有价值的文化资源是以往人类社会活动的结晶，在参与文化创意产品的生产过程中，文化资源的价值既可以部分直接转移到新产品，也可以通过影响力、资源力等间接形式增加新产品附加值。当然，文化资源拥有量并非与产品发展成正比。中国文化资源可谓丰富，但经常被国外挖掘并转化成极富盈利性的文化创意产品。如早在 1992 年，好莱坞安布林娱乐公司便从我国云南禄丰侏罗纪恐龙化石及河南西峡恐龙蛋的相关资料中得到灵感，大手笔制作的科幻巨片《侏罗纪公园》，收益达 9.15 亿美元。《花木兰》《玻璃樽》等也是票房极佳的进口片[1]。这种“出口”文化资源，“进

1　张道政．基于价值创造的文化产品创意分析，经济论坛 2010 年第 4 期．

口”文化产品的案例，说明了文化资源这一创意产品的隐性价值（核心价值）的挖掘，还必须依赖相关的要素和条件，否则，文化资源的价值成分难以在最终的文化产品中反映出来。

文化创意产品被消费后的物质载体虽会被损耗，但文化创意产品蕴含的文化内容价值却会永远被保留甚至发扬光大。例如，中国古典文学作品《红楼梦》和《梁山伯与祝英台》的故事家喻户晓，源远流长，曾经感动着一代又一代的人，也曾经被埋没在历史的尘埃中，但是作品的内容却并没有被磨损，人物形象和故事情节被完整地保留下来。在文化包容的时代，人们将古典文学作品通过各种载体表现出来，如戏剧、电影、电视剧、音乐剧、芭蕾等，使其价值在新的表现形式和载体中不断增值。

文化创意产品的显性价值是承载内容价值的不同形式。文化内容的高价值性，必然要通过一定的载体形式表现，也是能够让消费者感知价值的一部分。消费者对创意产品的感知是多方面的，有对其功能价值的感知，也有对信息价值的感知，更有通过体验感知产品的价值。因而，功能价值、信息和体验价值就成为文化创意产品内容价值的外在表现形式。

传统产业注重改变商品的功能价值，为消费者提供新的更高的使用价值，从而获得更高的利润。虽然文化创意产品也注重其功能价值，但文化创意产品在满足消费者功能价值的基础上，还通过改变人们的消费观念价值而获得文化创意产品的价值利润。功能价值体现为客观的具有一定使用功能的商品特性，观念价值是人们在消费商品物理属性的同时，因商品内在的文化属性、象征意义以及个人因消费品所带来的归属感等方面的差异而愿意所支付的部分[1]。

如具有相同物理属性的包袋，因产品品牌不同价格差异巨大，价格的落差来自名牌包袋包含的文化、品位、时尚和身份的象征[2]。又如，生产汽车的厂商，通过改变汽车的使用功能，提升汽车的使用价值，从而获得利润或占领市场。但观众观看《哈利·波特》则和消费汽车就不一样，虽然观看电影也是为了满足消费者的精神需求，构成文化创意产品的功能价值，但是，两种商品蕴含的需求层面不一样，并且两种商品的功能价值的消耗结果也有很大的差异，即传统产品的功能价值会随着消费时间的延长而逐步降低，文化创意产品的功能价值则不会因为消费而损灭。

1 胡晓鹏．价值系统的模块化与价值转移．中国工业经济 2004 年第 11 期．

2 厉无畏，顾丽英．创意产业价值创造机制与产业组织模式．学术月刊 2007 年 8 月．

信息价值虽不是文化创意产品价值结构的核心元素，但它对文化创意产品的价值提升具有不可低估的意义。信息的使用可以通过挖掘、传承和创造的途径进行。比如，西安旅游景点的华清池，因蕴含着唐玄宗和杨贵妃的传奇故事信息而闻名中外，成为中国第一批重点风景名胜区。可口可乐公司出重金购买了哈利·波特的形象权并在其产品上使用，这使得可口可乐公司的饮料产品被赋予了一层新的信息——即使是魔法界的人们也要饮用可口可乐，或者说《哈利·波特》就是喝着我们的饮料长大的这样一个信息。因信息的转售，文化创意产品的信息价值也因此形成。

体验经济作为一种新的经济形态在发达国家产生发展后，已显示出与其他经济形态不同的特点。体验性更多强调产品价值的主体性，文化创意产品价值的实现，在很大程度上需要通过消费者的体验而实现。文化创意产品的体验价值首先表现在消费者的参与，注重消费者和生产者之间的互动，通过他们之间的合作共同为消费者提供适应个性需求的产品；其次消费者不仅要用身体的各个感官感知，更要用心来领会，体验出文化创意产品的文化内涵，从而达到身心愉悦、增加知识、增长才干的目的。体验价值是文化创意产品价值结构中较为重要的一个组成部分。在实际生活中，以喜洋洋和灰太狼为品牌的食品、电动玩具和游乐场所的设施等都是消费者主观感受动物世界的文化创意产品，而塑造这些产品价值的要件已不仅仅是因为娱乐所带来的，更大程度上讲，是因为体验了“动物世界”的乐趣所带来的价值增值。

文化创意产品的隐性价值即内容价值，必然通过其显性价值而得以实现，其显性价值又能够在一定的条件下促进隐性价值的增长和实现。

当很多国家还未意识到文化内容资源和文化产品形式的创新会对一个国家经济和社会的命运产生巨大影响之时，《阿凡达》的轰动效应表明了这样一种现实：文化内容借助文化表现形式可以带来巨大的经济和社会效应。5亿美元打造的《阿凡达》，17天内实现10.2亿美元票房，让全世界领教了文化创意产品的巨大魅力。有人认为，《阿凡达》神奇的地方在于创造了一个观众在影视、媒体上都从未见过的全新世界，无论是人物造型、森林中的植物，还是动物，全都是前所未有的，是产品的形式新颖助其成功的。但如果没有影射了政治、文化、环保、种族等多方面人们日常熟悉的事物的话题内容，仅仅依赖产品形式的《阿凡达》就不会如此火爆，可见隐性价值和显性价值之间的互动是如此重要。

三、文化创意产品价值的实现路径和保障

从产业角度分析，以创意核心产业为主线，创意支持产业、配套产业和衍生产业为辅线而形成的产业系统，是文化创意产业价值实现的产业系统内容。文化创意产业需要产业集群所形成的产业链或相关产业的支持、配套和衍生，才能创造出经济价值和社会价值。这一产业集群价值效应，在很大程度上依赖于区域经济发展条件和区域政府的产业规划和产业政策。

从产品角度分析，在文化创意产品价值的形成过程中，一般产品生产过程中的供求机制、价格机制、竞争机制等价值规律都会作用于文化创意产品的生产和交易，文化创意产品价值生产和实现过程服从于一般价值规律。但由于文化创意产品的生成机理和特点，价值系统的隐性及显性部分会随着其附加的创意个性的不同而不断增值。因而，企业要有效利用创意产品的特点，建立文化创意产品价值系统的持续生命力，使文化创意产品的价值实现最大化（图 5–4）。

（一）挖掘隐性价值以创造文化消费

利用人类的创造力，将文化资源转化为文化内容，充分挖掘产品的隐性价值，以此创造文化消费。

文化创意产品的价值是其产品所具有的精神内涵内容，形式各异、内涵多样的文化创意产品因其内容而有价值。内容创意是文化创意产品价值实现的核心和基础，并且在文化创意产业价值链中，占据着顶端的地位，在任何情况下，都能够控制产业链的关键部位。因此，文化创意产品的内容创意也成为能够吸引消费者的关键点。与传统产品的内容有着本质的差异，文化创意产品的内容创意可以是抽象的文化概念、文化服务等，以创意为动力，将各种文化资源与信息数字技

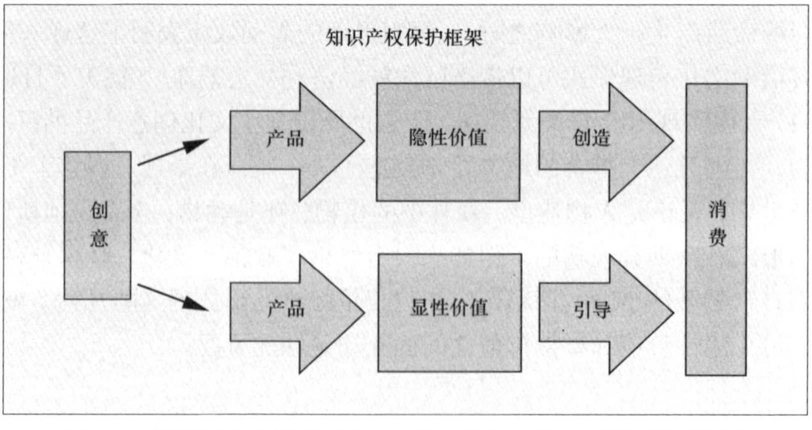

图 5–4　知识产权保护框架下文化创意产品价值的实现路径和保障

术相结合，创造出惊人的经济社会价值。

文化创意产品利用文化资源的内容创意，首先表现为内容创意决定的文化创意产品由于其相关的文化内容和意识形态倾向，必须关注其产品的文化品味、社会效应和意识倾向。如网络游戏的内容要关注青少年及未成年人的社会教育与健康发展；其次，内容创意必须在文化资源的基础上融合现代意识，并结合现代科技，推陈出新。作为核心基础的内容创意要转化为文化创意产品，生产成本高，且不易计量，需要高技术强力支持。上海8号桥是利用老厂房建设而成，利用现代科技打造便捷的园区环境，塑造良好的公共服务平台和文化氛围，吸引着创意企业蜂拥而至。又如一分钟动漫制作需要上万元甚至更多经费却不为人知。因此，必须依赖“高技术”的紧密联盟，与产业链中各个相关部门、行业的良性互动、风险投资的支持和国家优惠政策的大力推动；最后，与消费社会时尚浪潮化运作相呼应，依托深厚文化底蕴，立足创新性，是实现价值的良策之一。中国历来不缺少资源、内容和创意，但缺少产业运作。目前美国是世界上文化创意产业最发达的国家之一，不仅自身市场繁荣，而且在全球化视角下进行运作。《花木兰》这个源自中国的古老故事内容，经无数中国人口口相传流传至今，但美国好莱坞的电影工业却将其摇身变成一部赏心悦目的盈利机器，催生出了巨大的产业价值。中国人的内容创意，美国人的产业，着实令人深思。

（二）增值显性价值以引导文化消费

由于文化创意产品是一种观念产品，能够吸引消费者进行消费的除了其内容的创意外，其载体形式即显性价值部分既要符合消费者需求，更须通过一定的方式去实现。

停留于创意设计的产品是不能满足消费者需求的，文化创意产品一旦有了内容创意，对其进行产业化开发的生产制造就是产业价值链的重要落地环节。而使用各类传播渠道，运用技术、工艺等科技手段开发产品等，都是文化创意产品内容的外在具体表现，并通过生产文化创意产品用于流通市场而获取价值。消费者可以从这些具体的形式中感受和知晓产品的信息价值，并体验产品所带来的精神愉悦。

消费者消费文化创意产品的很大原因是对产品所含文化内容的认可或欣赏，是对文化创意产品表现形式的接受，但消费者首先必须知晓产品及其内涵。对于文化创意产品，由于其核心内容是无形、隐蔽及深刻的，需要通过营销推广加以诠释、渲染，以增加文化创意产品的故事力、感受力和娱乐力，使消费者感知、感受、感动，进而产生共鸣而刺激消费欲望。传统产品时代“好酒不怕巷子深”

的观念早已遭淘汰，有形产品的营销策略和手段不断创新和升级，对于这种内容创意隐含在产品之中的商品，是需要捕捉和挖掘，才能进行欣赏进而消费的产品。

文化创意产品价值的挖掘不能希望消费者主动为之，创意的创造者往往强调自己的理念，而消费者和受众的主观评价和认识又是很不一致的，而且对其价值内涵的认识也有一个过程，文化创意产品往往需要经过多次反复的展示、推介、宣传，其价值才被逐步挖掘出来。这就要求生产商通过媒体推介，实现文化创意产品价值的增值。媒介推介成为实现文化创意产品价值挖掘的重要力量。在创意经济时代，人类的创意从没有达到这样的密集和多样化，如何不让自己的创意被淹没，媒介就是强有力的推手。目前，新媒体的发展越发迅猛，各类新平台和新应用层出不穷，互联网、手机、数字电视、户外媒体、微博、微信等各类新媒体成为营销推广的新渠道。一首网络歌曲《老鼠爱大米》，在文化创意企业的运作下，赚了整整一个亿。这首歌继网络成名之后而发展出同名小说、同名音乐电影、电视剧和手机游戏。多重利用和广泛延伸，使这个并不复杂的文化创意产品瞬间成名。

（三）知识产权维护以保障价值实现

约翰·霍金斯认为，知识产权的保护对文化创意产业的发展至关重要。他把创造性产业界定为其产品在知识产权的保护范围内的经济部门。文化创意产业对知识产权保护的要求很高，知识产权是其生存和发展的关键。

对于知识产权的保护主要依赖于人们对其认识的程度。在以网络技术为代表的信息技术高速发展的时代，信息技术对知识产权保护形成了严重挑战。娱乐、媒体和出版业的版权内容在短时间内被大面积复制、传播和下载，是轻而易举之事。面对这些侵权现象，版权所有者几乎毫无反抗能力。虽然我国现已出台《专利法》《著作权法》《音像制品管理条例》《知识产权海关保护条例》等多部保护知识产权的法律法规，但整个社会对知识产权保护意识不强，维权成本又高，使知识产权的的法律保护力度偏弱，以致影响产品价值的正常实现[1]。

当社会形成尊重和承认个人创造力价值的时候，将形成对产品原创性的承认和保护的良好社会环境，而政府必须将保护知识产权上升到战略高度，在社会中形成保护和尊重个人作品和个人创造力的氛围。所以，要尽快制订、公布和实施国家知识产权战略，进一步完善相应的法律法规，建立对文化创意产业产品无形资产的评估体系，加大对版权、专利、商标和设计等知识产权的保护力度，保护文化创意企业的创作价值和合法利益，营造规范、健康、有序的商业和法律环境。

1 上海市协力律师事务所知识产权事务中心．创意产业知识产权管理．上海：学林出版社，2006 年．

同时，企业和民众也应具备相应的知识产权保护意识。

英国的文化创意产业发展蓬勃，得益于知识产权保护相关法律法规的完善性。欧洲内部市场协调局副局长彼得·劳伦斯日前在上海接受人民网记者专访谈到英国文化创意产业的发展时，强调了知识产权保护的重要性。彼得·劳伦斯认为，在如今的数字化时代，特别是文化创意产业时代，知识产权保护越来越重要。而如何加强人们的知识产权意识，彼得·劳伦斯介绍了他通过在英国做关于版权保护框架政策调研和研究工作中的体会：首先要保证，如果要在这个产业里开办公司，首先这些公司发起人必须了解知识产权保护的重要意义；另外，他们必须知道从哪里找到工具保护其知识产权。此外，彼得·劳伦斯还介绍了英国推出的一个项目，即在一些大学的媒体专业和音乐系等推出一些课程，内容为关于如何进行知识产权法和知识产权保护[1]。

综上所述，文化创意产品具有以文化为基础、以创意为源泉、以消费者需求为动力的生成机理。由于文化资源、创意和高科技元素的植入，使文化创意产品具有不同于一般商品的特点，表现在其使用价值和价值的不确定性、流通过程的共享性和重复利用性、生产过程成本的复杂性、应用过程的增值性和知识产权保护性等特点。根据对文化创意产品的生成机理和特点分析，一般文化创意产品的价值是由隐性价值和显性价值所组成。因而，其价值实现途径在于通过挖掘隐性价值，创造文化消费，通过增加显性价值，引导文化消费，通过知识产权维护，保障价值的实现。

材料分享　一首网络歌曲创造亿元价值的神话

2009 年全国的 GDP 增长了 8.7%，文化创意产业增长却达到 17%；一首《老鼠爱大米》的网络歌曲，在文化创意企业的运作下，赚了整整一亿元。

这首歌继网络成名之后而发展出同名小说、同名音乐电影、电视剧和手机游戏。多重利用和广泛延伸，使这个并不复杂的创意产品赚取了上亿元的利润。这便是创意、技术、产品和市场的经典结合，音乐的价值在这当中达到了最大化。一首歌可以制成 CD 在市场上卖，也可以作为手机彩铃下载，还可以录入芯片装进玩具、文具，或者饮料瓶子里。几百年前的音乐家大多穷困潦倒，而如果放在今天，他们的一个音乐灵感，兴许就可以创造惊人的价值。

1　人民网—知识产权频道，2010 年 9 月 28 日。

后危机时代，只有经济创新才能真正走出危机影响，而创意是经济创新的重要力量之一，从根本上说，创意产业是开发人类创造力、解放文化生产力、提高产业竞争力、增强国家软实力的有效手段，能有效刺激需求，拉动消费，推动相关产业创新和崛起。很多成功的实践表明，一个民间传说，一个脍炙人口的故事，都可以转化为创意产业资源，成功加以开发利用就成了新的增长点。

在上海马戏城观看过多媒体梦幻剧——《ERA——时空之旅》，想必很多人对该剧中所表现出来的高超的杂技和舞蹈艺术，具有独特创意的表现手法、浓郁的中国元素以及梦幻般的舞台艺术效果留下了深刻的印象。在短短几年的时间里，《时空之旅》已经取得巨大的成功，特别是在演出场次、票房收入、观众人数等几方面不断突破国内同类演出市场的纪录，到 2009 年 9 月底，《时空之旅》已经演出 1 600 多场，170 万人次观看，票房 1.7 亿多元。这一现象已经引起国内外众多学者、媒体、研究机构以及业界同行的广泛关注。

创意产业在实现发展方式转变中主要通过资源转化、价值提升、结构优化、市场扩张四个途径，价值体现关键在于把创意和技术、产品、市场有机结合。报告会历时近两小时，论述透彻，内涵丰富，深入浅出，赢得与会者阵阵掌声。

全球化背景下，创意产业引发的热浪正以前所未有的传播速度影响当代经济发展、改变传统经营方式、推动人们思想观念和思维方式更新。在绍兴转型升级的关键时期，发展创意产业，进一步激活城市经济、文化，有很强的现实意义。我们要以此次报告会为契机，努力学习运用先进理念，形成更新更优的创意，创造更强更大的产业，推动经济社会又好又快发展。

材料来源：2010 年 4 月 18 日《绍兴日报》

问题思考

1. 文化创意产品与一般产品的区别在哪里？
2. 文化创意产品价值的实现途径有哪些？

线上题库

线上资料 1　线上资料 2　线上资料 3　线上资料 4

产业价值链与集聚

第六章　文化创意产业价值链和产业集聚

在世界经济全球化、信息化、市场化的大背景下，产业的发展也呈现出新的特征。文化创意产业与传统产业有着巨大的差异，这也突出地表现在空间集聚和产业链特征上。

材料导读　田子坊的艺术集聚

引导词：是因为画家陈逸飞还是摄影师尔东强的造访，才使得田子坊有了今天热闹的样子？如果站在泰康路210弄的门口，你不会觉得有什么新鲜的，因为这里就是个窄小的上海弄堂风格的老式住宅。你深入其中，却是别有洞天。你可以体会上海人“螺丝壳里做道场”的水平，听到田子坊的故事。

田子坊的故事

据说田子坊是画家黄永玉给这旧弄堂起的雅号。据史载，“田子方”是中国古代的画家，取其谐音，用意自不言而喻。自20世纪90年代末，这条弄堂开始与一些艺术家结缘，陈逸飞、尔冬强、黄永玉、王劼音、王家俊……曾经的街道小厂，深巷里被弃用的仓库，石库门里弄的平常人家，演绎着故事无数。

随着一批著名艺术家入驻泰康路，原来默默无闻的小街渐渐吹起了艺术之风。目前，田子坊已引进多个国家与地区的艺术人群，他们在这里开办了设计室、工作室。陈逸飞工作室、尔冬强艺术中心、郎人、上海桑澜服饰有限公司、乐天陶社、金粉世家等都已在上海滩乃至国际上享有盛誉。

田子坊的名字似乎与陈逸飞天然合一，一提到田子坊，人们会想到陈逸飞，反则亦然。英年早逝的陈逸飞是最早入驻田子坊的，田子坊弄堂里的居民几乎都认识他。作为画家，他的逝世是我国画坛的一大损失，而作为街坊，田子坊则少了一位好邻居。他有很多梦还没实现，好在他的画却永存。他是我国文化转型期最具代表性的艺术家之一，兼具新中国至今各个时期的时代特色，同时又超越时代。他的成功也见证了新中国美术教育的成果。陈逸飞在田子坊拥有画室、陶瓷工作室、雕塑工作室、摄影工作室等多个艺术场所。来田子坊的人们，大概没有不去陈逸飞工作室旧址的。

尔冬强艺术中心，是由著名摄影家尔冬强先生于2001年初创办。旨在为上海乃至世界各地的艺术家提供一个更为广阔的展示创作成果和艺术才华的空间，开发并推广原创艺术作品，展示中国传统和现代文化艺术，促进东西方文化的交流与融合。

逛遍上海大街小巷，对那些寻常陌巷后隐藏的美有极其敏锐洞察力的尔冬强，和陈逸飞一起成为最早一批在泰康路210弄安营扎寨的“吃螃蟹”的人。如今，陈逸飞去世，他仍旧坚守着自己的阵地。尔冬强当初看中这个地方是偏爱这里“保留了中国轻工业发展初期很多的小作坊工厂，有很多好玩的空间”。尔冬强文化艺术中心在解放前曾经是小冶铁厂，后来又是做巧克力机器的工厂（食品工业机械厂）。前店后作坊，主人家就住在店面后。这里周围住着很多居民，有人气儿，混合了生活和工作的味道。

田子坊的磁力

走在田子坊，迂回穿行在迷宫般的弄堂里，稍不留神，你同行的朋友便不知被哪家店铺所吸引而无影无踪，迎面撞上的却可能是一位“老外”。在这窄长弯曲的弄堂里，原来的仓库和车间变身为一家家特色小店和艺术作坊，并在不经意间跳入你的视线。从茶馆、露天餐厅、咖啡座、画廊、家居摆设到手工艺品，以及众多沪上知名的创意工作室，可谓应有尽有。田子坊展现给人们更多的是上海亲切、温暖和嘈杂的一面。

田子坊也是中西合璧的。在田子坊，东方的石库门、旗袍、水墨画和大红灯笼；西方的迷你裙、油画、咖啡厅、西装、快餐厅，都能在这里找到，并且独一无二，绝不撞车。耳边可以听到世界各地语言，德语、英语、法语、西班牙语、俄语，当然还有汉语。所以说，田子坊很东方也很西方。

田子坊是开放式的，其管理和服务也是非常人性化的。因而也极具磁力。田子坊里有数字综合平台、知识产权保护联盟等公共服务平台，甚至还有类似居民物业的管委会。

数字综合平台包括田子坊信息中心、社区信息交换点、综合服务窗口、城市信息干网和社区信息联网。这一平台，将结合联合国教科文组织对于城市濒危遗产的保护要求，针对目前基础资料的匮乏，建立完整的历史遗产档案系统，对田子坊的历史与现状进行原真性的记录，对田子坊的保护与利用、社区改造进行全程实录。建立信息化、数字化、网络化的“数字田子坊”平台，作为创意园区数字化的标志，正成为中国城市遗产保护的完整案例，提升田子坊文化社区的品质。

有创意的地方，必然有知识产权保护的问题。知识产权保护已经成为上海新一轮创意产业发展的核心关注点。田子坊知识产权保护联盟将推动行业自律，协助和指导成员单位根据国家有关法律法规建立和完善知识产权管理制度；开展培训宣传活动，提高成员单位运用和保护知识产权的能力；协调处理联盟成员单位之间的知识产权纠纷；协助调查成员单位知识产权的被侵权状况，接受成员单位委托，进行调查取证；向政府有关部门反映成员单位的政策建议和要求。

居民住宅有物业，田子坊原来是居民区，变身后的田子坊，管理的内容也随之变化并紧跟形势。上海原卢湾区着力把田子坊园区打造成集聚文化创意产业、展示上海里坊风貌、品味海派文化、演绎世博主题的标志性园区。将进一步发掘田子坊的文化底蕴，落实石库门非物质文化遗产的保护工作，建立石库门文化博物馆。同时，积极探索城区“软改造”，在保持居民权益不变、住房形态不变、街坊风貌不变的基础上，实现“风貌得到保护、文化得到延伸、环境得到改善、居民得到实惠、市民得到就业、企业得到发展”。

材料来源：孙福良，张迺英. 创意上海 [M]. 上海远东出版社，2010 年版

第一节　文化创意产业链及其构成

一、文化创意产业链的概念

（一）产业链

产业链的思想来自亚当·斯密关于分工的卓越论断。早期观点认为，产业链是制造企业的内部活动，它是指把外部采购的原材料和零部件，通过生产和销售等活动，传递给零售商和用户的过程。传统的产业链概念局限于企业内部操作，注重企业自身资源的利用。马歇尔将分工扩展到企业与企业间，强调行业间分工协作的重要性，成为产业链理论的真正起源。

所谓产业链，指在一种最终产品的生产加工过程中所包含的各个环节所构成的整个纵向的链条。在一个产业链中，每一环节都是一个相对独立的产业。因此，一个产业链就是由多个相互链接的产业所构成的完整链条。

产业链的实质是在一定的地理区域内，以某一个产业中具有竞争力或竞争潜力的企业为链核，与相关产业的企业以产品、技术、资本等为纽带结成的一种具有价值增值功能的战略关系链。产业链向上游延伸一般使得产业链进入基础产业环节和技术研发环节，向下游拓深则进入到市场拓展环节。产业链的实质就是不同产业的企业之间的关联，是各产业中企业之间的供给与需求关系。产业链显示了一个具有某种内在联系的企业群结构，结构中的产业链存在着大量的上下游关系和相互价值的交换，上游环节向下游环节输送产品或服务，下游环节向上游环节反馈信息。

在经济竞争全球化、市场国际化、经济信息化的时代背景下，由于环境、竞争、需求、技术等动态不确定性，企业的经营模式和经营观念发生了根本的转变，越来越多的企业感到单靠自身的力量难以适应这种环境的变化。因此，打造产业链势在必行。

（二）文化创意产业链

文化创意产业链是基于文化资源积累及科技创新发展，源于个人创造力、技能及才华，以信息及网络技术为主要载体，通过知识产权的形成和作用，经过创作、生产、流通等环节，能够为社会创造财富、提供就业机会的产业链。文化创意产业链各环节包括生产和流通两大部分，同时又细分为六大块：资源、创作、生产、包装集成、流通、展示。涉及创意、制作、消费、传播、管理等环节，包括艺术家、创意人才、经纪人、经纪组织、媒介、终端消费者。作为一种全新的经济形态，文化创意产业链融合了技术创新和文化创新。这是一个以创作、创新为手段，以创意成果为核心价值，以文化为内容，以知识产权的实现和消费为特征的新兴产业链。文化创意产业链的发展不但改变着一国的经济结构，同时也改变了一国出口产品的结构，更重要的是提高了产品的影响力。文化创意产业要真正发展，产业链的各个环节都须齐头并进。

文化创意产业价值，是通过“创作、生产、流通”的各个环节、完善文化创意产业链条来实现的。发展文化创意产业的核心就是要构筑文化创意产业链，并尽量拓展延伸，以形成规模，获得最大经济效益。

文化创意产业链强调以创意为龙头，以内容为核心，驱动产品的制造，拉动批发和营销，带动后续产品开发，形成上下联动、左右衔接、一次投入、多次产出的链条。在建立产业链的过程中，“分工协作”和“价值扩散”成为两个相互对应的导向。“分工协作”要求每一家参与协作的企业具有更高的专业性、更突出的核心专长和核心技能，从而提高经营效益，降低生产成本。“价值扩散”指将企业创造的核心价值通过合作开发、技术或者版权转让的形式，扩散到周边产业中，形成长线生产能力，扩大产业链的规模。

二、文化创意产业链的构成

（一）文化创意产业链的环节

发展文化创意产业需要构建一条不断增值的产业链，激活产业链的各个环节，实现文化创意产业的有效资源整合和良性循环。成熟的文化创意产业完整链条包括资源、创作、生产、包装集成、流通、展示。

例如时代华纳、迪士尼等知名传媒集团旗下的公司，从上游内容到下游渠道一个都不少，整个链条完整而闭合。

查尔斯·兰蒂将“价值链分析法”发展引入到文化创意产业的应用研究中，提出了文化创意产业链中创意形成、创意产品的生产、创意产品的传播、创意产品的流通和最终消费者五个阶段性环节（图 6-1）。日本、韩国的整个动漫产业的运作便是这样一个有序产业链。首先是漫画原创作品的出现，随后是平面出版物的出版，最后是产业相关层的衍生产品的推出，以及品牌授权和服务。整个产业链如同一条流畅的创造价值、提供价值、传播价值、反馈价值的生态链，担负起价值的传递作用。

（二）文化创意产业链的核心要素

产业链理论认为，企业的竞争优势或核心竞争力，实质上是企业在产业链上某一特定的战略环节上所具有的优势，这些战略环节是企业核心竞争力的源泉，也是企业利润的来源。只要控制住这些关键的战略环节，就能够控制整条产业链，

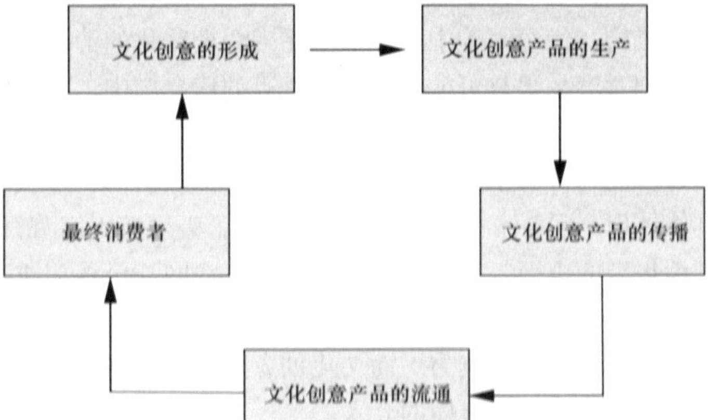

图 6-1　文化创意产业链各环节

也就能够获得持续的赢利。内容、渠道、媒体和需求是创意产业链的核心节点（图6–2）。

1. 内容

内容创造是构成文化创意企业核心竞争力的重要部分，是产业链的高利润区。过去，人们认为信息采集能力是构成媒体核心竞争力的主要因素，然而随着现代科技提供给人们的信息采集手段越来越多、人们信息采集能力越来越强，在浩如烟海的信息汪洋中提炼和创造出有价值的内容已非易事。尤其是在传媒、娱乐、艺术等行业中，内容的原创能力以及内容资源的集成创新能力已成为产业链的核心环节。

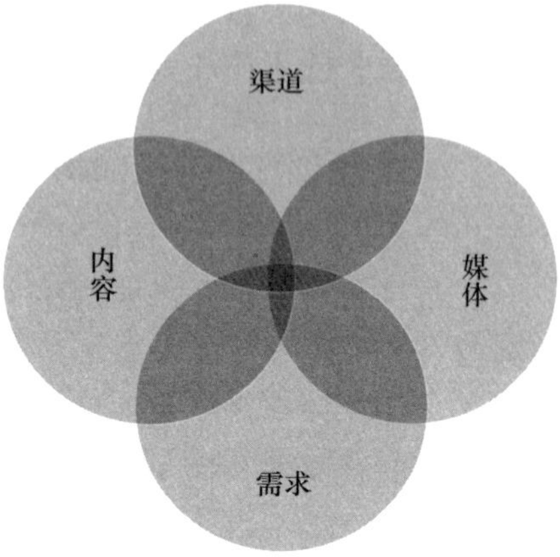

图 6–2　文化创意产业链的核心要素

2. 渠道

传播渠道是创意产业链中的重要环节。如果没有畅通的传播渠道，再好的创意内容也无法转化成产品，更谈不上盈利。世界传媒巨头新闻集团将传播渠道确定为战略环节，倡导“掌握越多信息传送形式，所赚利润就越大”的经营理念。新闻集团的传播渠道包括广播、电视、报纸、杂志、图书出版、网络等，其各子公司的名称即反映出其明确定位，如福克斯广播公司、英国天空广播公司、亚洲星空传媒集团、美国数字出版公司。

3. 媒体

传统的文化作品消费往往是直接的、面对面交流的自然经济形态，不需要策划人、艺术中介机构、经纪人等中间环节。在当今全球化的消费环境里，精心设计、策划的文化创意产品很有可能被淹没在泛滥的信息之中，而媒体则是人们获得信息的最主要方式。媒体的运作将发现文化创意产品的价值，并推动价值的实现。尤其是新媒体的出现，丰富了传媒形态，改变传媒格局，是经济全球化、信息网络化的具体体现。新媒体的出现，让人们摆脱了必须按固定节目表收看电视、收听广播、阅读报纸的束缚，在任何时候都能从互联网甚至移动通讯工具中获得自己喜爱的节目内容和新闻信息。这就深刻改变人们的信息接受方式和习惯，极大地增强了媒体的传播力和影响力。而文化创意产品的传播，在现代社会，除了运用传统媒体外，不能没有新媒体的介入。

4. 需求

从产业链的含义中不难看出，产业链之所以能够形成或发生变化，重要的原因是提供了能满足消费者某种需要的效用系统。消费者的需求是产业链存在的基础。消费者对文化创意产品的需求是多样化的，并且消费者在对产品进行消费的时候会产生大量新的需求，有对实体文化创意产品的各种需求，其中也有对虚拟文化创意产品的各种需求。这些新需求产生的过程其实就是价值创造的过程。

第二节　文化创意产业的价值链系统

文化创意产业对经济的贡献取决于文化创意产业链基础上的价值系统。文化创意产业对传统产业发展模式的颠覆，就在于以价值链取代产业链，重新构建起产业价值链系统。

一、价值链的基本理论

美国哈佛商学院教授迈克尔·波特在其 1985 年出版的《竞争优势》中提出了价值链的基本理论。他认为，企业的任务是创造价值。“每一个企业都是在设计、生产、销售、发送和辅助其产品的过程中进行种种活动的集合体。所有这些活动可以用一个价值链来表明。”[1] 企业的价值创造是通过一系列活动构成的，这些活动可分为基本活动和辅助活动两类。基本活动包括内部后勤、生产作业、外部后勤、市场和销售、服务等；而辅助活动则包括采购、技术开发、人力资源管理和企业基础设施等。这些互不相同但又相互关联的生产经营活动，构成了一个创造价值的动态过程，即价值链。

价值链在经济活动中是无处不在的，上下游关联的企业与企业之间存在行业价值链，企业内部各业务单元的联系构成了企业的价值链，企业内部各业务单元之间也存在着价值链联结。价值链上的每一项价值活动都会对企业最终能够实现多大的价值造成影响。

迈克尔·波特的价值链理论揭示了价值链不仅存在于单个企业的活动中，也存在于不同企业之间。在一个产业集群中，产业价值的创造活动通常是由多个企业共同完成的，而这些企业相互之间就构成产业的上下游关系。这种特定的关系，

1　迈克尔·波特著．竞争优势．陈小悦，译．北京：华夏出版社，1997 年．

一方面使产业链更加完善；另一方面，使产业链上的价值得以体现。完善的产业价值链让人们看到一个创意所能迸发出的巨大能量。产业价值链的体现，必须以产业内部的分工和协作为前提，通过开发新市场促使产业链上各环节的价值不断扩大增值，并不断刺激价值增值的循环，从而实现可持续发展。因而，协同性、增值性、循环性成为产业价值链的主要特点。

企业与企业的竞争，不只是某个环节的竞争，而是整个价值链的竞争，整个价值链的综合竞争力决定着企业的竞争力。

二、文化创意产业价值链系统的特点和构成

（一）文化创意产业价值链系统的特点

文化创意产业价值链不同于传统产业价值链的特点，在于价值的非消耗性、内容创造的高盈利性、消费者需求的决定性。

1. 价值的非消耗性

文化创意产业的产品多是以人的智慧和文化为核心，通过高科技手段，通过挖掘其价值而呈现在消费者面前。这样的文化创意产品，有着共享性、可复制性、可重复使用性等非消耗的特点。如网络游戏产品，玩家通过使用网络游戏，在精神上得到极大的愉悦，但网络游戏产品并不因为玩家的使用而消耗价值。

2. 内容创造的高盈利性

与传统产业不同的是，文化创意产业价值链中，其核心因素就是内容创造，由于内容创造中无形的精神价值往往高于有形的物质价值。因而，文化创意产业价值链中，内容价值无可非议地成为最为核心的部分。这部分价值通过知识产权保护可重复使用，而通过高科技手段进行打造的成本又往往低于传统产业的生产成本。所以，内容创造的高盈利性是文化创意产业价值链的特点之一。

3. 消费者需求的决定性

文化创意产品的价值是通过市场终端消费者而实现的。消费者需求是否满足，是文化创意产品是否盈利的关键因素。一个文化创意产品的开发和生产，要与社会文化潮流和消费者的文化价值取向及文化消费能力相结合，这样的文化创意产品才有价值，才能盈利。当然，消费者的文化价值取向是可以通过传播加以宣传和引导的，而其文化消费能力则是由社会经济发展程度来决定的。因而，文化创意产业价值链的实现，还有赖于文化创意产品的营销推广和传播环节。

（二）文化创意产业价值链系统的构成

与传统产业链相同的是，文化创意产业链的形成，同样需要不同企业之间的

分工协作。分工协作的目的，是让每一家参与协作的企业具有更高的专业性、更突出的核心专长和核心技能，从而降低生产成本，提高经营效益。比如，三辰卡通的核心专长是原创动漫的开发，因此在“蓝猫”产业链中，后期衍生产品的开发，三辰卡通并不参与，而是通过形象授权协议交给其他更加专业的公司。

但与传统产业链不同的是，文化创意产业驱动经济发展的是其价值链系统。这也成为文化创意产业的明显特征。文化创意产业依靠创意人的智慧和灵感，借助于高科技对文化资源进行创造与提升，生产出具有高附加值的产品。通过知识产权的开发和运用，创新产品的营销、消费及其衍生产品的开发，进而在市场中实现其价值，使文化创意产业的内容价值在完善的产业价值链中获得经济效益和社会效益。

《哈利·波特》是近年来国际上文化创意产业发展的成功案例。小说的作者本是一个普通人，现身价已经达到好几亿美元，更值得称道的是小说产业价值链的开发，从小说的创作、出版、营销到电影的改编、制作以及衍生产品的开发等，整个产业链一环扣一环，整个产业价值链规模已达千亿美元以上。湖南三辰卡通集团的原创动画片《蓝猫淘气3000问》在全国300多家电视台同步播出后引起较大的反响，“蓝猫”形象已经和某饮料厂商签订3年广告合同，并在文具、玩具、服装、食品、日用品等几乎所有儿童消费领域签订了形象授权协议，为三辰卡通集团带来相当可观的收入。又如，2010年上海世博会吉祥物海宝，随着复合媒体的传播，海宝形象已深入人心，其各种衍生产品在市场上获得了巨大的价值。创意产业价值链系统是由创意价值链、价值锻造链和创意资本链构成（图6–3）。

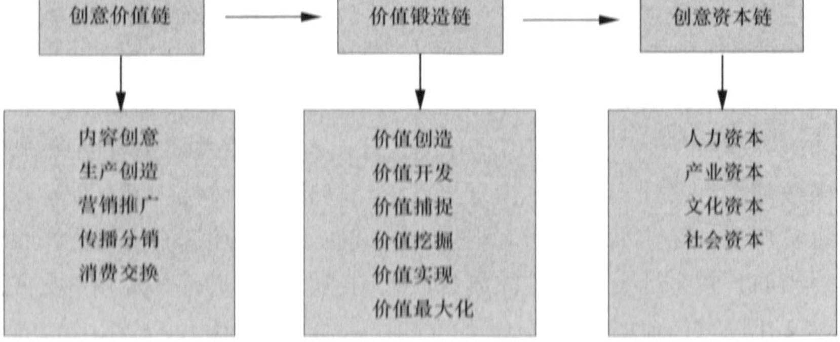

图6–3　文化创意产业价值链系统的构成

三、基于文化创意产业价值链系统的产业战略

（一）以文化创意产业价值链为基础

文化创意产业实际上有两个部分，一个是创意，另一个是产业。创意应该说自古就有，但是产业问题一直没有明晰化，关键是要构筑创意产业价值链和产业的延伸。目前中国文化创意产业发展中最缺乏的就是完整的产业价值链，要在最短的时间赶上西方国家，首先需要打造出一条符合市场规律的完整的创意产业价值链，提高文化创意产业与其他传统产业的融合，使文化创意产业在推动制造业发展、推动消费和推动文化创意产业发展中发挥应有的作用。

（二）知识产权和创意资本为核心

1. 知识产权

文化创意产业的一个重要特征是其文化创意作品、产品都在知识产权法保护范围内。可见，在文化创意产业链上最有价值的就是知识产权。一部文学作品发表后，被赋予版权价值，但这一阶段的价值还是比较低的。随着产业链的流动，作品被制作成电影、电视片以及开发其他衍生品，其版权价值实现飞跃式的提升。

因此，构建以文化创意产业为基础的战略产业，一方面要不断推动原创，同时要强化知识产权的价值认证和保护，站在战略的高度对知识产权进行维护。

2. 创意资本

创意资本由人力资本、文化资本、产业资本和社会资本所组成，其中人力资本又是创意资本中的核心要素。

中国是文化创意产业增长最快、市场最大的国家，但目前最大的发展瓶颈是人才，一是人才的结构性缺乏；二是如何把现有的人才资源转化为产业资源。这是文化创意产业能否真正得到快速发展的关键。

文化创意产业人才的缺乏严重制约着创意产业的发展，不仅人才储备不够，而且结构也不尽合理。尤其是缺少一批顶尖的领军人物式的文化创意人才。

文化创意产业从原创开发、生产制造到销售经营构成完整的文化创意产业市场体系，每个环节都需要专业人才。文化创意产业目前最缺两类人才，一是内容创意人才；二是将内容产业化和市场化的人才。人才市场中，拥有创意的人不少，可绝大多数都没有落到实处，更没有将内容市场化、产业化。究其原因，主要是那些创意不切合实际。创意要面对市场，关键在于它必须拥有能将无形变有形的经理人。当前，整个社会都在关注创意产业的概念和形式，其实应该更关心的是怎样培养文化创意产业的经理人。没有文化创意产业经理人，一切创意都是纸上谈兵。

因此，文化创意人才培养目前要特别注重培养内容文化创意人才以及能将内容产业化和市场化的人才，要形成一套文化创意人才培养体系，包括培养教材、培养基地、培养机构和培养认证体系等。有了文化创意人才的保障体系，才能真正实现从“中国制造”到“中国创造”的转变。

（三）三大步骤

构建以文化创意产业价值链为基础的战略产业是一个循序渐进的过程，要遵循从小到大、从核心到外延、从点到面的过程原则。

1. 发展规模遵循“从小到大”步骤

作为以文化创意产业价值链为基础的战略产业的发展不可能一蹴而就，都有一个从小到大的过程。这里的“小”是指小规模、小创意、小投入、小比例。这里的“大”是指大规模、大创意、大产出。也就是说在发展起步的阶段，应该先从部分涉及重要创新能力的小比例、小规模的产业内容入手，随着文化创意人才培养的成功，逐步把这些“小”的内容发展成能够体现“中国创造”精神和品位的大创意、大规模、大产出的战略产业。

2. 产业价值链遵循“从核心到外延”步骤

构建以创意产业价值链为基础的战略产业，应该先从核心的创意价值链入手，比如先从研发设计创意、建筑设计创意、文化艺术创意、时尚消费创意、咨询策划创意等入手，然后再逐步延伸到更广层面的外延创意产业。

3. 产业链发展遵循“从点到面”步骤

构建以文化创意产业价值链为基础的战略产业，应该先从“点”开始，然后逐步形成相应的“面”。比如先从工业设计、服装设计、软件设计、广告设计研发创意设计点开始，逐步形成研发创意的面，然后通过“面”的形成，从而形成整个文化创意产业链。

（四）四大特征

以文化创意产业链为基础的战略产业具有以下四大特征：

1. 创新性

创新性是文化创意产业的根本特征。任何能够称之谓文化创意的产业，其首要的特性必须是创新的，只有创新的并具有产业化和市场化前景的创意，才是真正有价值的产业。自主创新能力是衡量一个国家竞争力的重要指标，而“中国制造”的背后就是我们没有品牌、低附加值、低利润、低创造力。要改变这样的局面，我们必须把创新放在构建以创意产业链为基础的战略产业的首位。

2. 战略性

战略性是以文化创意产业链为基础的战略产业重要性的体现。随着全球化发展的影响，文化创意产业作为21世纪最具备影响力和潜能的朝阳产业，已经成为全球经济新一轮竞争的发展重点。一个国家的创新能力直接决定了这个国家的竞争能力，而一个国家文化创意产业的发展，更加体现了智力软资源改变社会经济的核心力量。更进一步地说，这个时代已经不是资本家的时代，创造能力的比拼已成为国家战略。

3. 延伸性

以文化创意产业链为基础的战略产业的延伸性特征，直接体现在一个核心的创意具有强大的“蝴蝶效应”的带动作用上，而且是一次投入、多次产出，从核心到外延滚动发展。

4. 整合性

以文化创意产业链为基础的战略产业整合集成一系列具有高附加值、高创造能力、高带动效应的文化创意产业，整合出能够真正体现“中国创造”能力的战略产业集群。

第三节　文化创意产业集聚

文化创意产业集聚现象是在一定的条件下形成的。文化创意产业集聚需要具备生产要素、区域中居民的经济收入、区域居民接受的教育水平、区域居民的闲暇时间、相关支撑产业和环境等条件的影响。

一、文化创意产业价值实现系统

以文化创意核心产业为主线，以文化创意支持产业、文化配套产业和文化创意衍生产业为辅线而形成的系统，是文化创意产业价值的实现系统。文化创意产业需要产业集群所形成的产业链或者说相关产业的支持、配套和衍生，才能创造经济价值和社会价值。这些相关产业的支持、配套和衍生，构成文化创意产业的集聚（图6–4）。

（一）文化创意核心产业

文化创意核心产业就是一个文化创意企业或者一个文化创意产业集群主要的文化创意产品集成，通过一定方式的扶持、培育和传播，成为一个区域或一个企业的品牌。各区域、各企业的核心产业有不同的内容，因而使文化创意产业的差异化竞争有了可能。如上海张江文化创意产业基地的核心产业是围绕网络游戏制作、动漫制作等展开的。而上海M50主要是一些文化创意机构入驻构成的核心产业。上海8号桥则是主打研发设计核心产业。

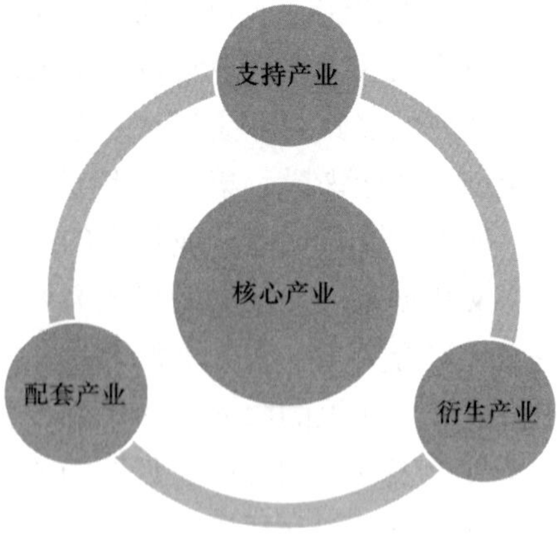

图6-4　文化创意产业价值实现系统

（二）文化创意支持产业

文化创意支持产业就是围绕文化创意核心产业，直接支持文化创意产品的制作、发展和传播的企业群。支持产业主要为核心产业提供科技、金融、媒体、广告等要素。如游戏的开发，不仅仅要有创意、文化要素，还需要有高科技的手段，如3D技术，并且要有游戏的载体，如新媒体渠道，才能使玩家享受。

（三）文化创意配套产业

文化创意配套产业就是指为整个文化创意产业发展提供良好环境的企业群或中介机构，比如提供人才培训和交流、产品推介和交流、研发设计加工等服务。文化创意产业集聚区是产业的一个载体，也是产业集群的空间表现。在这样一个集群空间里，围绕核心产业的还应该有娱乐、餐饮、休闲、展示等系列配套产业。当然，这些配套产业必须与核心产业和支持产业构成合理的比例。

（四）文化创意衍生产业

文化创意衍生产业是指以文化创意核心产业的创意成果为要素进行生产加工的企业群，这些企业群通过对文化创意核心产业增值增效的服务和产品加工，延长了文化创意价值产业链。文化创意产业链的长短，一方面在于文化创意核心产业的产品；另一方面则在很大程度上取决于衍生产业的多寡。如一部电影或电视剧，往往可以衍生出服饰、玩具文具、食品等多种产品。日本动画片《奥特曼》，曾经令无数中国少年痴迷，其衍生产品多达几十种，并且在价值观念上也对这一群体产生一定的影响。

二、文化创意产业集聚的特点和规律

文化创意产业集聚并不是一种可以遍地开花的产业组织形式，在市场经济不够发达、产业水平相对较低的条件下，要构建文化创意产业集聚，建立文化创意产业的内生机制，实现空间集聚化发展，是相当有难度的。国内外文献指出，一般产业集聚区（或产业集群）形成的机理主要是外部性规模经济或范围经济，即同一产业的多家企业集聚在一个空间可以比它们分散时获得更大的成本节约。对文化创意产业来说，集聚区形成的机理包括竞争、创新和交易成本节约。

所以，文化创意产业集聚的形成有其特定的条件，并因而形成其特点。

文化创意产业集聚的形成需要具备：①生产要素条件。生产要素的主要内容是文化资源要素、人力资源要素、资本资源要素和基础设施要素；②需求条件。包括区域中居民的收入、居民受教育的水平及居民闲暇的时间；③相关支撑产业的条件；表现为创意产业集群的前向联系产业和后向联系产业的发展情况；④环境条件。包括制度环境和创新环境。

文化创意产业集聚是文化创意产业在一定空间区域的集聚，也为文化创意产业创造了竞争优势。文化创意产业与一般产业之间有着不同的特点，这些特点表现在以下几个方面：具有集聚文化创意人才和创新的特点；区域中具有舒适的内外部环境的布局；产业链条的环环相扣；具备一般商务楼所没有的各种公共服务平台。

考察世界各国文化创意产业集聚现状可以发现，文化创意产业发展的一个主要趋势是集群化，即在大都市形成集聚区，如洛杉机、纽约、伦敦、巴黎、柏林、罗马、东京等。这些城市之所以形成文化创意产业集聚区，主要是因为这些城市是在历史文化积淀的基础上逐渐地发展起来的，并有着自身的规律。

城市自身的创新和活力，会使文化创意产业集聚的发展更加快速。城市的创新可以表现在多方面，经济的发展和开放、科技的创新、政策的灵活、环境的优雅和宽松、人才的集聚等，这些都是文化创意产业集聚的因素。科技创新因素，是文化创意产业集聚过程中的技术支持；环境的优雅和宽松，符合文化创意人群工作和生活结合、文化创意产品和消费结合的特征，文化创意人才由此而集聚；政策的灵活性，体现在为吸引文化创意企业入驻或推进本地文化创意产业的进一步发展政府所给予的倾斜。

三、文化创意产业集聚的影响因素

无论何种机制下形成的文化创意产业集聚区，都必须在充分认识文化创意产业自身属性的基础上构建。文化创意产业的高端性、前沿性、知识密集性等属性，使集聚区的形成必须同时具备社会、经济、文化、政治四个因素。

（一）社会影响因素

文化创意产业集聚区形成和发展所需的社会因素包括人才因素和科技因素。集聚区必须具备培养或吸引文化创意人才的能力，以地区独特的人文、生活环境及优厚的条件保障吸引文化创意人才集聚，同时还须具备创意产业发展所需的数字、网络、多媒体等现代信息技术基础。

文化创意产业是技术与创意高度融合的领域，对专门人才知识与能力结构的构成有着特殊的要求。因为文化创意产业的内核是人的精神、智慧与思想的对象化和行为化的结果。人是创意的主体，创意是由人创造出来的。文化创意产品是以文化为内涵的产品，具有前瞻性和创新性的特点，这就要求文化创意产品的生产者自己首先要有较高的文化水平和艺术修养。同时，文化创意产品的价值实现，要依靠成功的市场交换才能完成，这就需要能适应多种产业融合需求的资本运营人才，他们不仅能对文化创意产品需求进行预测，而且还能对文化创意产品从生产到流通的每个环节进行组织协调和管理。文化创意产业集聚形成的科技因素在其中起着很大的作用，尤其是信息技术、传媒技术对文化创意产业集聚区的支撑，成为推动文化创意产业集聚区发展的手段和载体，并在一定的程度上成为产业集聚的催化剂。

（二）经济影响因素

文化创意产业集聚区形成和发展所需的经济因素包括企业因素、市场需求因素和居民收入因素。集聚区必须具备吸引实力雄厚的创意企业和壮大文化创意企业规模的能力，同时要评估区域市场环境和需求，多样化的市场需求带动产业发展，在市场环境尚未成熟时以公共机构带动需求。

文化创意产业的发展依赖于人的创意，而人的创意往往需要轻松的氛围、经常性的沟通、相互激发的灵感。因此，创造良好的工作和沟通环境建设、公共文化基础设施等是吸引文化创意企业的条件之一。发达国家的经验表明，基础设施越是齐备的地方，越是能集聚文化创意企业。公众对文化创意产品和文化创意服务的需求，是文化创意产业集聚形成和发展的动力。有效需求能够不断刺激文化创意产品和文化创意服务的有效供给，进而促进文化创意产业集聚的形成和产业结构的不断优化。居民的收入尤其是可支配收入水平，决定他们在文化创意文化方面的消费能力。一般来讲，人均 GDP 水平与消费层次结构有着密切的关系。目前我国人均 GDP 接近一万美元，按照经济发展规律，社会消费结构将向发展型和享受型升级，即人们开始追求一种精神的、文化含量高的生活方式和消费品。因而，经济发达的地区，居民的可支配收入越高，其文化教育娱乐的支出也越大，这就为形成文化创意产业集聚提供了巨大的需求和消费市场。

（三）文化影响因素

从文化资源来看，文化创意产业集聚并不是在任何地方都可以出现或形成的。文化本身就带有很强的地域性、历史性和民族性。在长期的历史形成过程中积累了丰富的传统文化遗产，文化资源的丰富为创意产品的开发提供了潜在的可能，也促进了产业集聚的形成。文化创意产业集聚区形成和发展所需的文化因素实际就是一种文化的积淀和氛围。文化创意产业集聚区的形成必须立足于本区域独特的文化积淀和氛围，对其进行创造性开发和利用，同时集聚区要具备工作、生活和旅游休闲相结合的区位条件，为创意人群提供一个宽松愉悦的环境。

文化创意产业集聚区的形成通常会具有自发聚集的特点，形成文化创意企业聚集的内在动因就是文化创意企业及其人群共有的文化艺术特性，这个特性是一种文化艺术需求和文化表达释放过程中的共振效应。因此，作为政府主导推动的创意产业如果缺乏相应文化艺术资源和基础，将会有成为“空中楼阁”的可能，而对于当地文化、艺术资源如何成为文化创意产业集聚区的凝聚力，则又是一种极难控制和把握的商业文化技巧。那么，对于文化创意产业集聚区分布而言，其集聚区规模、建筑物等如果仅是“平地起高楼”，又会面临缺乏文化要素，或文化的艺术脉络断裂的处境。

（四）政治影响因素

文化创意产业集聚区形成和发展所需的政治因素，实际上就是指政府对发展文化创意产业的扶持和引导。从制度环境的角度来看，文化创意企业的建立和发展，与当地产业政策及其连续性有着重要的关系。无论何种机制下形成的文化创意产业集聚区，政府都不能以独立的身份参与经营活动，政府须依靠宏观调控的杠杆扶持和引导产业的发展。在制订吸引投资的一系列优惠措施、提供良好的基础设施、优质高效的公共服务、建立公平严肃的法律法规等方面，政府都有不可推卸的责任。更重要的是，政府要加强知识产权的保护力度，保护创意成果和创意人的积极性。政府还可以在产业政策上给予文化创意企业以财税等方面的优惠，吸引更多的企业投身文化创意产业。同时，政府可以多渠道筹措并合理地支配文化创意产业发展资金，为文化创意产业的发展提供资金保障。此外，政府还可以在文化创意人才的培养和市场的培育等方面为文化创意产业提供保障。

材料分享 文创企业集聚 8 号桥

旧的工业厂房经过精心改造，原来那些厚重的砖墙、林立的管道、斑驳的地面被保留了下来，使整个空间充满了工业文明时代的沧桑韵味。从大门口法国艺术家创作的大型雕塑《绿门》，到灰砖外墙上鲜亮的玫红色块，以及内部歌剧院般的层叠式休闲吧等，无不体现出创意之风。走进 8 号桥，你会感觉置身于传统和潮流之中。

想要入驻 8 号桥的创意企业实在太多，因而，继一期 8 号桥建设后，又建造了二期、三期 8 号桥。而上海建国西路 8 号就是一期 8 号桥。

创意之桥，崛起的地标

走在上海的建国西路上，首先映入眼帘的是 8 号桥那连接马路东西空间的“门”字造型“空中走廊”。“空中走廊”在夜晚灯光的衬托下，发出五颜六色耀眼的光芒，那光芒足以使附近的建筑物黯然失色。

在功能上，8 号桥每一座办公楼都有天桥相连；在内涵上，它是连接国内外各创意咨询专业服务团队的沟通之桥，8 号桥便因此而得名。整个 8 号桥由 7 栋房子构成，在房子的二层，设计师以桥作为连接，连通每一栋房子。整个园区一共有 4 座桥，每座桥的造型均不同，极富工业感的铁桥是在厂房原来的设施上扩展的。有着绿色“门”字造型的天桥，是一个放大版的 8 号桥的标识。

一个普通的老厂房因运营者和设计师的独具匠心而迸发出时尚与创意，这就是 8 号桥带来的震撼。如今的 8 号桥已经成为上海文化旅游的一张靓丽名片，吸引着国内外慕名而来的游客，其中不乏高级政要。

8 号桥曾是上汽集团所属“上海汽车制动器公司”厂房，于 2003 年进行整体开发改建，园区总面积达 2 万多平方米。

今天的 8 号桥已成为承接城市历史与未来的良好典范，集中体现了建筑价值、历史价值、艺术价值和经济价值，并运用新的设计理念，为历史的留存注入时尚、创意的元素，使保留的旧厂房成为现代城市景观的新景象，也促进了设计创意产业链的形成。

魅力之桥，韵味的空间

8 号桥的改造以西方 LOFT 风格结合东方原生态（木元素）要素，配以富有江南水乡特色的青砖，体现工业文明的铁窗，营造通透时尚感的玻璃以及厚实稳重的木百叶等建筑元素，既保留了工业老建筑厚重的沧桑韵味，也凸显了新时尚的简洁设计。利用老厂房层高的独特优势，打造可按个性需求自行分隔的办公空间，真正符合创意人士的需求。同时，8 号桥的改造始终坚持把节能环保作为建筑设计的一个基本原则，在园区内运用太阳能光伏发电系统、太阳能热水系统和地源热泵空调系统等，而“以人为本”的人性化设计理念也贯穿始终，力求营造一个自然、舒适的空间。

8 号桥的空间创意设计，让人感觉空间很“大”。

你可以在 1 号楼中厅感受这种创意设计的魅力：层层叠叠、错落有致。8 号桥在旧厂房较小的空间改建了 1 号楼活动大厅、5 号楼中庭、后院、特色连廊等令租户和游客十分青睐的公共区域。在 8 号桥，除 1 号楼大厅外的所有室外、半室外空间都可供租户免费使用。在这些环境中，可以添设咖啡茶座，进行作品展示或时装走秀，举办大型综合活动，是极佳的交流平台。由三个错落的空间中的平台组成的 1 号楼大厅，则可以依照需要分别用作演讲区、表演区或贵宾区，功能设计非常周到独特。

走进 8 号桥，无须为上网而烦恼。信息化建设工程，使 8 号桥成为具有创意产业特色的信息化综合应用用户平台，具有信息收集、整合、发布以及园区对内管理、对外服务等一系列应用功能。通过搭建覆盖整个园区的高质量信息服务平台，实现全信息化覆盖，为入住企业创造良好的信息服务环境，提高工作条件的便捷性和满意度，同时加强各企业租户之间的交流。

当你走进大厅，可通过流动多媒体播放系统观看在平日预先安排的多媒体内容，不断介绍 8 号桥内的租户、设备、餐厅及休闲设施。在公共区域管理系统中，多组摄像头及监控器实现高科技租户及物业管理，保障园区内各类信息化应用系统的正常运行和维护，保证园区和谐生活。多媒体会议厅声像记录系统与视频演示系统，可实现远程会议，令商务会议更方便快捷。

时尚之桥，激情的舞台

8 号桥独特的建筑空间，吸引了众多知名品牌和企业在此举办各类商业活动，包括发布会、时尚派对以及商业拍摄等。同时，8 号桥始终以促进创意文化的发展与交流为己任，举办了一系列相关活动。

以下各类活动很能说明 8 号桥人气集聚度：

2005 年至今，已有超过 120 个政府、商业及文化艺术性活动在园区内举行。

活动的主体包括在中国风尚大典中获得“风尚品牌成就奖”的 LUX、世界三大轮胎巨头之一的普利司通、开创全球美发潮流的施华蔻等国际知名品牌。创意文化活动多种多样，包括艺穗节和上海国际创意产业活动周等。

同时，8 号桥的公益慈善活动也此起彼伏。有“四川灾区心灵之花慈善晚会”“香港创意生态”等活动。

艺术之桥，创意的灵感

入驻 8 号桥园区，因其优雅的环境和独特的建筑风格，给人们增加了无限遐想和创新的机会。因而，园区经常是“座无虚席”。强势企业比比皆是，共有七十余家国际知名创意企业，如上海广万东建筑设计有限公司、奥尔索普设计公司、戴卫奇普菲尔德建筑事务所、史基摩欧文 & 美尔建筑设计咨询（上海）有限公司、凯达环球建筑设计咨询（上海）有限公司、贝加艾奇（上海）建筑设计咨询有限公、上海意可迅装饰设计咨询有限公司、冯塔娜安德亚太区、伟灏贸易（上海）有限公司、纳索（亚洲）有限公司、时尚生活策划咨询（上海）有限公司、摩新商务策划咨询（上海）有限公司、上海雍雅演出经纪有限公司、上海英菲柯斯设计咨询有限公司、上海思远影视文化传播有限公司、上海唯晶信息科技有限公司、意大利意德玛国际时尚设计有限公司上海代表处、上海璐娜餐饮管理有限公司、源创建企业形象策划（上海）有限公司、艺夺创意软件开发（上海）有限公司等。

园区创意产业涉及的领域，包括建筑及室内设计、服装设计、广告、咨询、影视制作等，许多企业的作品在国内外享有很高的声誉，用“顶级之作”来形容也是不为过的。

材料来源：孙福良，张迺英．创意上海 [M]. 上海远东出版社，2010 年版

问题思考

1. 文化创意产业价值链系统的构成内容有哪些？
2. 文化创意企业为何需要集聚？

线上题库

线上资料 1　线上资料 2　线上资料 3

集聚区的发展与管理

第七章　文化创意产业集聚区的发展和管理

文化创意产业集聚在产业发展中发挥了巨大的作用，文化创意产业的持续发展，与文化创意产业集聚区的发展相关联，作为文化创意产业的主要载体之一，是在产业竞争、产业成本、产品创新的基础上产生的，并经历了一个逐步演化的过程。在其外在的物理形态背后，蕴含着内在的产业价值链打造、产业管理、产业发展等诸多现实问题。

材料导读　集聚 M50　品牌效应凸显

引导词：上海有很多艺术家集聚的地方，M50 是比较早的一个。因其靠近上海的苏州河，所以也演绎了一段民族工业的历史。

经过十年的发展，M50 创意园已吸引来自 20 个国家和地区的 130 余户艺术家工作室、画廊、高等艺术教育以及各类文化创意机构，并在创意园区的基础上，积极开拓衍生业务，逐步形成 M50 品牌体系。M50 创意园的管理层充分利用园区资源聚集的能力和汇集起来的资源，将 M50 作为一个以“艺术、创意、生活”为核心价值的品牌积极打造。于是，M50 品牌建设之路迈开了新的历程。

M50 品牌的源头是莫干山路 50 号，由原上海春明粗纺厂，现 M50 文化创意发展有限公司转型改造而发展起来的、以当代艺术和现代设计为主题的创意园区；从 2008 年开始，M50 从园区运营向品牌建设提升。现在，M50 的品牌核心价值是艺术、创意、生活，并且，通过将近多年的业务拓展，构筑了 M50 品牌产品体系。M50 品牌旗下的产品分成两个大类：第一类是时尚文化园区系列产品；第二类是 M50 服务平台和品牌衍生业务。目前，M50 第一类时尚文化园区产品系列的总量是 4+1，即 M50 莫干山路园区、M50 卓维 700 园区、M50 西郊鑫桥园区、M50 半岛 1919 园区，一家由 M50 实现品牌输出、由外部团队管理运营的 M50 西部桃浦园区。第二类是 M50 服务平台和品牌衍生业务，例如，M50 设计联盟、M50 创意空间、M50年度新锐评选、M50创意设计孵化器，这类产品是M50品牌建设的核心业务，是M50为入驻客户提供的增值服务，也是M50构筑园区产业生态环境的有效手段。

M50被保留的奇迹

上海的苏州河在早先的工业时代主要用于交通运输，两岸云集着大批工业厂区。随着经济发展和环境保护的需求，产业转移或升级，大量厂房被拆除或迁移。苏州河畔水泥高楼拔地而起，吞噬了大量有历史价值的老厂房、老仓库。而莫干山路50号老建筑群能保留下来，实属奇迹。

M50创意园位于上海民族工业的发源地之一——普陀区苏州河南岸半岛地带的莫干山路50号，拥有自20世纪30年代至90年代各个历史时期的工业建筑41 000平方米，是目前苏州河畔保留最为完整的民族纺织工业建筑群。莫干山路50号厂房建于1933年，是近代徽商代表人物之一周氏的家族产业。1937年建立信和纱厂，1949年后改为信和棉纺厂，1962年改为上海第12毛纺厂，1994年改为上海春明毛纺织厂。

M50邀请国内外专业机构对园区进行了保护性的风貌规划和修缮，改造后的M50不仅依旧保留着原有工业厂房的风貌，同时添加了现代时尚的元素，使历史文脉和现代元素互相融合。

在M50创意园区里，你见到的厂房建筑有砖木、砖混等结构形式，宽敞的车间，斑驳的水泥墙面，铁杆扶手的楼梯，以及那只硕高的水塔，仿佛都在述说着这里曾经发生过的故事。

M50的偶然和必然

纺织厂能成为时尚和艺术的代名词，这对于任何人来说都是需要想象力的。停产后的春明粗纺厂经历了从都市工业园区到创意产业集聚区的转变，其中不乏偶然性。最初作为都市工业园区时，连煤饼商店也曾入驻其中，还有不少地产开发商想要在此建造亲水景观住宅区。而艺术家薛松的偶然入驻，开启了M50的创意产业之路。2000年，画家薛松一眼就相中了无法让人与画室联系的、破旧机器尚在、管道线路裸露的染整车间，原因就是窗外便是苏州河。他偶然地成为入驻M50的第一个艺术家。2002年，香格纳的老板——瑞士人劳伦斯对那无人问津的废置房——锅炉房情有独钟，其中虽因改造费用高、房顶太高不实用而有所周折，但最后，这个瑞士人也有幸建成了M50的第一个画廊。于是，通过口口相传，当时上海最好的艺术家纷纷慕名而来。殊不知，这一偶然的入驻，却为M50日后的辉煌奠定了基石，因为，在世界，在中国，文化创意产业正在悄然兴起，M50的转型又是一种必然。

2000年起，M50逐步引进了以视觉艺术和创意设计为主体的艺术家工作室、文化艺术机构和设计企业。十年来，先后引进了英国、法国、意大利、瑞士、以色列、加拿大、挪威等20个国家和地区的140余户艺术家工作室、画廊、高等艺术教育以及各类文化创意机构，除了香格纳画廊和薛松工作室，还有凹凸库、M艺术中心、EPSON影艺坊、双城现代手工艺术馆、丁乙工作室、张恩利工作室、周铁海工作室、杨青青工作室等。

画室不再神秘

一踏进M50的大门，就能感受到这里独特的、原汁原味的、浓厚的文化艺术气息。大门口不算太宽阔的场地既可以办露天展览和秀场，平时也可以作为茶座。四层小楼将近有70多年的历史了，楼下以前是染整车间，现在是画家村，入口处每天都摆放着园区艺术家们的展览广告和指示牌，方便游人和顾客探访。这里的画廊街，其实就是原来旧车间的走廊，每个车间都有画家入住。你走在画廊中，仿佛置身在20世纪的老厂房，却又如此艺术。

画家们在这里作画、交流、销售，而M50为艺术家提供了展示创意，发挥创意的平台，也让人们有了享受创意成果的机会。这块新的地方让艺术家们不论地位、不分资历地共同拥有了一片自由土地。他们在此畅快地思考、交流、创作，各自圈地，却又相互往来，营造了苏州河沿岸浓厚的文化气息。对于非艺术家来说，M50同样意义非凡，它让画家的画室不再那么神秘，让人们尽情感受创意作品的魅力。2009年4月18日上线的吾灵网（www.m50.cn）是全国首个以实体园区为依托的大型网络创意公共服务平台，通过网上创意园的形式突破传统的物理空间的限制，开拓创意产业发展的无限空间。

魅力时常绽放

一句“去M50看画展吗”的话，已经成为上海艺术爱好者的交流语。M50每年推出300场左右的各种艺术展览，已成为上海文化艺术活动的又一重要场所。

上海国际服装文化节、时装周、时尚之夜、上海苏州河文化创意产业论坛、“共享奥运情，一路卓越心”为奥运健儿加油喝彩、CREATIVE M50年度创意新锐评选、宝马车展、ADICOLOR明星慈善派对、欧莱雅产品推广、中法埃菲时装设计师学院首届毕业生作品展等一系列时尚活动，都曾为这里增添一抹缤纷。丰富多彩的活动，同时也提升了文化创意产业的社会和经济价值，展现了海纳百川的国际大都市形象，成为一道独特的人文景观。

这就是M50——连续多年被评为上海最有影响力的创意产业集聚区，荣获上海市品牌产品“区域名牌”称号、全国旅游景区“AAA”景区称号，2007年被国家旅游局批准为全国工业旅游示范点，2009年被授牌为上海首批文化创意产业园。M50，这个蜕变于传统工业、成长于民族工业老厂房、发展于上海新一轮产业结构调整时期的品牌，经过近10年的积累，正逐步成为“艺术、创意、生活”的代名词。

材料来源：孙福良，张迺英．创意上海[M]．上海远东出版社，2010年版

第一节　文化创意产业集聚区的形成

在社会因素、经济因素、文化因素等的综合作用下产生的文化创意产业集聚区，不断在世界各城市出现，我国文化创意产业集聚区建设更是风起云涌。如何将文化创意产业集聚区打造成可持续发展、盈利能力强的物理空间，是实践家和理论研究者关心的主要问题。

一、文化创意产业集聚区的形成规律

文化创意产业发展的一个主要趋势是集群化，即在城市形成集聚区。国内外文献表示，一般产业集聚区（或产业集群）形成的规律主要是外部性规模经济或范围经济，即同一产业的多家企业集聚在一个空间可以比它们分散时获得更大的成本节约。对创意产业来说，集聚区形成的规律包括竞争、创新和交易成本节约。

（一）文化创意产业集聚区的竞争规律

波特建立产业竞争模型。根据波特的模型，一个产业的竞争强度取决于产业的进入壁垒、产业之间的抗替代能力、产业供应方的侃价力、产业购买的侃价力和产业现有竞争者之间的实力差距。一个产业的进入壁垒越低，抗替代能力越强，供应方或购买方的侃价力越强，竞争者实力差距越小，这个产业的竞争强度就越大。文化创意产业集聚区能影响这五个竞争变量和由此促进产业的竞争，增大产

业的竞争强度。

1. 集聚区降低创意产业的进入壁垒

（1）集聚区能降低创意产业的规模壁垒。因为在一个集聚区比在一家企业更能实现相关文化创意产品的多样化，即实现范围经济的效益。如在一个艺术文化创意园区比在一家艺术公司能设立更多不同的艺术工作室，而这些艺术工作室的资金、人员和房屋等规模比艺术公司要小。也就是说，集聚区能容纳规模更小的创意主体，从而可以降低创意产业的规模壁垒。

（2）能降低文化创意产业的品牌壁垒（即波特讲的差异化壁垒）。文化创意产业的品牌壁垒主要来自名牌创意者的名气，名牌创意者的知名度越高，品牌壁垒就越高。但知名度是相对的，名牌创意者的知名度是相对于一般创意者而言的，当一般创意者的知名度提高时，名牌创意者的知名度会相对降低（一部分原来追随他们的文化创意产品购买者有可能转移到知名度正在提高的一般文化创意者身上），由他们的知名度形成的产业壁垒也会降低。而集聚区有一个很大的作用，就是用集聚区的品牌带动区内一般创意者知名度的普遍提高。随着集聚区知名度的提高，区内一般创意者的知名度也相应地提高，而区内外名牌创意者的知名度相对降低，由他们的知名度决定的品牌壁垒也相应地降低。因此，集聚区能降低文化创意产业的品牌壁垒。

（3）能降低文化创意产业的投资壁垒。文化创意产业的投资主要是人力资本投资，而集聚区能集聚文化创意人才和相对地增加文化创意人才的供给，从而降低文化创意人才的市场价格，即降低文化创意产业人才资本投资的成本或规模。另外，集聚区提供许多公共性的固定资产投资（物业基础设施等），创意个体所需固定资产投资就能减少。因此，集聚区可以降低文化创意产业主体的投资规模，即投资壁垒。

（4）能降低文化创意产业的转换壁垒。因为集聚区集聚着大量的要选择的交易关系或渠道，创意者可以较方便地转换交易关系或交易渠道，即转换成本较低。例如，在艺术文化创意集聚区集聚着大量的艺术经纪人，艺术创意者可以方便地在他们之中进行交易关系的转换，转换的成本比在集聚区外低。因此，集聚区可以起到降低转换壁垒的作用。

（5）集聚区能消除文化创意产业的政策壁垒。由于文化创意产业的开放性，集聚区所在地政府一般不会对当地的创意者采取保护主义政策，因为保护主义有损于开放，而没有开放就没有文化创意产业及其集聚。何况集聚区可以提供大量配套的就业岗位和创业机会，对解决当地的就业问题是有利的。因此，政府对文化创意产业集聚区会采取积极扶植的政策，文化创意产业集聚区一般没有政策壁垒，只有政策吸引。

2. 集聚区增强文化创意产业之间的抗替代能力

某一个文化创意产业（或行业）集聚区，能增强这个文化创意产业整体的对外竞争力和不被其他文化创意产业（或行业）替代的能力（抗替代能力）。因为集聚区能将一个文化创意产业的优势资源集聚起来，通过在集聚区的竞争和整合形成整体优势和整体竞争力。例如，电视文化创意产业对电影文化创意产业有替代的威胁，但电影文化创意产业有了像好莱坞这样的集聚区就能有效地对抗电视文化创意产业的替代。因此，形成集聚区是文化创意产业应对替代威胁的一种较有效的战略。

3. 集聚区增强文化创意产业供应方的侃价力和购买方的侃价力

集聚区能增强文化创意产业供应方的侃价力。由于同类创意者的集聚，同一个供应商可以在同一集聚区找到许多作为其产品购买者的创意者，集聚区的供应市场相对地成为卖方市场，作为卖方的供应商的侃价力可以相对增强。而集聚区供应方侃价力的增强，意味着需求方即创意者之间竞争强度的增大。

集聚区同样能增强创意产业购买方的侃价力。由于同类创意者的集聚，同一个购买商可以在同一集聚区找到许多作为其产品供应商的创意者，集聚区的销售市场相对地成为买方市场，作为买方的购买商的侃价力也相对地增强。这意味着创意产品卖方之间竞争强度的增大。

4. 集聚区缩小文化创意产业竞争者之间的实力差距

集聚区能缩小文化创意产业现有竞争者之间实力的差距。因为创意竞争实力主要是创意者的知识基础和技能。创意者进入集聚区后会增加相互学习和交流的机会，这有助于缩小他们之间知识基础和技能水平的差距，即创意实力的差距。

总之，集聚区能降低文化创意产业的进入壁垒，增强文化创意产业抗替代的能力，增强文化创意产业的供应方和购买方的侃价力，缩小创意竞争者之间实力的差距，因此，根据波特的产业竞争模型，集聚区能吸引更多的创意者进入和促进文化创意产业竞争，即增大文化创意产业竞争的强度，有利于文化创意产业的成长和发展。这种促进竞争的作用是文化创意产业集聚区形成的一个重要机理，即竞争机理。

（二）文化创意产业集聚区的创新规律

据有关的研究综述，影响产业创新的因素有竞争压力、激励机制、知识资本、人力资本、基础设施、融资环境、市场环境、制度环境、社会资本和文化资本等。

文化创意产业集聚区对产业创新的各个因素有显著的影响，并由此促进文化创意产业的创新。

1. 集聚区增强文化创意产业的竞争压力或动力并产生激励机制

如前所述，集聚区能促进文化创意产业内部之间的竞争，完善竞争机制，从而推动创新。许多创意者聚集在一起，相互比较并从他人的成功中看到自己成功的希望，由此增强创意成功的信心。比如，在文化创意产业集聚区，一般都有创新作品展示馆，创意者一个成功的创意，会很快地为同行所获知，这种信息会激励同行积极创意。又如，在艺术文化创意产业集聚区，某艺术家的成名会激励集聚区内其他艺术家努力创意。

2. 集聚区增加文化创意产业的知识资本和人力资本

集聚区一般都设在城市，距离文化机构、科研机构和大学比较近，便于文艺家、科研人员和大学教授参与文化创意产业，而这类人员的参与无疑能增强集聚区的知识资本。有的文化创意产业集聚区还通过产学研合作有组织地引进知识资本。集聚区内知识（或信息）的集聚和交融推动知识的创新和进步，集聚区内新知识涌现，无疑增加文化创意生产的知识资本。

集聚区增加文化创意产业的人力资本，这也是文化创意产业集聚区的一个明显的优点。由于人们的聚类心理，集聚区对文化创意人才以及为文化创意产业服务的人才有很大的吸引力。同时，进入集聚区的人可以通过互相学习和交流有效地增加人力资本，包括创意知识、技能和经验。

3. 集聚区为文化创意生产提供合适的基础设施

比如设计类或艺术类文化创意产业集聚区，通常由旧厂房改建的工作室，其主要特点是保留厂房的痕迹，以及低廉的房租和巨大的空间。如杭州的LOFT49，就是由杭印路两边的一些丝绸印染厂的旧厂房改建而成的。设计师、艺术家进驻后，对厂房进行了较大的改造。然而，发锈的铁门，磨得坑坑洼洼的水门汀乃至墙上标语都被保留下来。这些特点非常符合设计创意（生产）或艺术创意的需要。

4. 集聚区为文化创意项目提供较好的融资环境和市场环境

集聚区聚集着许多创意者，这就使得在集聚区较容易形成一种讲商誉或诚信的公共规范，因为不讲诚信的人会遭到这种公共舆论的谴责。集聚区形成的讲诚信的公共规范是一种很有利的融资环境，它能降低投资者的风险以及吸引投资者。

文化创意产品的营销一般要比普通产品困难，尤其是知名度较低的创意者的产品。然而，集聚区一旦树立起整体的品牌形象，就能带动区内创意者个体品牌形象的提升并扩大文化创意产品的市场。而且，区内创意者的品牌形象可以互相促进，因为市场是将文化创意产业集聚区作为一个整体看待的。

5. 集聚区为文化创意生产者提供较好的制度环境并增加文化创意产业的社会资本

集聚区的形成必然伴随着一系列制度和规则的建设，如知识产权法、反不正当竞争法、行业规范等。一方面，集聚区所在地政府会帮助集聚区进行制度和规则的建设，并将集聚区的制度和规则纳入整个城市的法制体系和公共管理体系。另一方面，集聚区成员也会自发地建立大家共同遵守的制度和规则。

集聚区能增加创意者非正式社交机会而由此增加社会资本。这也是集聚区的一个明显的优点。厂商的地理集中分布有助于创造性的构想以及技术秘密在个人之间非正式的交流，即产生知识外溢。知识外溢效应就是知识的社会化，就是社会资本的增加。这样的社会资本对于创新或创意生产是至关重要的。因为创新过程所必须的知识通常是隐性的，而隐性知识扩散必须通过人与人之间的面对面接触。非正式的口头信息来源是成功创新的关键之一。集聚区正是为创意者之间的面对面接触，即非正式的口头信息交流提供了良好的条件。在这样的人才集聚地，酒吧、茶室、咖啡馆都可能是重要的知识扩散源，一次不经意的闲聊也许就是一个信息的传播。在集聚区比较自发和自由的社交文化氛围中，知识的外溢效应特别明显。

6. 集聚区增加文化创意产业的文化资本

集聚区能提高文化创意产业内部的文化认同度而增加文化资本。文化创意产业集聚区一般位于都市，都市文化一般具有多元文化融合的特点，而文化的融合在某种意义上就是文化认同度比较高。都市的文化认同带动文化创意产业集聚区的文化认同度。此外，集聚区本身会形成一种集聚区文化，即集聚区共同的语境、价值观念、时尚观念、做事准则和做事风格等，还包括集聚区的环境文化。集聚区文化实质上就是集聚区创意者的一种文化认同。

总之，集聚区能增强文化创意产业的竞争压力和激励机制，能增加文化创意产业的知识资本、人力资本、社会资本和文化资本，能为创意或创新提供较好的基础设施、融资环境、市场环境和制度环境。因此，根据对产业创新的因素分析，集聚区能促进文化创意产业的创新或创意生产本身。这种促进创新的作用，是文化创意产业集聚区形成的第二个重要机理，即创新机理。

（三）文化创意产业集聚区的交易成本节约规律

跟据威廉姆森的交易成本理论，产生交易成本的因素是交易者理性的有限性、交易伙伴的机会主义、交易伙伴的小数目条件、交易伙伴及环境的不确定性、交易伙伴之间信息的不对称性和交易资产的专用性等。

文化创意产业集聚区对交易成本的诸因素有显著的影响，并节约了文化创意产业的交易成本。

1. 集聚区缓解创文化意产业交易者理性水平的有限性

集聚区不断聚集大量有关创意产业的信息，成为地区乃至更高层面的文化创意产业信息中心，信息收集的便利能降低对交易决策者收集和分析信息能力（理性决策水平）的要求，能缓解文化创意产业交易者理性水平的有限性。集聚区聚集着许多同类型的文化创意产业交易者，便于他们相互学习，从同行身上汲取经验教训，这也有利于提高他们理性决策的能力。集聚区可以说是更大范围文化创意产业市场的一个微缩，市场是交易者决策的对象，市场的微缩等于决策对象的集中或减少，而决策对象的集中或减少有利于相对地提高决策的理性水平。

2. 集聚区约束交易伙伴的机会主义

集聚区能为文化创意产业提供较好的制度环境以及包括商业道德在内的集聚区文化，其中一个核心内容就是树立“讲诚信，反欺诈”的集聚区公共舆论。因此，集聚区能在制度、规范上对进入集聚区交易者的机会主义行为起到约束作用。由于集聚区的固定性和长期性，集聚区交易通常不是一次性的，这也能约束机会主义，因为机会主义行为通常是一次性的，希望与集聚区进行长期交易的交易者会自动地遏制机会主义行为。集聚区的园区品牌也起到约束机会主义的作用。一方面，随着园区品牌的发展和品牌的知名度、赞誉度和忠诚度的扩大，集聚区忠实客户的队伍不断扩大，而忠实客户一般是对集聚区讲诚信或能自我约束机会主义的客户。集聚区忠实客户的增加或客户忠诚度的增加，就意味着不诚信的机会主义交易行为更多地被交易伙伴自动地遏制；另一方面，园区品牌对园区内创意者的机会主义行为也起到有效的遏制作用，因为园区品牌的知名度是区内每一个创意者共享的资产，某一个创意者的机会主义行为会引起品牌资产和自己分享的品牌资产的损失，因而也对他的机会主义行为具有制约作用。

3. 集聚区增加交易伙伴的数目

随着集聚区内创意者的增加，集聚区内创意者之间交易的伙伴数目也增加，即交易的大数目条件越来越具备。随着集聚区的扩大，在供应市场和采购市场竞争较充分的条件下，集聚区的供应商和采购商或产品用户的数目也可能增加，集聚区在供应市场和采购市场也可能具备交易的大数目条件。

4. 集聚区减少交易伙伴及环境的不确定性

集聚区的固定性和长期性便于集聚区交易者相互之间进行了解和行为预期，

从而增加交易伙伴及环境的确定性，因为对交易伙伴的深入了解需要较多次地打交道和较长的时间。同时，集聚区能方便地提供中介服务，交易者通过中介可以更快了解交易伙伴，由此更快地减少交易伙伴及环境的不确定性。此外，集聚区的制度规范和园区文化等可以增强交易者对集聚区环境的了解，即增加集聚区环境的确定性。集聚区的园区品牌也起到降低不确定性的作用，因为园区品牌一旦树立就成为对集聚区创意者交易行为的一种资产担保，交易者可以根据园区品牌的含金量判断与集聚区交易的前景，也就是说，降低了与集聚区交易的不确定性。

5. 集聚区降低交易伙伴之间信息不对称程度

集聚区将创意产业的供应商、生产商和销售商都聚集于同一空间，等于将文化创意产业的供应市场和销售市场浓缩到集聚区，使得文化创意生产者能更便利地了解供应市场或销售市场的信息，也使得供应商和销售商更便利地了解文化创意生产、技术和产品的信息，因而，可以有效地降低创意生产者与供应商或销售商之间市场信息或生产信息不对称程度。集聚区具有良好的信息沟通条件，除了正式的信息分布渠道（如创意产品展示馆）外，集聚区能为交易者提供许多非正式社交机会，使集聚区的交易者可以通过非正式的面对面的口头交流获取更多有价值的信息，由此降低交易者之间信息不对称程度。事实上，对文化创意产业来说非正式沟通是获取信息的主要渠道。

6. 集聚区能减少交易者的专用性资产

集聚区能增加交易伙伴的数目，而交易伙伴越多，交易者就越倾向于建立通用性资产而不是专用性资产，因为这样能提高资产使用的效率，集聚区能提供某些专用性的服务，因此集聚区的交易者能减少自己的专用性资产。例如，某电影制片商为了拍某部影片而专门投资建立的场景地，即是一项专用性资产。集聚区还能提供资产转让平台，使得交易者可以提供资产转让收回或部分收回沉没的专用性资产。事实上，对某交易者的沉没资产，对其他交易者可能不是沉没资产。

总之，集聚区能缓解创意产业交易者理性水平的有限性，能约束交易伙伴的机会主义，能建立交易伙伴的大数目条件，能减少交易伙伴及环境的不确定性，能降低交易伙伴之间信息不对称程度以及能减少交易者的专用性资产。概括地说，集聚区能起到降低节约文化创意产业交易成本的作用。这种节约交易成本的作用，是文化创意产业集聚区形成的最根本的机理。

二、中国文化创意产业集聚区的形成规律

目前中国文化创意产业集聚区的形成机制主要包括三种类型，即自上而下的

政府引导推动型，自下而上自发形成型和自发形成与政府推动相互促进型。

（一）自上而下的政府引导推动型

上海 8 号桥创意产业集聚区，2003 年在原上海市经委和原上海市卢湾区人民政府的支持下，由上海华轻投资管理有限公司、香港时尚生活策划咨询有限公司共同打造，现已成为建筑设计、家居广告、软件、电影、时装设计等新兴产业汇聚中心。

8 号桥的形成机制属于政府引导下的市场化开发。市区等两级政府部门从保护城市优秀近现代建筑的角度出发，决定在不改变原有建筑风貌的基础上将老厂房改造作为发展文化创意产业之用。在上海市政府文化创意产业发展战略及发展规划的引导下，8 号桥采用租赁承包的市场化开发形式，政府提供服务和支持，而不是规划建设的主体。政府通过分析文化创意产业发展所需的环境以及文化创意人群的区位需求、空间要求和特征，综合评估区域经济、社会、文化等发展状况和环境条件，制订区域文化创意产业发展规划。在综合评估的基础上，政府通过公开招标，确定合适的投资开发主体。投资主体通过规范化、市场化运作模式，负责整个集聚区前期的规划开发、包装策划、招商等工作。后期的实际运作管理中实行以“企业为主、管委会为辅”的模式，管委会仅仅从事一些最为基本的管理、政策协调工作，具体的运营管理工作由开发公司来进行。这种机制是政府规划推动与企业市场运作良性互动的机制，在此机制下开发形成的集聚区具有整体性。

（二）自下而上的自发形成型

北京“798”和上海田子坊就是自下而上的自发形成型模式。北京“798”是原国营 798 厂等电子工业的老厂区所在，现已成为画廊、艺术中心、艺术家工作室、设计公司、餐饮酒吧等各种空间的聚合。2002 年开始，一批艺术家和文化机构进驻“798”，成规模地租用和改造空置厂房，经过十多年的发展，“798”现已汇聚了 200 多家艺术机构。

“798”是一个自然出现的艺术区，其蓬勃的发展态势对“798”工厂所属的七星集团造成了压力，影响到集团对这一区域规划的实施，从 2004 年开始七星集团拒绝将厂房再出租给艺术家和文化机构，反对举办各类文化活动，阻碍艺术区的发展。同时，“798”所在的老工业基地近十年来一直在着力发展电子工业与电子贸易，被北京市规划为电子城科技园纳入中关村科技园区。“798”艺术区的发展与七星集团的利益及政府的原有规划产生冲突，面临着被拆除改造的局面。为此，艺术家派代表积极与七星集团沟通，并向北京市人大递交了《保留一个老工业的建筑遗产，保留一个正在发展的艺术区》的提案，建议暂停计划中的大规模拆建行为，暂停原有规划的实施。经过艺术家坚持不懈的努力，市政府通过反复调研论证和整体统筹运作，将“798”艺术区列为北京的创意产业集聚区。

北京“798”艺术区属于自下而上的自发形成型，是先由某些艺术家选中，进而带来众多艺术家和艺术机构的自发集聚，最终形成文化艺术村落。此类集聚区由艺术家根据自身的喜好和需要，自行对其所租用的空间进行独立的改造和利用。集聚区虽缺乏统一的开发策划主题，但艺术家对其改造利用都遵循着保护历史建筑、营造个性创意空间的原则，集聚区的逐步形成和壮大遵循着创意产业的发展规律。此类自发形成的集聚区的健康发展也离不开政府的协调和引导，政府既要对当代艺术的先锋意识和激进主义表示宽容，也要通过合理引导规范其发展。政府可以通过对艺术家自发形成的“自律委员会”进行审批，赋予其一定权力，引导其成为艺术区真正的管理机构，进而实现艺术区的有序发展。

（三）自发形成与政府推动相互促进型

杭州LOFT49为杭州蓝孔雀化纤厂的旧厂房，现已成为拥有19家艺术室和设计公司，330多个设计创作人员的创意型企业集聚地，涉及工业设计、网站制作和开发、摄影和绘画等多个创意领域。LOFT49的形成，属于艺术群体自发行为与政府推动相结合的机制。

杭州蓝孔雀化纤厂停产并将旧厂房对外出租，低廉的房租和巨大的空间吸引了大批设计师和艺术家入驻，逐渐成为艺术区。LOFT49所在的拱墅区政府在发现艺术区兴起后立即派专员赴各地考察创意产业发展，并邀请各路专家顾问就LOFT49的建设与发展作专题研究。市区两级政府在反复论证调研的基础上调整原有的地区改造规划，保留约4万平方米的旧厂房，并放弃至少带来2亿元财政收入的房地产项目，调整200余亩面积作为创意产业预留空间。政府还提出了“规划引导，政府培育，市场化运作”的指导方针，政策的具体内容包括政府部门保留部分有价值的旧厂房，然后由各企业自行对保留的旧厂房采取保护措施，自行联系并出租给创意公司，或者由政府建设单位对企业拆迁补偿后，统一整修厂房，对外吸引创意公司来此入驻。

杭州LOFT49具有自发形成与政府推动相互促进的特点。由于深厚的文化底蕴、宽松的创意空间、低廉的改造成本和租金，这类集聚区吸引众多艺术家和中小型创意企业自发集聚，政府发现并扶持这些已经形成的集聚区，聘请并成立专家顾问班子对集聚区的建设与发展作专题研究，成立管委会作为政府的派出机构进行集聚区的开发规划和管理，为区内企业提供公共服务。通过统一规划、政策扶持、基础设施建设，配套服务完善等，使自发形成的文化创意产业集聚区在人才、资金、文化、创意理念等方面的聚集效应达到最大化。

第二节　文化创意产业集聚区的演化

文化创意产业集聚区的发展是一个逐步演化的过程，经历了潜在、显现和发展的不同阶段，并呈现出不同的演化特点。

一、文化创意产业集聚区演化的阶段性规律

产业集聚是一群自主独立而互相关联的中小企业，依据专业化分工与协作建立起来的相对有效克服市场失灵和内部组织失灵的一种中间型产业组织。这种组织的结构介于纯市场和层级组织之间，它比市场稳定，比层级组织灵活，借助这种特殊组织结构，企业之间建立长期的交易关系就不一定需要以契约来维持，而主要通过信任和承诺来进行协作。这些中小企业并非正式联盟，既拥有完全竞争性市场结构的灵活性和高效性，又克服了传统产业垄断市场并危害社会的弊端。因此，集聚区内的每个企业都可能获得集聚区外的企业所没有的竞争优势。

就文化创意产业来说，这种中间型产业组织是以文化创意产业集聚区的形式出现的。这些文化创意产业集聚区以其灵活的运作机制、强大的集聚和辐射功能、完整的产业业态等特色而成为文化创意产业发展的亮点。

（一）潜在阶段

文化创意产业集聚区的潜在阶段主要体现在许多大型标志性项目的创建和文化基础设施的兴建。这个阶段的文化创意产业集聚区战略并不是为了刺激创意和创新，而是旨在促进基于地方定位战略的城市重建和满足地区人们文化消费的需求条件。为了刺激经济和文化复苏，越来越多的地方政府正采取积极的措施建设文化设施。国际上许多大城市早期工业非常发达，纷纷采取以兴建文化基础设施的方式来弥补因产业结构调整带来的经济衰退。当然，也有许多国家的大城市，以制订一系列具有国家民族特色的盛大文化节日、节庆等规划来应对经济现状。

在全球普遍兴起的文化基础设施大力兴建和文化活动异常活跃的背景下，蕴含了新的产业兴起和产业集群的萌芽。

（二）显现阶段

从最初的文化基础设施的兴建到创建文化创意产业集聚区，标志着文化创意产业集聚区的发展已经演进到了显现阶段。这一阶段文化创意产业集聚区战略旨在复兴本地和周围环境的创意文化和创意艺术，以增加遗迹文化的大众性。创建文化和创意空间，体现了更加灵活合适的创意文化政策。文化创意产业集聚区的出现作为许多城市重要的经济增长动力，已经成为该地区现存文化创造和文化消费的一部分，并加强了集聚区内企业的交流和沟通。

对城市老建筑、老厂房空间的改建利用和依托大学高校的知识溢出是显现阶段的重要特征。

集聚区形成的初期，少数几个艺术家往往能够吸引大批的艺术家聚集，逐步形成成熟的文化创意产业集聚区。这种利用“工业遗产”建设文化创意产业集聚区的方式，是文化创意产业集聚发展过程中的一个重要特点。一方面使文化创意产业得到了实质性的发展。城区遗留的厂房，大都地理位置优越，交通方便，市政及公共服务设施配套齐全，同时具有建筑风格独特、造型各异、工业文明气息浓郁的特点，并且留有进行综合改造和优化利用的空间，因而对文化创意产业的投资者具有很强的吸引力，为文化创意产业的集聚提供了有利条件；另一方面，利用工业遗产发展文化创意产业集聚区又是在实践着节约用地的原则，成为节约型社会建设中的一支力量，无形中实践着科学发展观的内涵。随着城市产业结构的优化升级，城市中有大量的工厂搬迁或停产，随之遗留下来的工业厂房设施多数仍然具有使用价值，对这些工业资源进行改造和再利用，有利于盘活和挖掘工业遗产价值，并减少因建筑拆除造成的浪费，节省重新建设的投资。

依托高品质大学和研发机构建设文化创意产业集聚区，体现了对高校和研发机构知识溢出的承接。如上海就有多个集聚区建设在大学周边地区，杨浦区环同济大学集聚区，是依托同济大学建筑专业的人才技术优势而集聚起来的；长宁区天山路以时尚艺术、服装艺术、品牌发布为主要特色的时尚产业园，是依托东华大学、上海服装研究所等高校和研发机构而设立的集聚区。大学和研发机构不仅为创意产业集聚区提供了技术支撑，还为集聚区输送了人才，促进了集聚区内部产学研一体化的形成，也为集聚区“研发、培训、孵化、交易和展示”功能的完善打下了基础。

（三）发展阶段

这一阶段在承接了第二阶段的基础上，开始呈现出多样化和数字化的发展特色。这一阶段，文化创意产业集聚区的战略旨在为其他边缘文化和多民族大众开放城市文化平台。通过场地和资源等基础设施的安排，文化创意产业的发展脱离了已经建立的艺术政策领域。社会文化和经济背景的不同，促成了创意活动多样化的空间组合，刺激了各类群众进入创意文化领域，丰富了创意文化的表达和传播渠道。与此同时，在信息化的经济模式下，文化创意产业出现了与计算机产业的聚合现象。创意商品全球化和数字化的兴起，刺激文化创意产业集聚区采用更加开放和创新的姿态，丰富创意的表达形式，实现其文化的功能。

文化创意产业的根本在于通过不同行业、不同领域的重组与合作，通过全球资源配置来寻找经济新的增长点，并且通过在全社会推动创造性发展来促进社会机制的改革和创新。以发展的眼光看，数字化高端融合是文化创意产业集聚区的高级形态和未来发展趋势。所以，文化创意产业集聚区的高级形态和未来发展趋势是依托一定的实体文化创意产业集聚区，打造无边界、国际化的虚拟产业集聚区，建设一个迅速顺畅交换传播的数字化网上市场和数字化的交易平台，构建“虚拟文化创意产业集聚区”或“文化创意信息数字交易港”，吸引巨量信息汇聚，开展网上信息交换、商务交易、科研成果转换、产品推介销售，从而以最新技术方式，实现官、产、学、研等各个链条上的数字化高端整合。

二、文化创意产业集聚区在中国的演化

自创意经济波及中国后，文化创意产业集聚区建设受到了中国各大城市的普遍重视，各地文化创意产业园区发展势头良好。主要城市文化创意产业集聚区建设都有了一定程度的发展。各个城市因发展文化创意产业的重点与优势不同，文化创意产业集聚区也会有不同的侧重。从这些城市文化创意产业集聚区的形成规律看，基本上都包括企业自发形成模式和政府规划模式，也不乏政府政策引导形成的集聚，还有些集聚区是在拥有丰富创意资源的专业院校（多为艺术和设计类院校）周围聚集。

（一）集聚规模

从中国主要城市的文化创意产业集聚规模看，可以将这些城市分为三类。第一类，已经形成较多的成熟规范的集聚区，集聚效果比较明显，如北京、上海等；第二类，已经形成一些集聚区，但是集聚效果不明显或有待观察；第三类，由于文化创意产业处于起步阶段，所以集聚区建设有待进行，集聚效果有待观察。

（二）集聚政策

从文化创意产业集聚区的支持政策上看，北京市出台明确的集聚区政策法规。《北京市文化创意产业集聚区认定和管理办法》，明确规定北京市文化创意产业

集聚区的认定原则、条件与程序，为文化创意产业集聚区的规范化发展奠定了基础。此外，北京市还设立针对文化创意产业集聚区基础设施的专项资金，分三年投入5亿元用于文化创意产业集聚区基础设施建设。

上海在文化创意产业集聚区建设上，也出台系列的扶持政策。在具体运作上，形成“三个不变”“五个变化”的开发运作机制。文化创意产业集聚区建设需要处理好三方面的利益关系，即房屋产权人，开发商和通过招商引进的创意产业人群，文化创意产业的发展，离不开这三个方面的共同努力。“三个不变”即指文化创意产业集聚区的房屋产权关系不变、房屋建筑结构不变、土地性质不变。这“三个不变”，带来了“五个变化”，即产业结构、就业结构、管理模式、企业形态和企业文化等都发生变化，成为适应城市功能转型的文化创意产业集聚区。

重庆市也在2007年出台《重庆市创意产业基地（园区）认定暂行办法》，在创意产业园区的基本定义、认定标准与认定程序上作明确的说明，并发布《创意产业基地（园区）配套政策》，在集聚区享受的财政政策等方面做出规定。

（三）集聚区形成模式

目前，我国文化创意产业集聚区的形成有以下几种模式：

1. 校企运作型

这种运作模式是建立在院校品牌之上的一种延伸服务，即通过高等院校的智力优势背景，通过整合资源对老厂房进行统一改造的模式。

2. 依托老厂房、老建筑改造型

我国很多城市在近代都是工业城市，尤其是上海，是我国近代工业的发源地。工业历史建筑的保护性开发，为这些老仓库和老大楼注入新产业元素，使得这些工业老建筑所特有的历史底蕴、想象空间和文化内涵得到充分的诠释和延伸，为各城市文化创意产业的发展提供了得天独厚的优势资源。

3. 依托传统布局型

依靠传统的布局，在现有产业结构的基础上建立相应的创意产业基地，也是城市发展文化创意产业的途径之一。

4. 全新创造型

旧厂房、旧仓库或传统社区为文化创意产业基地的发展提供了有利的外部条件，但却不是必要条件。全新打造的创意园区，在各城市中也比比皆是。如上海的张江文化创意产业基地，是以影视制作、游戏软件、动漫制作等为主要产业导向，并建立相关的中介、展示及版权交易等公共服务平台。这些新的文化创意集聚区，辐射作用日益增强，有效提升了周边社区的文化品味。

三、文化创意产业载体的多样化

以集聚园区作为文化创意产业载体是文化创意产业发展的一个重要范式。随着产业的不断深化发展，载体多样化趋势值得探讨和研究。

开放式的载体形式已渐渐称为创意城市的一道亮丽风景线。

文化创意街区、文化创意城市等已在一线城市出现并普及，并带动一线城市的后建筑时代的到来。

愚园路 546 号，曾经是 20 世纪初中国著名银行家孙衡甫的旧居，后为上海计算机研究所使用至今。孙衡甫旧居的两栋联通的小洋楼以及周围其余八栋洋楼，貌似平常却心有玄机。藏在弄堂里的中西合璧花园洋房，符合战乱之世许多人不愿声张露富的心理，也是上海新式里弄文化的典型代表。其见证了上海的东方巴黎的歌舞升平与灯火辉煌，也经历了红色革命、民主运动、实业救国的足迹，因而充满故事和人生况味。

上海的路，大多数都被改过名，而愚园路却奇迹般地自命名起，贯穿于各个时代而未曾易名。CREATER 创邑邀请如恩建筑操刀设计的创邑 SPACE| 愚园，在规划期间就在思考如何在改造中尽最大努力延续城市文脉，在创新中优化建筑结构与用途，留住城市记忆。老派的砖红色墙面赋予了这个园区新的灵感，从一块红砖开始，统一园区十栋风格各异的洋房建筑，划分园区与城市环境之间的边界。红砖墙体上的开孔设计，有选择地引入视线和光线，不规则的排列，给创邑 SPACE| 愚园带来了轻盈鲜活的动力。一栋建筑特殊的气质，一片街区渊源的文明能够滋养一方人土。随着城市不断发展，城市更新不仅是对物理空间的改造与修缮，抑或仅仅是产业的升级和转型，更是激发再生城市街区活力，激活城市文化底蕴，创造拥有人文情怀、有温度的城市空间。

无论是一栋建筑，还是一个园区，亦或一条街区型态的更新，不仅是将建筑美学赋予建筑外观，更是通过设计改造将建筑功能予以优化，让建筑在城市里焕发全新的生命力。在空间的载体里成长，在互动的氛围里交融，在跨界的体验里滋养，让彼此的成长成就城市的未来。让科技成为一种驱动力，在智能与环保中，在创新与可持续发展中，让城市不仅是美好，更是智慧。

第三节　文化创意产业集聚区管理的主要内容

文化创意产业是一个综合性产业，需要在融合诸多产业的基础上重新整合，重新进行专业化分工，形成新的产业链。文化创意产业集聚区建设的目的，就是要形成区域文化创意产业链，实现集约经营，形成规模优势，提升研发生产能力和文化创意产业的整体实力。因而，文化创意产业集聚区的管理与一般企业的管理有着本质上的区别。

文化创意产业集聚区形成后，无论是何种业态、属于何种发展模式，都面临着集聚区的科学管理问题。这是自文化创意产业产生，尤其是集聚区出现后，组织管理实践面临的课题。对于集聚区的管理，应该在遵循管理基本理论的基础上，结合集聚区本身的特点，制订出一套适合集聚区的有效管理模式。

一、文化创意产业集聚区内外部环境需求分析

区域文化创意产业集聚区形成后，必然对集聚区的管理提出更高的要求。因为文化创意产业集聚区对所处内外部环境有着特殊的要求。

（一）区位条件需求

首先，区位条件要求集聚区提供公共服务。集聚区的发展需要多方的服务与支持，其中最不易提供的是公共服务。因为公共服务有很强的外部性和专业性，单一的私人企业很难提供这种服务，只能由当地政府或者相关产业协会等来提供。专业化的基础设施、教育、信息、展览、法律咨询等都是公共服务的内容。公共服务的提供与企业数量之间相互影响和制约，公共服务越完善，产业集聚的可能性越大；而企业数量越多，提供这种公共服务的可能性越大。

其次，集聚区要求提供高效的信息平台。集聚区能否为区内企业提供安全、可靠、快捷的信息平台，是集聚区吸引企业入驻的环境因素。集聚区内的企业希望快速、低成本地利用公共信息平台来提高生产效率。

（二）文化环境需求

文化环境包括开放与宽容、信任与合作的内容。

开放与宽容的文化环境，能够吸引更多的人才集聚。美国学者理查德·弗罗里达认为，这里的宽容不仅仅是指能够接受不同的人，还应该是主动拥抱差异。

企业集聚在一起，彼此的接近使企业可以有机会较长时间地密切接触，有助于企业建立长期的合作关系，降低交易成本。这种信任和合作的关系对于企业尤

其重要。

（三）竞争与合作环境需求

激烈而有序的竞争可以淘汰劣者，从而使集聚拥有更强的竞争力。企业彼此的接触和了解使它们之间的相互影响加强，当地环境的一致性也使企业间的可比性和竞争性增强。后进企业更容易模仿先进企业，而先进企业为保持竞争优势会更努力地创新。尤其是当一个强有力的新竞争者出现时，模仿效应会使创新思想相互传递，从而使整个集聚区受益。相似的基础条件、劳动力资源和各种成本，也促使企业找到彼此间的差距，并通过创新改善这些差距，使集聚区的产品普遍具有竞争优势。

外部的条件虽然重要，但内部的联合行动更为重要。集聚区要想形成真正的竞争力，还需要联合行动，并建立起友好的网络关系。这个网络关系一旦形成，就成为不可模仿的独特优势。集聚区内企业间的竞争与合作的要求，使企业从过去的单纯竞争发展到既竞争又合作的多赢局面。

（四）高校和科研机构及专业化培训机构需求

高校、科研机构等为集聚区提高创新能力，提供和吸引人才，进行专业化培训，提升地区宽容度等方面发挥着积极的作用。

高校、科研机构是区域创新系统的核心力量。知识溢出效应产生众多的科技型企业，每年培养大量的优秀人才，使集聚区获得人才相当容易。人才的集聚可以加剧人才竞争，优胜劣汰，从而迫使人才向专业化方向发展，促使培训机构产生。高校在为地区经济发展提供智慧的同时，还提供地区的宽容度，能够容纳各种观点、各类人和各种非主流思想。

（五）行业协会和中介机构的需求

集聚区内行业协会和中介机构的存在，为区域内企业合作提供了有效的基础。这些机构对集聚有着深远的意义，为集聚区内企业提供各种服务，如金融服务、财务服务、法律服务、人才服务、广告以及其他专业咨询服务。

（六）区域品牌的需求

产业集群本身是在某一特定领域中，大量产业联系密切的企业以及相关支撑机构在空间上集聚，并形成强劲、持续竞争优势的现象，因而容易形成产业集聚的品牌效应。区域品牌建设，是创意产业集聚区的影响因素之一，它可以使集聚从低端制造型发展到高端创新型，为取得竞争优势打下基础。

二、文化创意产业集聚区科学管理的主要内容

文化创意产业集聚区对环境的要求，与一般企业对环境的要求不同。对文化

创意产业集聚区的管理，除了一般企业的管理内容外，还有着本身的特点和管理内容，主要有业态管理、平台管理、人才管理等。

（一）业态管理

国内外文化创意产业集聚区发展经验证明，文化创意产业集聚区内业态的形成、管理，是集聚区持续发展的首要环节。

为规范文化创意产业集聚区的业态，上海市政府和北京市政府曾就集聚区业态颁布了认定条件和程序，对于符合产业业态条件的集聚区授牌。

北京市政府颁布的文化创意产业集聚区的认定条件是以下七个条件：一要有科学的规划，二要有鲜明的产业特色和定位，三要有相当的产业规模，四要有先进的产业形态，五要有合理规范的管理机构和运营机制，六要有较完善的基础设施和公共服务支撑体系，七要有良好的产业发展前景。上海市经济和信息化委员会于2008年也出台《上海市创意产业集聚区认定管理办法（试行）》为上海创意产业集聚区认定做出十八条规定。其中，对产业业态明确规定为："有鲜明的产业特色和定位，产业门类符合《上海创意产业发展重点指南》，并且已经有若干个主导产业门类。主导产业门类的企业应占园区全部企业总数的70%以上。"

文化创意产业集聚区的业态管理，应当根据区域经济规划、载体的历史状况等制订相应的产业布局以及产业链各环节企业的配备，同时建设文化创意产业集聚区配套设施。

文化创意产业集聚区配套要求主要是基础设施的建设。文化创意产业集聚区的设施建设分为硬件和软件两种。硬件设施建设包括场所的提供、设备的完善以及政策对企业的吸引和聚集等。软件设施包括对本地区历史资源的开发和文化传统的传承等。硬件设施建设是文化创意产业集聚区形成和发展的重要的但非决定性的因素，因为"创意集群是一个动态的空间"。文化的集聚可能需要一些酒吧、画廊之类的基础设施以吸引消费者包括旅游者，但作为一个创意集群，创意工作者并不被限定在特定的空间里。因此，文化创意产业集聚必须能够对许多新的东西不断公开，比如对于网络的合作互动、体验经济模式等，把各种新的思想、企业新的运作方式带进来，好莱坞、硅谷就是这种模式。国外集聚区的成功主要在于他们创造了一套独特的软件系统，形成了一整套卓越的管理文化。美国斯坦福大学亚太中心以及洪福研究所的欧文认为：美国高科技园区（硅谷）成功的要素主要有如下几点：比较完备和有利的游戏规则，制度创新，员工的高素质和高流动性，鼓励冒险和宽容失败的一种气氛，开放的经营环境，与研究型的高校密切结合，高质量的生活环境与生活品质，专业化的商业基础设施。这些成功要素绝大多数属于软件要素，它们对于我国建设文化创意产业集聚区无疑是具有借鉴意义的。

应当承认，产业集聚区内的那些“看得见、摸得着”的硬件建设往往比较容易完成，例如房屋、道路、电力、供水、绿化、电子通讯网络等基础设施。而软件建设则主要指那些“看不见、摸不着，但时时刻刻都能感受到”的非物质的理念与制度系统，包括集聚区创立的基本理念、价值观以及经营方向、经营文化、经营道德、经营作风、经营模式等。它们是集聚区成功运作的灵魂所在，是集聚区赖以生存的原动力。

（二）公共平台服务功能及其管理

在文化创意产业集聚区内，创意要形成产业，不仅需要设计师、工艺美术师、创意策划人，还要搭建各种服务平台，特别要引进和搭建各类金融、投资、会计、法律、技术贸易、商业等中介机构，形成技术支持和商业基础，促进集聚区内创意制作的产业化，使文化创意产品走向市场。至2012年年底，上海政府已经授牌86家文化创意产业集聚区，未授牌的将近200个集聚区。各集聚区注重公共服务平台建设，在融资服务、技术服务、研发服务等方面，为集聚区内入驻企业带来了便捷，减少了成本支出，促进了文化创意产品的产业化和市场化。如上海纺织研发公共服务平台、吾灵网、上海名士街现代服装产业公共服务平台、上海动漫公共技术服务平台、上海动漫研发公共服务平台、天地软件园动漫公共服务平台、国际设计交流中心等公共服务平台。

入驻集聚区的企业需要的平台包括人才资源平台、融资平台、展示平台、知识产权维护平台和企业孵化平台等。集聚区管理者必须提升和开发平台服务功能，在创新平台服务机制上进行科学管理，使这些公共服务平台发挥其应有的作用。

（三）创意人才管理

人才管理也是文化创意产业集聚区软件建设的重要内容。文化创意产业集聚区的人才管理可以从两个方面着手。一方面是管理公司内部对文化创意人才招聘、选拔和培训的管理，另一方面是通过搭建集聚区人力资源交流平台以满足入驻企业对文化创意人才的需求。

材料分享　上海新天地的继承与发展

走进这片石库门建筑群，仿佛时光倒流，当年的砖墙、屋瓦、石库门历历在目。然而，你无疑又身处现代，每座建筑内部都体现着20世纪现代都市人的审美取向。

时尚精品店紧追国际流行色，不逊半步；中华文化商场出售的是艺人工匠们独创且完全中国味的居家用品、工艺品和旅游纪念品；露天广场上丰富多彩的文化表演让旅客目不暇接；石库门博物馆原汁原味地再现20世纪初上海一家人的生活形态，让游客在怀旧寻根的情绪中了解上海的历史文化……

在这里，你可以无拘无束，近距离触摸上海时尚的浪尖，可以与各种肤色的朋友交流；在这里，太多的好奇、新鲜，让你流连忘返；在这里，你可随时看到不同肤色、不同年龄的人走在一条弄堂里，或从不同的交通出口处汇集于不同的场所，享受着不同的乐趣。这里，年轻人青睐酒吧、咖啡馆，而年龄大一点的，则会关注封存于记忆中、却可以在新天地找到痕迹的建筑、家具……中国人去洋酒吧，外国人则将脚步滞留于东方的石库门前。

年轻人觉得很时尚，老年人觉得很传统；中国人觉得很外国，外国人觉得很中国，这是新天地矛盾的统一体，如此和谐与个性，也正是新天地吸引人的理由。

石库门的重生

上海新天地位于市中心的卢湾区东北部。这一地区原来是传统的石库门住宅区，在20世纪90年代末开始的旧城区大改造中，启动营建适应国际投资者及其行政人员生活与工作需要的休闲旅游服务区，创造了上海市中心著名的都市休闲新模式，备受在沪工作生活的港台及海外人士青睐。

石库门是凝聚在建筑上的上海文化，是上海独特而又不可磨灭的符号。石库门的兴起与繁盛，见证了上海这座城市的足迹与文化精神。在上海城市现代化建设进程中，当大量石库门建筑群消失殆尽之时，上海人才意识到问题的严重性。上海新天地为保护石库门建筑开了模式的先河。上海新天地通过对这一建筑旧区的改造，将百年历史的石库门建筑外表整旧如旧，内部则彻底现代化，既适应了当代都市人的生活需求，又保留了城市的历史风貌。来自世界各国和地区的餐馆、商店、娱乐业投资者纷纷落户于此，从而不仅将石库门原先的居住功能转变为商业经营功能，使老建筑自我生存和发展能力大为增强，而且创造了一种新的时尚休闲文化生活，成为一个文化建设带动经济发展的成功案例。

新天地占地30 000平方米，建筑面积为60 000平方米。北里以石库门建筑为主，集合了来自世界各地风情餐厅、咖啡馆、酒吧、精品商店等，充分展现了新天地的国际元素。南里以现代化建筑为主，有一座总面积达25 000平方米的购物、娱乐、休闲中心，入驻了年轻人喜爱的时装品牌店、饰品店、餐饮店、电影城，是时尚青年一族的休闲娱乐场所，与北里的石库门建筑群交相辉映，形成东西方文化融合、历史与现代对话的整体风格。

新天地的石库门里弄处处体现出舒适和方便，自动电梯、中央空调、宽带互联网一应俱全。消费者上网可以迅速查询商品价格和餐厅、酒吧的菜单以及电影院上演的电影，并可以预定座位。新天地已成为具有文化品位的本地市民和外籍人士最为青睐的聚会场所之一。

屋里厢

“屋里厢”是地道的上海话，意思是“家”。“到屋里厢来坐坐”，即来我家坐坐的意思。“屋里厢”对每个土生土长的上海人来说，都是一个让人感觉由衷温暖的字眼。如今，随着石库门的消逝，住在水泥房中的上海人再也不会像过去那样为了公用厨房、厕所而排队；也再不可能像过去那样站在阳台上边晾衣服边和邻居聊天了；张家与李家每天的串门也因防盗门的阻隔而消失。当我们为此而淡淡失落时，新天地的石库门“屋里厢”展示馆给了我们一个缅怀老上海，追寻历史回忆的好去处。

“屋里厢”石库门博物馆通过对一幢楼精心的布置与摆设，原汁原味地再现20世纪初上海一家人的生活形态，让游客在怀旧寻根的情绪中了解上海的历史文化，同时了解上海新天地从石库门建筑旧区到时尚休闲步行街的演变。

“屋里厢”由一幢建于20世纪20年代的石库门老房子改造而成。整个展示馆按照二十年代里弄单元一户住户为模式建成，主要展示房间七间，分别是客堂间、书房、老人房、主人房、女儿房、儿子房、灶披间（即厨房），以一个石库门家庭的故事，贯穿参观始终。无论走进哪间房间，都让人犹如亲身经历主人当年的生活。展示房的所有陈列实物，无论是炉灶、小孩的课本，还是口红、烟缸，全是二三十年代石库门弄堂里所存留的旧时实物。如“百雀灵”胭脂、镶着绿玉的发簪、放着轻快爵士乐的留声机……通过分布在各展示点的高科技产品，你可以听到、看到一个二三十年代上海中产阶级人家的石库门生活。

壹号会所的神奇

要体验上海新天地的矛盾与和谐、建筑的神奇，当属新天地内的壹号会所了。从一扇不起眼的门进入，呈现在面前的是难得一见的独特建筑。新天地内的壹号会所是一幢中西合璧的优秀近代建筑，它始建于20世纪20年代，从外观看，欧式的圆形阳台、雕花和石柱，走进楼内，内部格局却呈现出江南民居特色的客堂、厢房、内天井，在上海仅存的老式洋房中已经相当罕见。早年，这幢大楼曾经是经营皮货、毛笔生意的商人毛伯庸的私宅，大宅北面设铺面，主楼保留为住宅，形成前店铺后居住的格局。1958 年，毛氏后代以六万元的价格卖给了国家，大宅逐渐演变为机关工作人员宿舍。再后来，居住人口慢慢密集起来。1998 年，新天地项目准备启动时，整幢楼已居住了三十多户人家。

新天地壹号会所是这一片石库门老建筑中保留最完好的一幢，在改造过程中，力求保持建筑原来的基本格局和具有历史感的砖墙及细部装饰。跨入门内，当年铺设的马赛克地面及刻有贝雕装饰的高挑木门，都让人感觉仿佛来到了 20 世纪 30 年代的原主人家作客，而当你与当代著名的明星、艺术家、银行家在客厅、楼梯口不期而遇时，才恍然大悟，已换了一个时代，处身于 21 世纪。

来新天地参观的重量级人物，没有不到新天地壹号会所的。因为壹号会所是新天地开发商瑞安房地产发展有限公司的重要活动场所，专门用于接待国内外重要客人，中外著名的政治家、企业家、艺术家都曾在这里留下足迹，如俄罗斯总统普京、新加坡总理吴作栋等。

咨询中心的温馨

新天地的公共服务一应俱全。如国际访问者咨询中心、游客咨询中心，88 新天地酒店式服务公寓，邮政所等。尤其显眼的是新天地竟然有两个咨询中心：国际访问者咨询中心和新天地的游客咨询中心。

国际访问者咨询中心向境外人士提供了各项信息咨询。中心提供的 300 多种资料从各个方面向访问者介绍上海相关情况，每年接待境外旅游者和外籍人士约 3 万人左右，日均近百人，得到了境外访问者的高度肯定。

新天地的游客咨询中心设在“屋里厢”石库门民居陈列室的入口处，位于北广场近兴业路口。在咨询中心的陈列柜上，游客可以拿到新天地各个租户的店卡和各种关于新天地的资料、刊物，以及上海旅游交通地图等。要更全面，更详细地了解新天地的情况，游客还可使用一旁的电脑浏览新天地及其他相关的网站。

远道而来的客人、喜欢夜生活的年轻人，也能在新天地里找到下榻的旅馆。88 新天地酒店式服务公寓坐落于新天地广场南里，它延续了新天地中西合璧、新旧结合的风格和理念。公寓内摆放着明清年代的摆件用器和极富现代简约美感的陈设。每一个房间都经过精心的布局，将中国传统风格和异国情调恰到好处地融合，铺陈的帷幔织物和现代风格演绎的仿古家具营造出开阔的空间和富有现代感的婉约风范。

怀旧的人们，亦可趋步至兴业路黄陂南路口，因为那里有上海邮政博物馆新天地分馆暨新天地邮政。该馆主要用于邮政文物展览、邮政信件业务收寄、集邮品与明信片的出售。

与一般的邮局不同，这里的室内结构全部采用老青砖砌柱。所有木质框架均是木榫镂花结构，陈列柜与营业柜台采用老房子的木料仿造民国时期老式柜台制成。在面积不大的大厅内，陈列了五幅珍贵照片，分别有1917年上海最早使用的邮政运输汽车、1919年8月的邮用汽艇“鸿飞号”等。同时，北侧的两个立柜内还陈列着可供出售的特色集邮品：如《孙子兵法》《茶文化》《上海题材画册》及《吴昌硕》《黄宾虹》等老一辈国画大师的作品邮册。此外，以路口的老式邮筒为式样缩小制成的小邮筒亦作纪念品出售。

迎新晚会的浪漫

上海岁末辞旧迎新倒计时的活动有多处，如上海的龙华寺、城隍庙等。而新天地的岁末辞旧迎新倒计时活动是最具时尚化、国际化特色的，也是最浪漫的。每年的12月31日举行的“上海新天地新年倒计时晚会”，都会以其国际化方式，为上海各界人士以及国际友人奉献一场绚烂多姿的狂欢盛宴。

每一届的晚会，都会有特别的主题和表演嘉宾。而从2007年开始，更与世博会携手，向全世界表达共同迎接上海世博会的热情及人们对城市美好生活的愿望。

临近零点，嘉宾都会共同上台启动标志性的白玉兰倒计时装置。其后，嘉宾和所有观众一起倒数计时，众人激动的呐喊声响彻整个新天地。零点钟声敲响的瞬间，同时燃起的绚烂焰火横跨整个太平桥人工湖，宛如银河般燃亮夜空。这一情景持续近十分钟，配上国际化风格的音乐，让所有人在一片浪漫的气氛中，与新天地、与上海一起共同揭开新一年的序幕！

“福、禄、寿”的祝福

新天地幽深的弄堂，看似狭小，可每个铺面都要领略的话，大概也要一定的脚力。而新天地北里广场就成为人们小憩的理想场所。这里有那“福、禄、寿”三星为主题的喷泉，矗立于新天地北里广场中心位置。“福、禄、寿”三星代表了中国传统的吉祥祝愿，承载了人们对生活的美好期望。“福”自迎风而立，象征幸福；“禄”仰对天际，辑手迎拜，象征智慧；“寿”倚仗微倾，笑看众人，象征着生命的延续。动态的形象塑造通过唯美律动感的雕塑和特殊的上色技法，赋予主题形象以生命和灵魂，体现了东西方文化的融汇和传承。

新天地的启示

新天地模式，为老建筑的保护提供了一种出路和可能。

上海的新天地目前已经成为一个具有国际知名度的聚会场所，并被纳入了上海旅游景点的清单中，还成了中国房地产区域改造的经典案例，它的成功经营模式长期以来一直被国内房地产开发商们青睐，很多人都想将其成功模式进行“移植”。

作为上海新天地的缔造者，罗康瑞认为老房子不是包袱，而是财富，城市里的老房子是这座城市的历史和文化的载体，是城市的价值，既要保留老房子的特征，又要按现代人的要求对它进行改造，让老房子的价值体现出来，并得到提升。上海新天地，便开了以创新的理念、创新的思路、创新的手段去保护老房子的先河。

新天地策划初期，“上海正在努力寻找自己的身份”（新天地建筑师本，伍德语），他决定要建造一片地区，人们在这里与城市亲近，与文化亲近，也与自己亲近。于是，设计师伍德和瑞安集团决定将这片地区建造成为具有混合用途的步行街，人们来到这里，自由穿梭，不必固定在哪家店中停留或就餐，彻底改变了“中国人不会在外面吃饭”的习惯。新天地的地理布局体现了为上海“营造崭新生活”的理念，并向国人表明：公共空间除了实用（例如出售商品），还可以是休闲和‘观察人及被观察’的场所。新天地亦一直坚持把先进的生活方式、精彩的创意、新鲜的灵感带入日常的生活，以包容的姿态迎接多元的世界。

材料来源：孙福，张迺英．创意上海 [M]. 上海远东出版社，2010 年版

问题思考

1. 文化创意产业集聚区形成的规律有哪些？
2. 文化创意产业集聚区的管理有哪些方面的要求？

线上题库

线上资料 1　线上资料 2　线上资料 3　线上资料 4　线上资料 5

可持续发展保障

第八章　文化创意产业可持续发展的保障机制

文化创意产业与其他传统产业不同，公共服务平台的需求非常急迫而重要，这是由创意产业本身的性质所决定的。通过公共服务平台的辅助，文化创意企业的可持续发展将得到有力的支撑和保障。

文化创意产业成熟国家提出的“创意指数”，无疑是衡量文化创意产业成效的指标体系。

材料导读　《哈利·波特》20 年的生命力到底来自何处

引导词：有创意，有产品，还要有平台和市场，文化创意产业才能创造经济价值。以产品原创为强项的文化创意产业，需要有个服务平台帮助宣传和营销。以前，人们期望从政府那里获得平台支持，其实，市场的事由市场决定，现在，市场中先知先觉的企业和创意个人，已敏锐地察觉到了商机。

20 世纪 90 年代，书商们得出一个结论，市面上的流行读物都扎根于现实题材，没人想碰奇幻文学。此时，距离上一部享誉世界的奇幻作品《魔戒》出版已经过去了 40 多年，与其同时代的儿童奇幻小说《纳尼亚传奇》，影响力也在孩子们之间逐渐消退。这是一个魔法稀缺的时代。不但是魔法稀缺，实际上在男巫降临之前，儿童文学的销量整体都在下滑。有人认为这是因为电视和网络让人拥有了更多的娱乐方式，“有 PS 游戏机、足球、蹦床、电视这些玩意儿在，我需要所有能帮助到我的东西鼓励这些孩子阅读。”英文教师 Lindsay Carmichael 说。当时，席卷了英国儿童的是悠悠球狂热。“我完全没想到下一波热潮居然是一本书引起的。”彼时，这本书的作者是个住在爱丁堡的清贫单身母亲，只在工作闲暇之余跑去一家名为 The Elephant House 的小咖啡馆写书。她的文学代理人警告她：“你永远无法通过儿童文学致富，这你知道的吧？”而当她带着完成的小说去找出版商时，被以“太长节奏太慢”之类的理由拒绝了 12 次。最终接纳她的 Bloombury

出版社仍然心存疑虑，初版只印刷500册精装。接着，就像有人挥了一下魔杖，带着闪电疤痕的男巫让全世界陷入了狂热。

20年，7本书，被翻成68种语言，售出4亿册，销售额72亿美元，改编电影票房75亿美元，零点发布，彻夜排队，通宵读书……对于这样的疯狂，“魔法”是最简单的解释。但是这个系列拥有的不仅仅是魔法。

材料来源：《好奇心日报》2017年7月1日

第一节　文化创意产业公共服务平台

文化创意产业公共服务平台具有研发、孵化和营销传播等多样性功能。

一、文化创意产业公共服务平台的内涵和要素

（一）文化创意产业公共服务平台的内涵

所谓公共服务，是指提供公共物品，满足公共需要，服务社会公众的平台。平台是一个工程概念，最初是指产品平台；引入技术领域，有了技术平台的概念；与创新结合，有了创新平台的概念；与服务结合就有了服务平台的概念。

公共服务平台是为了区域经济和文化的发展，针对某类用户群体一定时期的公共需求，通过组织整合、集成优化各类资源，提供可共享共用的基础设施、设备和信息，以期为此类用户群体的公共需求提供统一的辅助解决方案，达到减少重复投入、提高资源效率、加强信息共享的目的。

公共服务平台一般具有基础性、开放性、公益性和共享性等特征。

如果将公共服务的内涵引入到文化创意产业，就有了文化创意产业公共服务的概念，即为文化创意产业发展提供共享的保障条件，解决产业发展中的公共事务，服务产业内的所有企业。因而，为文化创意产业发展提供共享服务的物质或非物质的载体就可以称为创意产业公共服务平台。

概括地讲，文化创意产业公共服务平台是以资源共享和产业服务为核心，集聚整合政府、企业、科研院所及高校的文化创意资源，运用信息、网络等现代技术，形成物质与信息服务平台，通过建立共享机制和运营管理组织，为文化创意产业发展提供公共便利共享的服务网络、体系或设施。

从本质上看，文化创意产业公共服务平台实质上是一定区域内的一组制度性安排，具有共享性。文化创意产业公共服务平台包含服务对象、服务主体和服务内容几大要素。

（二）文化创意产业公共服务平台要素

1. 服务对象

文化创意产业企业一般都是中小企业，其资金实力、人才储备、信息获取渠道、产业链贯通能力等都无法与大型企业相比拟。因此，文化创意产业公共服务平台主要服务于各类文化创意企业，特别是处于发展初期的、具有发展潜力的中小文化创意企业。

2. 服务内容

文化创意产业公共服务平台的服务内容，主要是提供文化创意企业本身所缺乏的资源。如为文化创意企业提供资金、技术、人才和信息等产业化条件，沟通产业链各环节，孵化文化创意企业，促进文化创意企业发展，推进文化创意企业成果转化。

3. 服务主体

文化创意产业公共服务平台的服务主体是多样化的。服务对象既包括政府、园区管理机构，也包括文化创意产业领域的科研机构、高等院校，还包括文化创意企业自身及其他产业的相关企业。

二、文化创意产业公共服务平台的功能

文化创意产业公共服务平台是推动文化创意产业发展实践的重要举措，也是实现文化创意产业公共服务供给体系的重要手段之一。平台建设立足文化创意产业可持续发展需求，通过搭建、整合、优化和完善文化创意产业生态链各环节的资源和服务，组织新型文化创意作品开发联盟，为文化创意活动提供条件支撑和专业服务，使个人、企业、中介服务机构、行业协会、科研院所、政府在市场和政策制度等要素中扮演充分互动的角色，实现成果、人才、资本、产业的有机结合，加速创意的产业化和产业的创意化。

文化创意产业公共服务平台以先进的信息技术、健康的文化内容、现代的产业功能和丰富的平台加盟资源为发展主线，为建设文化创意产业提供全产业范围和生命周期上的支持，集中体现在“研发、孵化、营销传播”三大主要功能和“信息交流、资本援助、政策支持、产权保护、人才培训”五大支持功能。

（一）公共服务平台的主要功能

1. 研发功能

创意研发是指各种文化创意研究机构、文化创意企业为获得科学技术新知识而进行的具有明确目标的文化创意系统活动，而文化创意产业公共服务平台则为文化创意企业、机构等提供各种研发条件。

2. 孵化功能

文化创意产业公共服务平台具有孵化中小企业的功能。文化创意企业孵化器是解决文化创意企业成活与发展问题、促进文化创意产业化的有效途径。

3. 营销传播功能

文化创意企业通过研发、孵化和生产的文化创意产品或服务如果还停留于企业内部的话，产品的价值就不能体现。作为中小文化创意企业，依托公共服务平台，通过展示、交流，将产品信息传播于市场，既降低了产品的广告成本，也为企业的文化创意成果打开市场局面。

电影、电视的播映机构，报刊、电台、演出经营场所，以及网络运营商等都是文化创意产业链中传播渠道的组织形态。同时，公共服务平台将提供各类展会资源，对文化创意产品进行大范围宣传，依托专业协会组织，对文化创意产品进行评估，衡量其价值，为产品的传播和销售提供渠道。

（二）公共服务平台的支持功能

与以上三大主要功能配套的还有五大支持功能，它们依托于政府、第三方机构、行业协会等组织的共同努力，为文化创意产业发展提供重要的支持。

1. 信息交流

信息交流和整合是公共服务平台的基础功能，也是信息科技的优势所在，包括消费者需求发掘和反馈以及生态链各环节的信息搜集和整理。成熟的信息平台可以用信息流吸引创意流、资本流、人才流、消费流。

2. 资本援助

资本援助包括政府资助和境内外的风险投资。文化创意产业不同于其他产业的一个很重要的方面是，很多创意往往是掌握在个人的手里，而不是某个公司，只有必要的资本援助，文化创意人才可能完成向产业的蜕变。

3. 政策支持

尽管文化创意工作者们不希望政府太多干涉，但仍然希望政府能为其营造良好的外部发展环境。文化创意产业需要宽松的人文环境而非单纯的商业环境，各国文化创意产业蓬勃发展的地区，政府都无一例外运用政策组合工具来推动文化创意产业的形成。这些政策组合包括：风险投资援助、孵化、行业技术发展、投资刺激、数字版权保护、研发税赋减免、快速销账、租税免税等，扶持对象的重点是小企业。

4. 知识产权

知识产权是文化创意产业的核心资产。与传统知识产权保护相比，信息技术的广泛使用使文化创意产业领域的知识产权保护更为复杂和艰难。尤其随着网络技术的快速发展和普及，网络域名、文章、图像、影像、音乐、软件、商业秘密等方面的知识产权纠纷大量涌现，需要知识产权保护理论和实践的不断创新。目前许多国家都已经建立了知识产权法院，而我国的知识产权保护至今还没有真正成为文化创意产业发展的重要推动因素。平台的建立将刺激大量专业组织和机构思考这一问题，作出有建设性的努力。

同时，平台还可以提供创意评估的功能，促进交易，刺激消费，并吸引境内外的风险投资。

5. 人才培训

文化创意产业是一个智力密集型的产业，需要掌握技术的文化创意人才不断地贡献创意思想。文化创意产业公共服务平台使得人才的交流和培养更好地得以实现。

第二节　文化创意产业公共服务平台的建设及运行机制

作为文化创意产业发展的助推器，对文化创意产业公共服务平台的研究就更加具有重要意义。对文化创意产业公共服务平台内涵、特征以及系统构建和组织运营等几方面的研究，已成为国内外学者研究的重要内容。

一、文化创意产业对公共服务平台的需求和模式

（一）文化创意产业与创意企业的公共服务平台的需求内容

文化创意产业公共服务平台的构建，必须符合产业发展和文化创意企业的需求。这些需求包括：

1. 产业资源的需求

任何一个产业的发展必须具备一定的资源。产业发展理论认为，一个产业的发展一般离不开资本、人才、技术、信息和自然资源。创意产业是一个绿色产业，

几乎不消耗自然资源，却对资本、人才、技术和信息有较大的需求。

2. 产业链的需求

任何一个产业都有一个导入、成长、成熟、衰退的发展过程。一个产业在成长的初期风险较大，比如产业链不完善，研发设计、生产、销售之间的联系不够紧密，建立产业链是企业的共同需求，需要中介服务机构打通各产业环节之间的联系。创意策划、研发设计、生产制作、展示推广、销售交易是文化创意产业的产业链，创意产业公共服务平台应致力于打通产业链各环节之间的联系，为处于不同环节的企业实现各自的价值提供服务。

3. 创业期企业发展的需求

从企业发展的规律看，处于创业期的企业往往需要更多的公共服务。创业期的企业一般是中小企业，而文化创意企业 99% 以上是中小企业。中小文化创意企业虽然具有充沛的创新活力，但是普遍缺乏资金、信息、技术设施、管理经验和业务渠道，独立生存能力不强，面临较高的市场风险。这些特点决定了文化创意型企业离不开公共服务平台的支撑。

4. 创新资源集聚的需求

一个产业要获得持续的发展而不衰退，需要产业创新；一个企业要在市场竞争中立于不败之地，需要技术创新。创新是一个产业和所有企业发展的共同需求，也是社会进步的动力。从技术创新的角度来看，不仅需要创新的资源，还必须加快创新的过程。人才是创新的核心资源； 资金是创新活动正常进行的重要保证和关键环节；信息、知识等资源在创新活动中的作用更是不可替代。公共服务平台应为创新资源的聚集、共享和有效利用提供服务。

5. 国际交流的需求

随着经济全球化进一步深化，任何一个地区经济的发展都离不开国际大环境。促进国内外产业界的交流和合作，引进国际资金、人才、技术、信息和文化创意成果为我所用，展示中华传统文化的魅力为全世界所共享，是文化创意产业发展的客观需求之一。

综上所述，文化创意产业公共服务平台的构建应该满足产业的资源需求、产业链的需求、创业期企业发展的需求、创新资源集聚的需求以及国际交流的需求。

提供公共服务是政府的责任，必须有政府介入，但不一定须由政府直接提供。它是政府支持、以非政府机构为主导、中小企业和个人工作室为主体、支持产业全过程的专业性创新服务体系。

从经济和效率的角度出发，仅仅由政府提供公共服务是难以实现和可持续发展的。公共服务的实现形式和手段是多样的，其所依托的组织机构也是多种形式的。

（二）公共服务平台的建设模式

一个公共服务平台承载着政府公共服务职能的一部分，它的应用代表了政府职能的履行。目前，在平台的建设上有四种比较常见的模式，分别是政府支撑模式、产业园模式、共享共建模式和企业自建模式。但是无论哪种平台建设模式，它的宗旨和出发点都是不变的，即整合社会资源，支持企业创新发展。

政府支撑模式能够很好地保障平台的公益性，并保障平台的投入水平。国家软件与集成电路公共服务平台（CSIP）是政府支撑模式的典型代表。它是由信息产业部主导建设的直属大型综合服务机构，提供了针对软件和集成电路产业的包括信息化完整解决方案测试与认证、技术支持、知识产权服务、人才培训、投融资咨询服务等在内的一系列服务项目，几乎涵盖了软件和集成电路企业所需的所有服务。各地在建设公共服务平台上也非常主动，北京市就结合国家“863 计划”建设了北京软件产业基地公共技术支撑体系，其 1.4 亿元的庞大投资覆盖了软件产业链的所有公共服务。

产业园模式的优势是贴近企业，了解企业需求，能够提供更有针对性的服务，同时由于空间距离近，大大减少了企业享受公共服务所花费的成本。一旦企业需求发生变化，平台就能作出及时调整。依托苏州工业园建设的苏州软件园公共技术服务平台和苏州中科集成电路设计中心，就是此类平台的典型代表。

共享共建模式对于地方性的公共服务平台而言，不失为一个良好的选择。南京软件公共技术平台通过资源共享的方式，使用北京市政府投资 1.4 亿元建设的“软件工具库”“开放源码库”“软件构件库”中丰富而全面的技术资源，使南京软件企业可以获得与北京软件企业相同的一流资源和服务。

企业自建平台模式虽然由于企业的自身利益，在公益性上有所欠缺，但是客观上确实起到了公共服务作用，比如微软建立的微软技术中心（CTC）就帮助很多企业进行了软件开发。

以上四种建设模式各有其特点，在平台建设上发挥着各自独特的作用。

二、文化创意产业公共服务平台的主要内容

依据文化创意产业公共服务平台构建原理，从产业发展的资源需求看，文化创意产业公共服务平台应该包括投融资服务平台、人力资源服务平台、公共技术开发与共享平台和信息资源共享平台。从产业链的角度看，文化创意产业

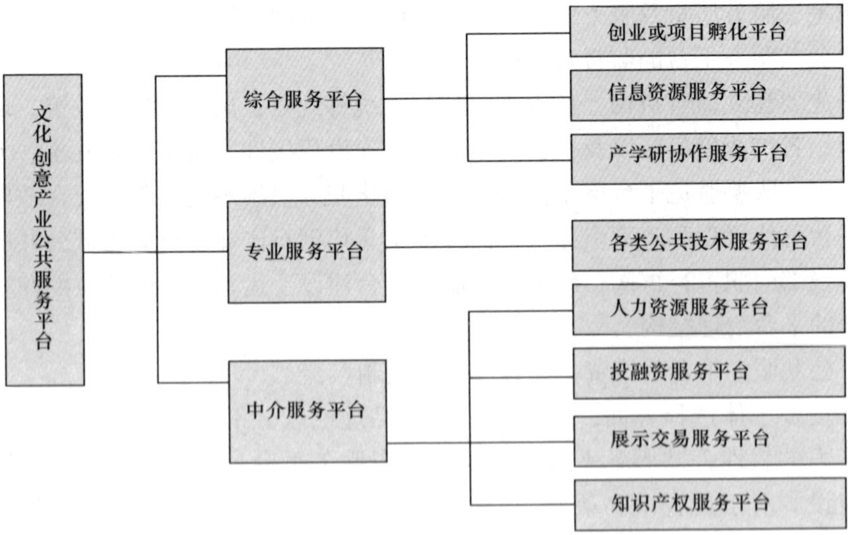

图 8-1 文化创意产业公共服务平台构成

公共服务平台还应该包括创意策划服务平台、研发设计服务平台、生产制作服务平台、展示交易服务平台和国际贸易促进平台。要满足文化创意企业成长与发展需求，还应设立企业孵化平台、知识产权保护平台和产学研协作平台（图 8-1）。

孵化器一般分为企业孵化器和项目孵化器，提供的服务包括投融资咨询培训、技术开发咨询、信息咨询、销售渠道咨询以及政策法律咨询等，属于综合性服务平台。信息资源服务平台、产学研协作平台是综合了各类服务的网络平台，也属于综合性的服务平台。有些文化创意企业实力雄厚，已经拥有了部分技术平台，比如动作捕作系统，可以向其他企业开放，成为公共服务平台的组成部分。一些高等院校和科研机构在基础研究、应用研究等领域拥有一定的专业化的服务能力，比如网络引擎研发、数字内容测试等，也可以成为公共服务平台的组成部分。这些与产业技术基础研发、文化创意成果转化紧密相关的硬性平台提供的服务称为公共技术服务，属于专业服务平台。为产业链的畅通而提供配套服务的平台，如投融资及担保服务平台、人力资源服务平台、文化创意成果及技术交易服务平台、知识产权保护服务平台等软性平台被称为中介服务平台。

三、文化创意产业公共服务平台的建设与运行机制

构建文化创意产业公共服务平台的最终目的是为产业发展提供公共服务，而

服务水平、服务质量及服务效果与平台建设运行机制直接相关。

1. 公共服务平台的监督管理机制

首先要建立监管机构，负责平台建设的统筹规划；出台引导性政策，调动地方政府、各产业聚集区以及社会资本的平台建设积极性。按照平台共享、方便服务的原则，既要避免平台重复投资，又要防止服务供给不足。其次要在政府公共服务平台总体规划和政策引导下，具体落实文化创意产业各行业领域公共服务平台的建设部门职责；再次，确定具体服务平台建设、运营及管理单位的职责，建立有效的平台治理结构。

2. 公共服务平台的投资、建设和运营机制

在投资主体选择方面，要依据公共产品理论区分平台的性质，对于有一定盈利能力的软性公共服务平台，比如投融资服务平台，依托中介服务机构进行投资建设。对于具有重要示范、带动作用的综合服务平台，比如文化创意企业孵化器，政府出台鼓励政策，依托文化创意企业进行投资建设。对于公益性很强，外部性突出，服务范围广，企业不愿意投资的公共技术服务平台，应该由政府投资，吸引社会资本参与，比如创意信息资源库的建设。政府投资的公共服务平台，应尽量选择在产业聚集区进行建设，并通过特许合同，委托企业或非盈利机构管理运营。

3. 公共服务平台的服务机制

按地理位置划分，公共服务平台的服务形式可以分为集中服务和分散服务。按服务内容划分，可以分为综合服务和专业服务。在文化创意产业聚集区，应集中建设公共服务平台，提供综合服务，为企业发展提供一揽子解决方案。政府部门应该是园区集中服务、综合服务的主要供给主体。与集中服务、综合服务相对应，在文化创意产业聚集区之外应该以分散服务和专业服务为主。纳入公共服务体系的、企业拥有的公共技术平台，比如测试平台等，应以分散的专业服务为主。企业应成为技术应用、成果转化等专业服务平台的依托主体。高等院校和科研机构应成为知识和技术支持服务的主体。这四大服务供给主体相互联系、相互作用、互为支持，最终形成有利于产业发展、创新的服务网络。

4. 公共服务平台的绩效考核与激励机制

政府投资建设的公共服务平台，应以服务效果和社会效益作为平台运营机构的考核指标。对于政府全额投资建设且支付运营经费的公共服务平台，要建立公开招标制度，择优选择平台运营机构，通过合同条款进行考核与激励。年度考核时，一方面要求平台运营机构进行业绩自评，另一方面政府部门应委托第三方对平台

用户进行满意度调查，根据预算执行情况、用户满意度决定对平台运营机构的奖励。对于政府参与投资或给予优惠政策的公共服务平台，同样可以根据用户满意度，确定下一年度对公共服务平台追加投资额度以及对平台运营机构补贴额度。

第三节　文化创意城市的指标体系

传统衡量经济的方法和指数已经不能全面反映一个国家或地区的经济发展水平，尤其是对于经济发展日益依赖于知识、信息和文化创意的城市。如何衡量一国或地区文化创意产业发展状况是专家学者目前研究的热点。近些年，文化创意产业成熟的国家提出了用“创意指数”衡量文化创意产业成效的指标体系，力图通过建立全新的、旨在衡量地区文化创意状况和决定创意发展因素的统计性框架，评估和督察创意城市竞争力。

中国由于文化创意产业起步较晚，创意城市指标体系的研究也处于萌芽阶段。

一、国外城市文化创意指标体系研究

以研究“创意城市”知名的英国学者查尔斯·兰德利（Charles Landry）强调，文化创意产业的推动少不了评价指标，因为指标让人必须正视问题，要求反思与不断思考，激发创意。

自英国提出创意产业概念以来，文化创意产业在全球引起了广泛的关注，并扩大了产业内涵和概念，为文化创意产业进一步发展打下了坚实的基础。然而，人们发现，对一国或地区文化创意产业发展现状的描述似乎并不难，难的是对文化创意产业现状进行客观准确的把握，以及对未来趋势作科学的预测。为此，近年来关于文化创意城市指标体系的研究成为专家们的研究热点。

国外对于文化创意产业指数的研究成果较为丰富，值得关注的有：1997 年联合国社会发展研究所和教科文组织的《针对文化和发展的全球性报告：建立文化数据和指数》；2002 年贝克的《地区文化发展的衡量和指数》；2002 年理查德·弗罗里达的先驱性著作《创意阶层的崛起》及他于 2004 年与艾琳·泰内格莉合著的《创意时代的欧洲》；等等。

（一）理查德·弗罗里达的“欧洲创意指数”

在以上各项研究中，影响最大的要数卡内基·梅隆大学教授理查德·弗罗里达和艾琳·泰内格莉在《创意时代的欧洲》报告中所采用的“欧洲创意指数”。

“欧洲创意指数”由三方面指标构成：“欧洲人才指数”、“欧洲技术指数”和“欧洲包容性指数”。

（1）“欧洲人才指数”内容：①创意阶层指数。即创意从业人数占整个从业人数的百分比。美国、英国、爱尔兰、丹麦、比利时、荷兰、芬兰等国的创意产业从业人数均超过蓝领工人数；②人力资本指数。即 25~64 岁人群中拥有学士或以上学位的人数比例；③科技人才指数。即每千名工人中从事研究性工作的科学家与工程师的数量。一般而言，创意阶层指数最高的国家，人力资本指数和科技人才指数这两项也相应较高。

（2）“欧洲技术指数”内容：①研发指数，即研发支出占 GDP 比重；②创新指数，即每百万人拥有的专利申请量；③高科技创新指数，即每百万人拥有的在生物技术、信息技术、制药以及航空等高科技领域的专利数。“欧洲技术指数”评比结果表明，美国最高，瑞典和芬兰是欧洲国家中最高，其次是德国、丹麦、荷兰、比利时、法国和英国。

（3）“欧洲包容性指数”内容：①态度指数，即主动或被动宽容的人数占总人数的比例；②价值指数，即一个国家将传统视为反现代的或世俗价值观的程度，这类指数通过一系列的提问得出，其中包括对宗教、民族、权威、家庭、妇女地位、离婚、堕胎等的态度；③自我体现指数，即代表一个民族对待个人权利和自我体现的重视程度，该指数通过一系列的提问得出，包括对自我体现、生活质量、民主、科技、休闲、环境、信任、政治异议、移民、同性恋等的态度。

理查德·弗罗里达研究的目的在于利用数据去分析一个地区是否具备良好的环境氛围，是否适合创意阶级的生长。作为一项开创性的工程，欧洲创意指数无疑对研究创意生产力、经济增长和国家竞争力之间的动态关系贡献巨大，对全球创意比较研究也有着指导作用和深远意义。

（二）查尔斯·兰德利（Charles Landry）的创意城市十等级[1]

2004 年英国学者查尔斯·兰德利以人员质量、意志与领导因素、都市空间与设施、网络动力关系等因素作为基底，将创意城市发展规模划分为十个等级。

第一级城市创意程度。创意未被视为重要的或相关的都市事务，也未被看作属于发展循环周期的某种特定阶段；存在着非常基本简单的创意活动；对于发展议题，各个城市行动者具备极为微弱的自我意识，没有公开讨论创意议题，议题不受公共部门的鼓励。城市不是正在追求未来，它可能已经在自断生路濒临败亡。

1 根据查尔斯·兰德利（Charles Landry）著《创意城市》整理，马可波罗出版社，台北市，2008 年 5 月。

第二或第三级城市创意程度。城市决策者开始意识到创意议题很重要。创意活动受到公共部门的鼓舞;民间则有偶发的创新活动,但未有全盘的发展策略;获得媒体最低程度的承认;一些地方企业经常是以层级不高的接触方式去帮助“创意者”;城市仍然没有意识到应该培养创意,城市的组织和管理因循守旧;城市留不住创意人才的现象仍然非常明显。

第四级城市创意程度。工业和公共部门制度的工作者面临越来越多的压力,承认创意议题的重要性;大学鼓励研究;留不住创意人才的问题开始得到抵消。

第五或第六级城市创意程度。不论是企业、教育部门或是非政府组织,城市已获得某一程度的自主能力,而且个别的创意人开始实践他们的抱负;城市存在着促进创意的基础设施;财务网络的发展成熟;公共部门/私营部门的伙伴关系以及部门间的共生共享逐渐形成;与国内其他地区以及国际间的联系开始紧密;活泼的技术转移或交换方案遍布在商业、教育和公共领域之间;公共部门介入,尤其在技术领域;创意人才能留在城市,有的还开始回流。

第七或第八级城市创意程度。公共部门与私营部门皆承认创新动力的重要性;城市表面上已经能够培养“创意者”,让他们大多能在其所处的环境中实践其抱负;在策略层次上强调整合性的思考,其充分表现针对多元目标而设定的创意计划;城市或是城市里的某一地区已有能力与国外建立稳固可信的联系,而不用通过中心城市或是国家组织;创意工作者在这个地区生活与工作,其所创造的价值大多数回馈到地区;研究和反思能力已在大学中建立起来,创意的动机和周期循环得以维系而且不断更新;城市能吸引创意人才,但是仍然缺乏一些高级的资源使其发挥终极的潜力;政治结构安定平和,广纳新观念并且建立发展策略的重点。

第九级城市创意程度。城市和地区成为全国和国际知名的创意中心。城市和地区本身的优势即足以吸引创意人才以及专业人士;拥有所有的设施,并且几乎是自给自足;重要研究机构总部或创新公司在此设立;城市是以文化的生命力与活力著称的地方,因而吸引来自世界各地各部门有想象力的人前来;城市已经能够轻易地为本身提供大多数的附加价值服务。

第十级城市创意特征。城市成为完全自给自足的地方,已建立有效率的自我更新、自我批判和具有反思的创意等发展循环周期;城市是一个吸引创意人才的地方,并且能为自己不断增强创造附加价值;拥有高水平的设施与国际的旗舰店,以及所有类型的必要专业服务;城市是一个众多部门的策略决策中心,并且提供最好的活动;有能力在国际的水平上跟任何城市同等竞争。

二、国内城市文化创意指标体系研究

国内对文化创意产业衡量指标建立最早和最为完善的当属香港。上海对文化创意指数的设计也紧随其后。

（一）香港创意指数[1]

香港大学文化政策研究中心于2004年参考众多国际具有前沿性创意标准的衡量基准，尤其是创造性地吸纳了理查德·弗罗里达教授创立的“3Ts”模型及“欧洲创意指数”的精华，结合香港特区教育、科技等多方面实际情况，拟定5C为香港的创意指数模型，即“创意效益＋4种资本”模型：创意效益、结构与制度资本、人力资本、社会资本与文化资本（图8–2）。[2]

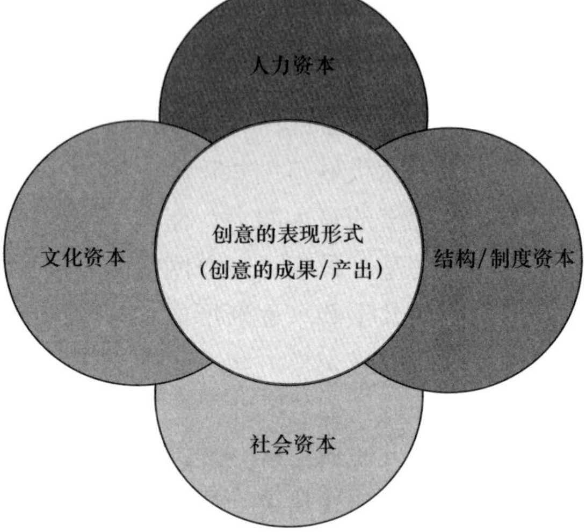

图8–2 “5C”模型图示

1. 创意效益

创意产出的不仅仅是以业绩指标（如GDP增值，贸易额等）来衡量的经济效益，更产生了可以彼此分享和传达的创意成果。经济产出代表了创意经济的增长及其创造财富和就业的潜力，而其他的创意产出表现为社区创意活动的一般前景、生命力和活跃性。创意产出的这两个方面分别从经济和非经济成果角度描绘了社会创造力所达到的程度。

香港创意指数设计了一个数据框架，衡量创意的“经济贡献”“经济领域的创意活动”和“非经济收益”等指标。在该框架中所选择的指标涵盖了以下广泛的领域：①创意产业的经济贡献；②创意产业的就业人数规模；③创意产业的交易额；④中小型企业的企业精神；⑤电子商务的经济贡献；⑥商业领域的创造能力；⑦与专利申请相关的创新活动；⑧创意部门和文化艺术领域的创新活动（非经济指标）。

1 参考上海文化发展基金会办公室课题组编著，C产业：创意精进的引擎[M]. 上海三联书店，2006年11月，P114—130.

2 资料来源：上海文化发展基金会办公室课题组编著，C产业：创意精进的引擎[M]. 上海三联书店，2006年11月，P115.

2. 结构 / 制度资本

香港创意指数框架界定 6 种社会条件——“法律制度”“言论自由”“国际上对于文化发展的投入”“信息和交流技术的基础建设”“社会和文化基础架构”和“企业精神和金融结构”。这些条件为一个社会产生创意活动提供背景条件，也决定着其他资本形式的使用和分配环境。

3. 人力资本

对人力资本的投资长久以来就被认为是促进经济增长非常有效的因素。香港创意指数中的“人力资本”框架把文化发展和研究支出、发展和研究人员数量以及高学历人口数量作为表现社区创意投资和人力资本发展程度的重要指标。此外，指数还增加了一些指标以反映“人力资本”的多个层面。其中之一是参加“终身学习”的工作人口的数量。这个指标提供了全新的尺度来衡量工作人口为持续发展技能所进行的投资。除了人口素质的指标，研究者还在框架中创造了一系列关于人口流动的指标。

总而言之，“人力资本”框架衡量了支持人力资本发展的两方面条件。首先，通过衡量文化发展研究支出、发展和研究人员数量、高学历人口数量和参加“终身学习”的工作人口数量，检验了一个社区是否能够为“知识银行”的发展提供适宜的环境；其次，人力资源和人口的流动性可以反映社会对于文化交流、技能和知识的传播以及新概念普及的支持程度。这些人力资本的发展要素也可以加强其他资本形式，对创意产业的发展做出贡献。

4. 社会资本

社会资本指的是包含特定地方人群的社会网络。1970 年以来，各个国家对此都作出深入的研究。信任、互惠意识、信息化和社会网络间的合作都有助于形成集体福利意识、加强社会表达意识和增强社会参与性。这些也都能帮助私人或集体创意的发展。香港创意指数通过社会网络和社会参与形式等方面来衡量香港人的价值和规范，尤其收集、建立了以下几方面的数据和指数：①概括性信任（Generalized Trust）；②制度性信任（Institutional Trust）；③互惠意识；④功效意识；⑤合作；⑥对少数民族的态度；⑦对新观念的支持度；⑧自我表达；⑨社会活动的参与度，包括志愿者工作、参与社会活动的障碍、俱乐部和组织成员以及社会人际接触强度等。

除了衡量人们的规范、价值观和他们的社会参与程度，“5C”模型中的“社会资本”还设定了“企业和个人的捐赠”以及“社会部门在社会福利上的支出”等指标，以评价一个地区社会资本的发展。这些指标不单反映了社会资本发展可使用的资源的程度，还衡量了公共部门、企业和个人对于社会资本发展的支持度。

5. 文化资本

香港创意指数的研究利用“文化资本”来反映更为具体的创意活动、日常文化以及艺术和创意的具体特点。这些创意活动通常表现为不同形式的艺术和表演，但又不仅仅局限于此。通过数据与相关形式的结合，香港创意指数形成参与艺术文化活动模式的标准和指数。此外，指数还特别衡量香港人的一些价值观：关于创意活动的、学龄儿童创造能力的、艺术与文化在个人发展中的地位的，以及社会环境（包括工作环境、社区环境、政府条文）是否有益于文化和创造追求等。

衡量文化资本的数据结构与社会资本的框架十分接近，它包括一个社区文化资本的三个方面。首先，香港创意指数通过衡量文化领域中的公共支出和企业捐赠来检测公共部门、企业支持艺术和文化发展的资源；其次，因为目前尚无法掌握个人可处置的艺术和文化收入的情况，香港创意指数使用“家庭在选定的文化产品和服务领域的支出”作为替代品，来反映社区在艺术和文化上的投资。而对于文化规范和价值的衡量很大程度上取决于人们对于创意的态度以及对艺术、艺术教育和人权保护方面的重视程度。一些关于社会资本和文化资本的衡量是相辅相成的。比如“对于自我表达差异和变化的态度”是社会资本十分基本的指标，它同时也是衡量其他资本十分重要的元素。对于文化参与程度的衡量覆盖了文化消费的很大层面，但这并不是经济的概念，而是对加入艺术和文化活动的方式的考量。

总之，香港创意指数涵盖了从法律体系、言论自由、国际惯例、社会和文化的基础结构到研发、教育、人力资本和规范与价值、文化参与等一系列涉及社会基础和公众利益的指标，不仅探讨了创意产业与经济发展的关系，同时也揭示创意成长、制度与社会文化价值之间的关联。从这个意义而言，香港创意指数无疑为亚洲研究城市创意产业提供一个可供参考的、较为科学全面的方法体系。

（二）上海创意指数

上海于2006年参考欧美、香港等国家和地区的创意指数体系，结合上海文化创意产业发展的特点，针对上海五大类的创意产业内容，制订《上海城市创意指数》，其中包括产业规模、科技研发、文化环境、人力资源、社会环境五大指标体系，是内地首个具有综合性和可比性的创意产业指标体系。2007年经过重新修订的创意指数，更加关注科技发展对文化、经济活动的深刻影响，强调文化、技术和经济三者的深度融合。

1. 产业规模

产业规模指标包括创意产业的增加值占全市增加值的比重和人均 GDP 共 2 个分指标。

2. 科技研发

科技研发是创意产业的重要组成部分之一，科技研发水平体现了一个城市的创新能力。该指标主要包括研究发展经费支出占 GDP 比值、高技术产业拥有自主知识产权产品实现产值占 GDP 比值等 6 个分指标。

3. 文化环境

文化环境是一个有利于文化参与的环境，能够促使新思想的诞生，从而提高社会的创造力。该指标主要包括家庭文化消费占全部消费的百分比、公共图书馆每百万人拥有数、艺术表演场所每百万人拥有数、博物馆、纪念馆每百万人拥有数等 9 个分指标。

4. 人力资源

人力资源的层次越高、流动性越强，将越有助于社会的文化交流、技术转移和知识的流通，以及新构思的产业。该指标主要包括新增劳动力人均受教育年限、高等教育毛入学率、人均高等学校在校学生数等 7 个分指标。

5. 社会环境

一个城市是否拥有能够吸引、动员和维持创意的社会环境，对创意经济体系是非常重要的。该指标主要包括全社会劳动生产率、社会安全指数、人均城市基础设施建设投资额等 9 个分指标。

材料分享　美国特色小镇“求生”记

提到美国马萨诸塞州，很多人会想到波士顿——东部繁华的沿海地带。从波士顿一直往西，会进入一大片山区，其中有个小镇叫北亚当斯（North Adams）。这里藏着世界最大的当代艺术博物馆——MASS MoCA（Massachusetts Museum of Contemporary Art）。这个博物馆，也是曾经的厂房，救活了一个早已衰败的工业镇。

走近 MASS MoCA，会感到工业的庞大气势。而进到院场后，你会明白，这实际上不是一栋楼，而是由 26 栋楼组成的建筑群。进入博物馆后，你会发现其中更曲折繁复的结构。

博物馆的超大尺寸有天然的冲击力。常规博物馆容纳不了这里很多作品的展出，或只能展单幅而不能做系列 / 回顾展。有的展览空间已整修得与博物馆无异，有的保留了一些原始粗粝的质感。还有构建在工业遗迹上的展场，原来的锅炉房里残存的机器、铁架楼梯、管道，未加修饰地成了展览空间的一部分。历史变成了可触摸的实体，人们似乎穿越时光，直面小镇被艺术改造前的过去。

北亚当斯建立初期，只是美国马萨诸塞州西部山区的一个普通（工业）小镇。它的第一次发展机会来自 Hoosac Tunnel 的修建。这条隧道连接了波士顿和纽约州北部，进一步连接中西部其他地区。北亚当斯是这条隧道最西边的节点，便利的交通为日后发展提供了条件。

1862 年，在北亚当斯诞生了纺织业巨头 Arnold Print Works。它的印花织物世界闻名。后来由于大萧条，企业 1942 年关闭北亚当斯的工厂。庞大的厂房被 Sprague Electric Company 继承。它是一家生产电气原件的公司，产品用到了二战时武器制造和冷战时期探月计划的航空装备上。后来，美国制造业逐渐衰落，Sprague Electric Company 终于在 1986 年废弃了这片厂房。

以上两家大企业的鼎盛时期，都有三四千员工，占小镇人口近四分之一。所以，这个厂房一直像一个城中城，这也与后来生产涉及高机密的产品有关。它有自己的基础设施、娱乐、报纸等，自成一体。支柱企业的关闭导致小镇彻底衰落，人口萎缩，失业率上升。技术工人基本都逃离了。

因产业衰落，美国很多地方想把市中心改造成商业区，建大型购物中心，北亚当斯也不例外。20 世纪六七十年代，它推行了一项野心勃勃的城市更新计划，拆除市中心超过一半的商用和住宅建筑。有些拆掉的商业 / 工业确实已救不回来，但有些还在正常运转。这次复兴计划彻底失败，很难吸引到投资，同时也把北亚当斯从还在维持的状态推向快速衰落。

北亚当斯的街道上，其实有大楼、剧院、旅馆、公寓，具备一定的城市面貌，这次拆除将其彻底摧毁。同时，因公司迁走，几千人被迫迁居他处。北亚当斯元气大伤，政府再无能力凭自身去推行任何城市复兴计划，于是开始主动联系外界。

与当代艺术的结合

1986 年，北亚当斯市长听说 Williams College Museum of Art 时任馆长 Thomas Krens 为一些大型当代艺术作品寻找展出场地，就向他推荐了这个厂房。当时的市长可能也没想到，这之后会演变成如此巨大的一个项目。但考虑到小镇当时情况，领导们对任何外来的提议基本都抱持开放态度，哪怕是在一个山中小镇建大型当代艺术博物馆，这个听起来有点疯狂的想法。

小镇里还有一个步行距离可达的知名艺术馆 Clark Art Institute。它源于 Clark

家族的私人收藏。进入冷战时期后，家族担心纽约会受到攻击，想把藏品转到纽约州或马萨诸塞州乡间。因为两位家族重要成员都曾任 Williams College 校董事，所以将藏品放在这个小镇，之后扩展成博物馆。Clark Art Institute 的研究功能非常突出。Williams College 著名的艺术史项目，就是与其一起合作开办的。

MASS MoCA 的馆长 Joseph Thompson 说，现在人们已经不会建这样太庞大沉重的建筑了，因此这些对我们有着不可抗拒的吸引力。

Thomas Krens 和其他一些博物馆圈的专业人士在这里考察时，也受到了同样的吸引，而且这里确实能满足特殊展出需要。他们都觉得这个地方很有发展潜力，应把它改造成一个永久的展场。

当然，以北亚当斯的城市规模和当时的经济状况，不足以完成这样一个项目。所以，Williams College Museum of Art 开始全面介入，向州政府介绍运作这个项目，寻求州政府的财政支持。

在 20 世纪 80 年代末，马萨诸塞州正经历着被称为"麻省奇迹"的快速经济增长期。同时，州长也要竞选总统，整个州一片乐观繁荣的气氛。所以，在 1988 年，州政府宣布支持这个项目。

可到了 1990 年，一切急转直下，经济开始衰退，州长竞选失败。National Endowment for the Arts（国家艺术基金会）因资助有争议的项目而遭到广泛的批评和攻击。之后，基金会能支持的项目内容、给予的资金范围都被更严格地规定，当时甚至出现了是否要解散国家艺术基金会的讨论。因此，在政府层面，MASS MoCA 这样一个大型当代艺术博物馆项目，进入了停滞甚至搁置的状态。

此时，Williams College 的智慧资源优势开始发挥，他们利用自身经验和人脉为项目宣传、筹款，寻找合作伙伴。这个过程中，方案也经历了怀疑和修改，比如这个项目一度变成改建大型文化中心。在努力筹得 800 万美元后，1995 年，州政府终于同意为 MASS MoCA 投资 1 800 万美元。

Williams College 也为 MASS MoCA 提出更理性的改造计划：分阶段，而非一下子完成所有计划。1999 年开业时，只完成第一阶段的建设，翻修改造了部分厂房。2001 年才开始第二阶段改造，馆的使用面积（包括展览、办公、租借）扩大了一倍（这个阶段没有用到任何政府资金）。2013 年开始第三阶段改造，预期 2018 年完成，届时馆的面积将是初始面积的三倍。

1998 年，北亚当斯的年财政收入是 1.31 亿美元，2004 年增长为 1.55 亿美元，有 20% 左右的增长。2013 年第三阶段启动时，馆长 Joseph Thompson 接受采访表示，近几年 MASS MoCA 每年平均吸引 13 万人前来参观。

Williams College 的 Center for Creative Community Development 的研究表示，这能为当地经济带来 2 000 万美元的收入（这包括博物馆自身收入，也包括当地经济因旅游人群获得的间接收入）。Joseph Thompson 还表示，这次扩建预期会多带来 6.5 万参观者、1 100 万美元的收入。

运营策略

Williams College 一开始的领导和资源是 MASS MoCA 成功的原因。博物馆对路的运营策略也为其成功持续助力。

1. 找准定位

超大型的艺术作品确实需要寻找普通的博物馆以外的展览空间。除了空间大，特殊的工厂空间结构也提供了展览更多设计的可能性。

比如，利用同侧的斜度货运通道把大型展览分成几部分，引导观众逐步深入参观；比如，利用夹层，规划出展览的不同部分或不同视野，给观众层次丰富的体验。

此外，工厂有隔离的空间，推开门或走出门洞后，才到达另一片空间。这种相对的隔离空间被用做暗场，影像装置艺术充斥了整个空间。它有电梯，但也有人们必须走过一段小道、爬上一段楼梯、推开一扇门才能到达的地方。这激发人们探寻的兴趣，也时常给人们惊喜。

同时厂房复杂的结构自然创造出不同类型的演出空间，比如大型剧场、live house+lounge bar。院子里的露天堆货平台加盖了创意顶棚，变成室外音乐演出场地。

2. 复合经营

MASS MoCA 拥有 26 栋楼组成的建筑群。这样奢侈的空间，部分用于博物馆，也进行商业出租以增收。2014 年，其中 90% 已经租掉。租户除了旅游业范畴内的餐厅、商店外，也有出版公司、律所、会计事务所等。

除了商业出租外，MASS MoCA 也举办很多音乐舞蹈戏剧演出。MASS MoCA 特别的是，它能做音乐节 / 演出季。比如 Wilco 主导的 Solid Sound Festival。普通博物馆不具备音乐节的演出空间，而北亚当斯是个山中小镇，所以，除了博物馆本身的空间，它周围的山坡、草坪也为音乐节提供了天然良好的观赏空间。音乐节 / 演出季能吸引一些本身对当代艺术不感兴趣的人，来到 MASS MoCA，来到小镇游览消费。

3. 邻近景点的联动效应

Williamstown 拥有 Clark Art Institute 和 Williams College Museum of Art 两座优秀的博物馆。从 Williamstown 到北亚当斯坐公共汽车只要 25 分钟，而从波士顿或纽约开车到北亚当斯要三个多小时，这已经基本等于波士顿到纽约时间。这么大老远跑到一个小镇，对博物馆/艺术感兴趣的人，去了一个点就要去另一个点。

这三座博物馆也是彼此的项目合作伙伴，有意识地抱团增加群体实力和影响力。MASS MoCA扩建的同时，Clark Art Institute也在扩建，在一天之内哪怕只参观完这两座博物馆，似乎也是不可能的任务。参观者在这个地区需要停留更长时间，花费更多。而与北亚当斯同属Berkshire县、公交车程一个半小时左右的Lenox有着丰富的音乐资源。

久负盛名的波士顿交响乐团，在小镇Lenox设有音乐中心Tanglewood Music Center，每年夏天会到此休养生息，并举办音乐季演出。演出类型并不只限于交响乐或者古典音乐，而演出者除了波士顿交响乐团，还有来自世界各地的名家。

而为了配合夏季自由轻松的气氛，演出场地并非封闭的音乐厅，而是三面打开的演出大棚。大棚外面的草地上也是观众区。经过几十年的打造，Tanglewood已成为著名的音乐季品牌，也是很多人的合家欢选择，所以很多场次的票都提前售完。

虽然Porches很成功，但这样借艺术翻身的地产只是个例。目前小镇仍有独栋房子没人居住，无人修缮。MASS MoCA周边区域还有其他厂房/仓库，有的改成酒吧，但似乎并没经过太多改造，里面没有很多人；有的还在空置，希望吸引一些艺术人士租赁。而沿途的道路、桥等，也缺乏修缮。

目前小镇里有一个学院和其他文化机构，也有艺术家在此工作生活（其中大多是因艺术家居留项目），但面貌离一个繁荣的艺术镇还有距离。或许，当MASS MoCA进一步壮大，可容纳更多文化活动并提供更多艺术机会时，才能进一步带动小镇整体发展。

材料来源：工业旅游规划与研究，2019年7月16日

问题思考

1. 文化创意产业对公共服务平台需求的原因分析。
2. 文化创意产业需要哪些公共服务平台？

线上题库

线上资料1　线上资料2　线上资料3　线上资料4

人才培养

第九章　创意阶层的崛起和文化创意人才培育

文化创意产业的产生和发展，对社会的阶层结构产生了催化作用，使创意阶层成为创意经济时代的一个新兴阶层。在创意经济盛行的国家和地区，创意阶层成为社会经济发展的主要人力资源，创意阶层作为一个群体，有其群体的属性和特点。文化创意产业发展过程中，因创意阶层产生而涌现出来的文化创意产业人才资源，也有着特定的内在素质和培养模式。

材料导读　爱荷华大学的创意写作

引导词：创意人才的培养有很多途径，而高等教育是创意人才的主要培养模式。享有“文学之城”大名的爱荷华大学，其实是一个人口不到 6 万人的一个小镇。就是这样一个弹丸之地，却成为原创型写作和文学阅读的中心。

爱荷华城在 2008 年 11 月 19 日被联合国教科文组织命名为“文学之城”，正式跻身于联合国教科文组织“全球创意城市联盟”的行列。

爱荷华城是一个人口不到 6 万的极其典型的美国中西部小镇，如果不算定居在一望无际的玉米地里的自耕农，仅算点根烟就能走完的镇区地带的人口的话，大概只有 3 万人，其中绝大部分是爱荷华大学的师生员工，一个地地道道的大学城。城中找不到那种叫做高楼的物体，除了几幢在 19 世纪短暂地充当过爱荷华州州府办公楼、现在已被爱荷华大学征用的稍大一点的楼体之外，其余几乎无一例外地全是木质小独栋楼。

联合国教科文组织专家评审组对爱荷华城的评价认为：作为一个小型的大学城，爱荷华城与文学有着惊人的渊源，它的独一无二之处在于，经过漫长的积累，它已成为一个原创性写作和文学阅读的中心。爱荷华城为促成文学氛围、激励文学写作与交流等而启动的一些战略性机制，譬如爱荷华国际写作计划与作家工作坊、爱荷华之夏写作节等，非常值得全球其他小型城市借鉴，它可以被看作规划社区文化生态结构的一个绝佳范例，在通过文化创意产业推动小城市经济与文化、社会发展方面具有高度的代表性。

文学交流站

爱荷华城之所以能够有机缘搭建世界性的文学交流平台，首先是因为有一个不嫌玉米地偏僻、兢兢业业地在小地方传播大学问的爱荷华大学。在美国，有很多像爱荷华大学这样的排名不差的大学都建在国人所谓的“鸟都不拉屎的地方”，这些大学不但为当地带去平等的教育机会，更在一个个貌似毫无社区文化积淀可言的玉米地小镇、牛仔小镇、大峡谷小镇上造就了用大学氛围的沃土催生本地文化个性的绝佳机会。国内的文化创意领域似乎过于关注大城市里的文化市场，忽视了为小城镇搭建良性的文化生态结构。爱荷华大学有很多文化活动都是和社区居民的多样化文化诉求捆绑在一起的。

创意写作工坊

20 世纪 60 年代，随着美国高等教育重大变革兴起及发展，以爱荷华大学为代表、遍及全美的创意写作工作坊展现了文学教育的一波新气象，同时创意写作所形成的体系也为整个文科教育机制注入了超越历史的革命性价值。它们塑造了一个新的世界，把技术与艺术相联，解决“如何适应当代需要，发展出新的现代性写作原则”的问题，创意写作体系以一种系统化的方法调动着社会资源，利用高校作为展现当代文学价值观的中心平台，系统地培养优秀的作家并产出作品，以使文学能够不断地适应当下社会。

爱荷华创意写作工坊的成功很大部分要归功于那些地方主义者的诗人思维迅速转变为国际主义者的文学思维，保罗·安格尔就是其中之一。他为爱荷华带来了许多世界各地的作家，他们来自爱尔兰、日本、台湾、韩国、菲律宾、伊朗、加拿大、英格兰以及瑞士。1963 年安格尔与妻子（中国小说家聂华苓）一起邀请各类地方主义、国家主义以及国际主义的作家来爱荷华交流创作，并且出版了《全世界聚集于爱荷华》小说编选集，这对于当时的文化版图起到复杂的重写作用，它不仅成为当时混乱的各类地方主义者、国家主义者与国际主义者之间的调和指导，也因此而共同建立起了机制化与个人化的威望，使得创意写作工坊有了更为卓越的写作。

爱荷华创意写作巧妙地连接教育和审美。一方面爱荷华写作工作坊能够授予教育学位；另一方面，体现教育改革理念的新型创意写作教育教学系统，极大扩展了传统教育阈限，而臻达其从未真正到过的领域——审美创造。创意写作工坊促使学生从文学“深处”来理解作品。学者们尝试把“创造性写作”与“高校专业性、学术性的教育联系起来，赋予创新与学术以联合的生命力。

爱荷华自我认同这点上优于在其他方面建立起声望的写作系统，它的毕业生常津津乐道于学校的写作系统。爱荷华最卓越的成就是培养了无数外界看来英雄般的孤僻者作家，有着共性的个人特质。数不尽的爱荷华毕业生们陆续在各地建立起相似的系统。从这个层面说，它几乎依靠自己集聚的个人特质傲然独立于世，爱荷华让人感觉到它已无处不在。

每年8月底到11月底，来自世界各地的三十多位作家来到爱荷华城写作交流，爱荷华城每天都有丰富多彩的文化活动。

材料来源：中国时刻网——创意写作在美国的诞生与发展

第一节　创意阶层世界范围内崛起的背景分析

纵观当今世界市场，以效率更高的技术和劳动者来更新取代效率较低的技术和劳动者——这一早年被经济学家熊彼特称为“创造性破坏”的论断，今天已是当代文化创意产业发展的现实。创意阶层正在世界范围内崛起。

一、创意阶层

文化创意产业是一个高度推崇个体创造性的产业，文化创意人才在文化创意产业发展过程中具有举足轻重的意义。关于创意阶层这个概念，最早是由美国区域经济发展学教授理查德·弗罗里达在2002年写的《创意阶层的崛起》中提出的。理查德·弗罗里达将创意阶层分成“具有特别创造力的核心”与“创造性的专门职业人员”两个组成部分。前者包括科学家、大学教授、诗人、艺术家、演员、设计师、建筑师，引导当代社会潮流的小说家、编辑、文化人士、咨询公司研究人员以及其他对社会舆论具有影响力的各行各业人士。后者包括高科技、金融、法律及其他各种知识密集行业的专门职业人员。根据这个定义，理查德·弗罗里达当时就推测，2002年美国的创意阶层人数达到了3 001万人，占劳动力市场的30%。创意阶层的特征可以概括如下三点：第一，创意阶层具有创意与创造力。理查德·弗罗里达认为，那些属于创意阶层的人们虽然从事各种不同的行业，但他们有一个共同点，即他们经常会有创新的想法，发明新技术，从事创造性的工作；第二，创意阶层的成员有一些共同的价值观和能力。比如，尊重个性，竞争与实力主义优先，喜欢开放与多样的城市社会环境，具有重新修改规则、发现表面离散的事物间共同联系的能力等；第三，创意阶层具有独特的生活方式以及价值取向。理查德·弗罗里达认为，创意阶层在选择工作时，除了关注工资以外，还特别重视工作的意义、工作的灵活性与安定性、同事间的关系、技术要求以及公司所在城市等其他因素。在业余文化生活方面，他们喜欢参与型的体育运动，比如像骑自行车、攀岩、潜水、滑雪等。创意阶层在工作与业余生活方面的价值取向会对城市和社区产生深刻影响[1]。

理查德·弗罗里达的创意阶层的概念，可从以下几个方面理解。

（1）指出了创意阶层的明显特征。显然，从其定义中，理查德·弗罗里达指出了创意阶层成员是从事于“创造有意义的新形式”的工作阶层。这里所谓的“有意义”，应该是指创意阶层所从事的创意，除了具备个性、独创性二个要素之外，还应具备“有意义”的条件。这一观点在约翰·霍金斯《创意产业》一书中也有所体现。

（2）规范了创意阶层所涉及的人群范围。创意阶层是以科学家、工程师、大学教授、诗人、小说家、技术家、演员、设计师和建筑师为高级创意核心成员，同时也包括现代社会的思想领导阶层：编辑、文化人士、咨询研究人员、分析家和其他意见制订者。这些高级创意核心成员生产了容易转换且能被广泛使用的新形式或设计。在这个核心群体之外，创意阶层也包含如下的“创意职业人员”，他们工作在以知识为基础的高科技、金融服务、法律、健康职业和商业管理等领域。他们属于智力型、知识型劳动者，独立地尝试新的想法和创新。

（3）区别了创意阶层与其他阶层。属于创意阶层的人善于构思和解决难题，有较多的自主权和灵活性，而属于工作阶层或服务业阶层的人按指令行事。这意味着创意阶层比起其他阶层在制度规则方面较少受到束缚，但也必须具备更强的工作能力和更好的情感和心理素质。

（4）显示了创意阶层集聚的区域特征。创意阶层成员对城市生活的便利条件的需求较高，便利程度高的城市会吸引创意阶层。城市的便利性体现在充足的商品、良好的城市外观、完善的公共服务、便捷的交通等方面。很显然，创意阶层具有明显的地域指向性特点。

1　徐静，胡晓梅，何静．创意阶层理论的英国实践及对中国的启示，知识经济，2008.12.

二、创意阶层崛起的背景条件

根据理查德·弗罗里达的分析，当代美国的社会阶层结构已经发生主要变化，分化为农业阶层、工业阶层、服务业阶层和创意阶层，创意阶层已成为社会的支配阶层。

在大多数欧洲国家，创意阶层以相当快的速度增长，有七个国家创意阶层占到了劳动力人口总数的25%，甚至超过这一比例。荷兰、比利时、芬兰，其创意阶层几乎占到劳动人口的30%，其中，芬兰在创意阶层增长率方面远远超过了其他欧洲国家，自从1995年以来每年都在以7%的速度增长。欧美发达国家创意阶层人数在社会总就业人口的比例越来越高，创意阶层的崛起正日益改变着人们的工作、生活以及休闲方式。

创意阶层继工业经济时代的劳工阶层、商业经济时代的服务阶层之后，在知识经济时代，运用新的工作模式，逐渐成为现代社会的新潮流，并日益成为21世纪知识经济时代最强大的新兴势力。

随着20世纪80年代末世界从工业时代向信息时代的必然转变，全球人才大战风烟四起。整个20世纪，产业与企业对人才的依赖有了巨大的增长。在20世纪初，知识工人占工人总数的17%，而现在，这个数字已超过了60%。知识工人与一般工人在工作上的最大区别，就是创造价值和利润的不同，知识工人创造的价值和利润要比一般工人多几倍甚至几十倍、几百倍。思科CEO约翰·钱博斯对此作了生动的比喻，一个世界级的工程师和5个同事可以超过200个一般的工程师。人类从工业时代发展到知识经济时代，知识经济时代要求大量的知识型、智慧型和创意型人才，创意阶层随之而产生。

发达国家的经验表明，文化创意产业的高度发展依靠文化创意人力资本的投入产出和创意阶层的崛起。对以高端人才和个体创造性为支撑的文化创意产业来说，文化创意人才起着举足轻重的作用。

三、中国创意阶层的出现及其形成

欧美经济学者特别是理查德·弗罗里达开创性地提出了“3T”理论，为我们进行研究提供有益的借鉴。但由于中国的国情不同于欧美发达国家，因而在运用这些理论去考察中国文化创意产业或创意阶层现状时不能完全照搬。

中国有没有可能形成自己的创意阶层？依照理查德·弗罗里达的观点，并用“3T”指标——技术（Technology）、人才（Talent）和宽容（Tolerance）来分析：日新月异的科技发展，对各类人才的吸纳，开放、多元、包容的增强，使中国将成为全世界最富有活力的国家，中国已经形成创意文化的舞台，有希望汇聚自己的创意阶层。运用理查德·弗罗里达的“3T”理论去衡量中国创意产业的外部环境，可以相信，中国在不久的将来会以各个创意区域集聚国内外文化创意人才，形成中国的新兴阶层，并成为中国经济增长的强大推动者。

同时，不得不指出，中国的创意阶层目前还处于转型期，从“文化人”到“创意人”，中国知识分子阶层经历了又一次分化。一批“新媒介人”“经纪中介人”的出现，预示着新的阶层正在中国出现。就理查德·弗罗里达的创意阶层划分理论来看，目前中国创意阶层正在形成中，媒体人、设计师、广告人、经纪人等人群最终将完成自身角色的转型，成为中国历史上第一批真正的创意人和创意阶层。

在文化创意产业时代，中国的创意阶层将成为不可替代的重要人群。或许，他们还处于童年期，可喜的是，中国的一些发达城市已在这方面有了很大的起色，为中国创意阶层的产生、汇聚打下了良好的环境基础。

文化创意产业的高速发展，依靠创意人力资本的投入产出和创意阶层的崛起。与发达国家和地区相比，我国文化创意产业起步晚，文化创意人力资本的投入和产出与发达国家相比有着很大的差距。究其原因，在于我国在文化创意人才的挖掘、培养、投入等方面存在着诸多问题。如产业缺乏高端人才，缺少对创意阶层人才的管理和创意人才结构合理性调配等问题。

第二节　文化创意人才的“3T”理论及其评析

理查德·弗罗里达认为，一个城市和区域的经济增长和发展取决于三个条件——技术（Technology）、人才（Talent）和宽容（Tolerance），这三个要素之间也存在着很强的关联性且相互依赖。

一、“3T”理论内涵

在理查德·弗罗里达观点中，一个国家或一个地区要有效竞争，三个“T”缺一不可。在“3T”理论中，科技是“3T”的中心要素；人才指那些受过良好教育的人力资本，是经济发展的关键动力；包容极大地影响着国家和地区在创意人才方面的竞争力。一个国家或地区越包容或开放，它能够调动和吸引的人才就越多。包容具有开放性、包含性，包含着对所有民族和种族多样性生活方式的内容（图 9-1）。

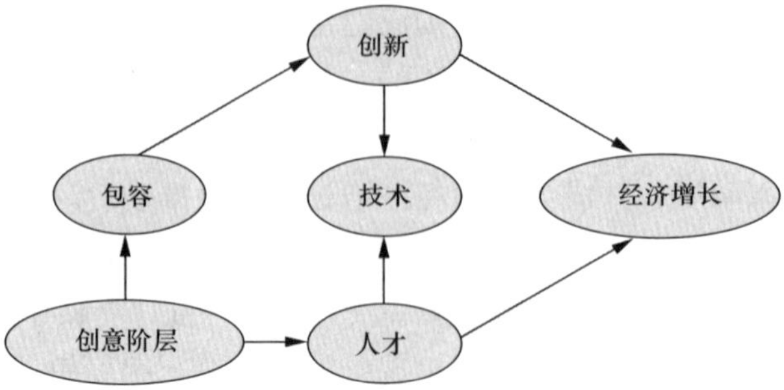

图 9-1 “3T”理论、创意阶层与经济增长之间的关系

理查德·弗罗里达用其“3T”理论，解释了在美国城市产生的三种现象：

有些城市拥有高超的科技和世界一流的大学，却没能产生经济增长。原因在于这些城市不愿意充分给予创意阶层以包容开放的态度和环境。典型城市有巴尔的摩、圣路易、匹兹堡。

有些城市生活方式很是吸引人，却没有取得应有的成就。原因在于这些城市缺乏必须的科学基础。典型城市有迈阿密、新奥尔良。

最成功的地区是将“3T”很好地结合起来的城市。典型城市有华盛顿、旧金山海湾地区、波士顿、奥斯汀、西雅图。

二、“3T”理论评析

基于“3T”理论的描述，可以认为“3T”理论强调人力资本在推动城市经济增长中的重大作用。为什么有些城市能够持续稳定发展，而有些城市却逐渐走向衰退呢？在全球文化创意产业时代，有哪些因素可以促进城市的成长？对于这些问题，城市利便论的支持者认为城市发展的推动力在于人力资本的积累。

哪些城市吸引人才？雅各布在 1969 年出版的《城市的经济》一书，挑战了企业和资本的集中会促进城市经济发展这一主流经济学论点。她认为，城市发展的原动力是地理上邻近的多种多样的产业共存与人力资源的集中。诺贝尔奖获得者罗伯特·路卡斯证明了人力资本的集中能提高地方的生产率，从而推动经济增长的假说，并称此效果为“简·雅各布效果”。人力资本的集中是企业和投资接踵而来的必要条件。企业选择某个城市的原因不仅仅在于该地区的市场和供给网络，更重要的是希望从当地受过良好教育、高质量的人力资本中获得生产力的提高。理查德·弗罗里达的创意阶层论发展了雅各布等人的观点，认为在文化创意产业时代，创意阶层才是城市经济发展的主要动力。

当然，“3T”理论除了强调人力资源在文化创意产业发展中的重要作用外，还吸收了新经济社会学等理论精华，特别强调宽容的社会、文化环境对城市经济发展的重要作用；并且是建立在新经济内生增长理论基础上，声称找到了保证新经济可持续增长的发动机。

英国是最早由国家主导推动创意产业发展的范例。英国政府从 1997 年起，开始对创意产业进行政策扶持。创意阶层理论和 3T 理论在英国是否得到了验证？英国的创意产业实践是否也反映了弗罗里达理论的不足之处？

2008 年初，英国学者尼克·克利夫顿（Nick Clifton）发表在 *Swedish Society for Anthropology and Geography* 的 *The Creative Class in UK*：*An Initial Analysis* 一文对理查德·弗罗里达的概念进一步深化，将创意阶层的概念细分为创意核心人才和创意职业者。前者包括科学家、工程师、建筑师、设计师、学术与教育人士。后者指的是与创意核心人才相关的职业人，比如经理人、财经、法律界人士。基于这一分类方法，尼克·克利夫顿发现 2001 年，英国的创意阶层就已占劳动力人口的 37.3%，高于同期美国的 30%。在创意产业发达地区，创意阶层所占劳动力比例高达 64.9%，而在创意产业落后地区，创意阶层仅占当地劳动力人口的 24.1%。不过尼克·克利夫顿也发现，在特定的创意城市，创意阶层中的创意核心人才、创意职业人才、波西米亚比例分配与创意阶层总规模并没有多大关联。

以下就尼克·克利夫顿的观点与理查德·弗罗里达作一比较。

（一）创意阶层居住指数

尼克·克利夫顿提出创意阶层居住指数概念，认为城市人口规模与密度对文化创意产业的发展有一定影响。在英国创意阶层居住指数前十的城市中，有六个是人口规模居前的城市。人口规模居前几位城市中，创意阶层居住的伦敦是英国的创意产业中心。整个大伦敦区也有很大的差别，伦敦核心城区创意阶层居住指数高居第一，而伦敦东区和东北区仅位列第 29 位。数据同时显示，并非所有的城市创意阶层居住指数都同该地区的人口规模成正比。伯明翰就是一个非常有意思的个案，其中心区人口达 100 万，在英国排名第 13 位，但创意阶层居住指数仅位列第 54。通过对城市人口密度和创意阶层居住指数相关度的进一步调查表明，二者之间的相关度却只有令人吃惊的 0.1，这说明城市人口的规模和密度并不是最终导致创意阶层居住指数升高的关键因素。

（二）创意阶层和城市品质

理查德·弗罗里达认为，创意阶层具有高度流动性，并且完全取决于城市的某些品质。加拿大的学者也发现北美那些创意阶层趋之若鹜的城市多是开放度、宽容度和多样化高的地区，这些城市休闲和文化接触机会较多。根据弗罗里达的观点，一个开放的环境对于创意阶层来说，其独特的技能能够为当地人所接纳。同样，另外一个我们可以采用的宽容度指标就是波西米亚指数[1]。波西米亚群体文化信仰、价值观念以及生活方式常常异于主流群体，因此，对城市的宽容度要求甚高，借此来衡量一个城市环境的宽容度再适合不过。除此之外，弗罗里达还指出城市公共服务和公共产品供给的重要性以及失业率（社会紧密度）问题。

通过对人口多样性指标的分析发现，伦敦地区总体名列第一，其中伦敦东区更是郡级地区之首。作为英国最大的南亚次大陆移民聚居地的莱切斯特市是伦敦以外多样化程度最高的城市。相反，格温特郡山谷地区是差异化最低的地区。

文化接触机会指数在不同城市之间也有很大的差异，伦敦西区由于拥有大量的高级博物馆和画廊，其文化接触指数非常高，多少让人不解的紧随其后的却是黑泽市。这也说明其他一些非相关因素起了作用，黑泽市集聚大量的酒吧和娱乐设施，尽管看起来属于“低”层次文化，但无疑也增加了创意阶层接触当地文化的机会。最低的指标则同样归属于格温特郡山谷地区。公共产品供给指标最高的当属伦敦西区、诺丁汉和莱切斯特。对比显示，多样化指标和波西米亚指标均与创意阶层居住指数呈正相关。这说明英国创意阶层喜欢居住在高波西米亚指数和文化多样化的城市，其中波西米亚指标对创意阶层居住指数的影响最为突出。弗罗里达提出的开放度指标看来是一个过分简单化的宽容度测量指标，或许可以采用外来工作者受教育程度这个更加具体的指标来测量社区开放度。

对英国创意阶层居住指数的分析可以印证弗罗里达及其同事在北美地区所做的分析，即城市宽容度和创意阶层居住指数之间密切相关。在文化接触指标方面，创意阶层集聚和文化休闲产品供给方面也存在着正相关，这与弗罗里达的分析相吻合。

弗罗里达提出的公共产品供给和社会紧密度（失业率）的概念相当抽象，很难在实践中操作。在教育、医疗等方面的公共产品供给指标可以通过城市的就业水平来测量，但是，失业率则是社会排斥度的一种体现。公共产品供给指标的积极作用仅在创意核心群体上能够得到很好的证明。失业指标对创意阶层居住指数作用完全是负面的，也就是说，高失业率的市府当局是无法集聚文化创意人才的。

总的来说，从城市品质指标角度看，英国的创意阶层分布情况同北美的分布模式非常相似。城市的宽容度、多样化程度、波西米亚指数越高，失业比率越低，

1　理查德•佛罗里达研究发现，居住于某一地区的画家、雕塑家、摄影师、作家、演员、歌手与舞蹈者的数量，与这一地区的创新及经济增长之间存在着密切的联系，他把这种关联称之为“波西米亚指数”。

文化接触机会越多，其集聚创意阶层的能力就越强。

（三）创意阶层与经济繁荣及技术指标

在英国用来衡量经济繁荣程度的两个指标是城市人口增长和就业率提升，数据显示，这两个指标同创意阶层居住指数完全呈正比例关系。在创意阶层整体和创意职业人群方面，创意阶层居住指数与人口增长之间表现为较强的正比例关系，但对创意核心来说则体现比较弱的正相关关系。总体来说，保持人口和就业增长的城市容易集聚创意阶层。这恰恰能够印证弗罗里达的“工作随人”的假设，也就是说，创意阶层的出现本身就带来了经济的繁荣。在技术主导的领域里，高技术员工的保有量与创意阶层之间也是较明显的正比例关系，这种关系对总体创意阶层特别是创意职业人群之间有更强烈的指向性，而对创意核心人群来说相对较弱。这也佐证了弗罗里达 3T 原理中技术的重要性。同时说明在那些就业率高、密布技术型商业企业的城市里，创意阶层容易集聚。弗罗里达的团队也在北美得出了相同的结论。另外，从创意职业人群的角度来看，城市新公司的出现比率与创意阶层集聚也呈正比例关系。英国的这种状况更深入地阐释了弗罗里达的新公司的出现与创意阶层集聚的关系理论。

通过对英国创意阶层分布的定量考察，我们发现，弗罗里达的创意阶层理论在英国文化创意产业实践活动中几乎都得到了印证[1]。

第三节　文化创意人才的作用和培育

人才是经济发展的核心要素。在文化创意产业发展如火如荼的时代，与之相应的文化创意人才的培养成为核心问题。由于文化创意人才特有的素质和特点，其培养模式也区别于一般的人力资源培养模式。

一、文化创意人才的重要性

文化创意人才是指以自主知识产权为核心的，以“头脑”服务为特征的、以专业或特殊技能为手段的精英人才，他们对产业有通透的了解，能够结合中国实际，并不断创新。他们不仅拥有对专业的掌握能力，而且对社会文化有较深的理解。

英国《经济学家》杂志曾经做过一篇关于“脑力战争”的特别报道，认为在

1　徐静，胡晓梅，何静，创意阶层理论的英国实践及对中国的启示，知识经济，2008.12.

市场化、全球化、信息化的文化经济时代，人才是最受欢迎、最为短缺的资源。当今时代，一个产业群或经济体，能否创造竞争优势，关键在于能否吸引人力资本或人才。

（一）文化创意人才是推动创意产业发展的根本动力

文化创意产业的高速发展依靠创意人力资本的投入产出和创意阶层的崛起。今天的文化创意产业越来越多地被用来表述国民经济中利用人们的“智力资本”进行文化服务和文化产品生产与流通的新兴产业。事实上，几乎所有保持了长久生命力的世界著名企业都是创意高度发达的企业，而多数世界著名企业家都是富有创意、推崇创意的企业家。研究表明，从事诸如广告、建筑、交互休闲软件、音乐、电视和电影等创造性产业职位的人们，大多是至少受过三级教育的复合型高级人才。可见，智力资本、创新和新的信息技术之间已经建立起复杂的深刻联系。文化创意人才是推动文化创意产业发展的根本动力。

（二）文化创意人才是创意生产力的基本要素

文化创意产业的生产过程，是围绕着产业链的每个环节而进行的，是文化创意产品的形态、文化创意产品的创造者和消费者，与一般意义上的产品、劳动和消费都有着巨大的不同。

从文化创意产品的形态来讲，更多地表现出了精神文化的产品形态。如风靡全球的书籍《哈利·波特》、韩国电视剧《来自星星的你》《大长今》等。从产品的创造者来讲，投入更多的是智力而非体力，在文化创意产品的创造中，文化创意人才的主观能动性几乎贯穿始终。从消费层面来讲，消费者通过消费，使其精神得到愉悦，满足了消费者高层次的精神需求。这些变化，旨因文化创意人才的智力劳动。所以，文化创意人才是文化创意生产中的最基本的要素。

（三）文化创意人才决定高端产业集群的分布

理查德·弗罗里达认为，在创意经济时代，对于高端产业和高端产业集群的发展来说，第一位是人才。人才的区位选择、地点选择，人才的地理分布、区域分布，决定产业发展的形势，即决定产业的区位选择、空间分布。

劳动力市场有高低端之分。文化创意产业的人力资源绝大多数属于高端人才。在市场化、全球化、信息化时代，人才的充分流动性，越来越得到满足。低端人力资源是在市场中寻找岗位，而文化创意人才却能创造岗位，并且能够决定产业集群的分布，当然，这种决定与人才的区位选择相结合。可以说，人才的区位选择决定了高端产业及其产业集群的区位和发展。例如美国硅谷、我国的中关村，之所以会出现在目前所在的地方，非常重要的因素就是那里紧邻大学，人才充裕。

因此，人才在高端产业集群发展中的地位，不仅仅体现为应变量的支撑作用，更体现为自变量的引领作用。所以，要促进高端产业集群的发展，就要发挥人才的支撑和引领作用。

（四）文化创意人才是文化创意产业核心竞争力的载体

文化创意人才依照产业链的不同环节有文化创意战略人才、文化创意策划人才、设计制作人才、营销专业人才、投融资人才、知识产权人才等。这些在产业链各环节上的专业人才，是文化创意产业核心竞争力所不能缺少的重要载体。

文化创意产业是一个由创意主导的智力产业，在这个领域中，竞争的关键是人才。这些人才在产业链各环节中发挥着各自的才能，为文化创意产业的发展提供了动力。文化创意人才不仅是指某个环节上的人才，而是文化创意产业链上的每个环节构成的人才集群。

二、文化创意人才的特点和分类

文化创意人才与传统产业人才相比，有着很大的差异。这种差异表现在人才的年轻化、富于想象、勇于创新、流动性偏好等特点。

（一）文化创意人才的特点

1. 年轻化

相比传统产业，文化创意产业人才队伍有年轻化特点。由于文化创意产业涉及的行业多，并与先进的网络科技相关联，而处于网络经济时代的青年，似乎“天生”就与网络经济有缘，这便是文化创意产业发展最为广泛的人才基础。根据多项调查显示，目前文化创意产业从业者年龄表现出年轻化的趋势。

2. 富有想象

文化创意人才实际上是一群富有想象的人。文化创意人才最突出和显著的特点就是头脑灵活、异想天开。文化创意产业经济活动离不开想象，想象思维是大脑对记忆中的符号进行系列加工而创造新事物的创意思维。想象力是思维和创造力的基础，是产生爆发式飞跃的内在动力。爱因斯坦曾经说过，想象力比知识更重要，因为知识是有限的，而想象力是无限的，引领着世界上的一切，推动着进步，是知识进化的源泉。

3. 勇于创新

文化创意产生于对旧模式的抛弃，对常规的突破，勇于创新便是文化创意人才的又一个特点。他们不循规蹈矩墨守成规，他们对周围环境充满着好奇和想象，在现有知识的基础上，通过创新思维，生产出高附加值的创意产品，推动文化创意产业的发展。

（二）文化创意人才的分类

文化创意人才大致可以分为原创类人才、制作类人才和经营管理类人才三大类。

1. 原创类人才

原创类文化创意人才包含内容原创、设计策划原创。

内容原创类文化创意人才指的是处在文化创意产业链的前端，运用其智慧创意出文化创意产业的源泉——内容。这些人才往往处在原创类企业中，如媒体企业、出版企业、动漫企业、文艺演出企业。这些企业有一个共同特征，即追求内容创意的“新”与“奇”，对创意频率和创意含量要求比较高。这类企业中的文化创意人才，往往是以群体出现的，由他们组成了企业的创意团队，不断创意出新颖的内容和奇特的构想，为文化创意产业源源不断地提供思维原料。

设计策划类原创人才，可以说是创意的体现和包装人才。他们是致力于将创意以最完美和最恰当的形式展示出来的人。设计策划人才包括各类设计师、策划人、策展人、编辑等，设计策划人不仅要具备创意灵感，还要思路清晰，并具有独立分析和制订策略的能力、市场研究能力、项目定位能力等。

在内容原创和设计策划两类原创人才中，出类拔萃的人才可以被称为文化创意产业的领军人物。这些领军人物，往往处在创意经济的前沿和风口浪尖，在一个区域乃至一个国家，引领着时代的发展。

2. 制作类人才

制作类人才是指通过一定的高科技手段，完成创意或为最终的文化创意产品服务的人。制作类人才是原创内容得以与消费者见面的重要环节。与原创类人才相比，制作类人才的制作技术要求非常高。如动画制作人员就属于制作类人才的一种。

近年来大家熟知的《中华英雄》《少林足球》《功夫》《无极》《宝葫芦的秘密》等电影都运用了大量三维动画以及影视特效，这些手段极大提升了作品的可看性和冲击力，制作类人才在其中功不可没。

3. 经营管理类人才

创意一旦与产业融合，便与经济因素和市场因素发生关联，进而产生了经济行为和市场行为。首先，在经济社会中，人们的需求随着社会的发展而不断升级提高，又不断地促进了产业的升级换代。文化创意产业是产业升级换代的产物，是符合现代经济社会中人们需求的高级形态，反映了精神需求比例的增加；其次，文化创意产业所产生的产品，是为了满足消费者的消费而被生产出来的，文化创意产品要流通到消费的终端市场，才能获得价值的体现。鉴于文化创意产业的经济行为和市场行为的性质，文化创意产业经营管理人才便应允而生。

文化创意产业经营管理人才的作用在于：

第一，规划产业。区域的产业布局以及产业结构的搭建，一方面依靠市场规律，另一方面则需要依靠相关部门和人员的科学规划。这样，区域经济或产业结构才能趋于合理。在此，文化创意产业经营管理人才的作用举足轻重。

第二，集聚产业。随着创意经济波及全世界，产业集聚速度非常之快。强有力的推手当然是那些有远见、有管理才能的创意产业经营人才，他们在某一区域集聚相关企业，以此打造文化创意产业链，为这一区域的经济发展做出贡献。

第三，开辟市场。文化创意产品虽然有新颖、附加值高、符合现代消费者需求的特点，但是，由于竞争者众多，文化创意产品的设计和制作是否符合消费者真正的需求，文化创意产品的市场定位和细分通过何种渠道能最快地到达消费者终端，这些问题都具有很强的挑战性。如果缺乏专门的经营管理人才，文化创意产业发展便会受到极大的制约。

三、文化创意人才的培育

（一）国外文化创意人才培育经验借鉴

英国是世界创意经济的发源地，目前也是创意经济最大的受惠国。但英国对文化创意人才的培养并不强调速成，认为必须有高度发展的教育基础，才能有创意经济的健康运行，因为创意经济的发展必须依托于国民素质的整体提升和群体创造力的激励发扬。为此，1988 年英国国会的一个报告中指出："人民的想象力是国家的最大资源。想象力孕育着发明、经济效益、科学发现、科技改良、优越的管理、就业机会、社群与更安稳的社会。想象力主要源于文学熏陶。文艺可以使数学、科学与技术更加多彩，而不会取代它。整个社会的兴旺繁荣也因此应运而生。"创造性的教育与开发，被看作是文化创意产业可持续发展的深厚基础。这也是英国大学的文化创意人才培养体系非常完备的原因所在。

从发展的规模来看，美国一直是世界创意经济的龙头，其在人才聚集上的天然优势吸引了众多世界各地的文化创意人才。在人才的培养机制方面，美国更注重以文化创意产品、产业为导向的创意经济人才链的构建，重点培养"创意核心群"，同时聚集"创意专业群"。前者的工作完全与创意融为一体，如电脑软件设计、图书出版、媒介经营、娱乐产品等。后者的工作则需创意的支持支撑，如技术管理、金融操作、法律服务等。著名创意经济学家理查德·弗罗里达测算，现今美国的创意阶层的总数占全美劳动力的30%以上。

澳大利亚政府自从1994年发布第一个国家文化发展战略以来，就将文化创意产业发展作为一项国家战略加以实施，并且成立了布里斯班大学创意产业研究中心，作为澳大利亚联邦政府直接支持的国家级创意产业振兴机构。新加坡在1998年将创意产业定为21世纪的战略产业，出台《创意新加坡》计划，又于2002年9月全面规划创意产业发展战略和人才战略。2000—2005年，韩国投入大量资金，培养创意产业复合型人才，重点抓电影、卡通、游戏、广播、影像等产业高级人才的培养。韩国还建立了文化产业专门人才库和“文化创意产业人才培养委员会”，负责创意产业人才培养计划的制订协调，设立“教育机构认证委员会”，对创意产业教育机构实行认证制，对优秀者给予奖励和提供资金支持。这些国家的全民创意教育和对应的人才战略，均通过政府的措施来落实，因此效果也比较明显。

（二）文化创意人才培育模式

文化创意人才的培养有多种模式，归纳起来主要有高校模式、社会模式和政府模式三种。

1. 高校模式

通过高等院校来培养创意人才，是发展文化创意产业、解决文化创意人才匮乏的重要战略。文化创意产业是新兴产业，对其从业人员的要求很高，因此培养文化创意人才也需要有新的理念和方法。大学应该承担起培养原创人才、制作人才、经营管理人才的重任，并应该注重学科的应用性、学生的综合素质和人文精神、建立产学研结合的平台、注重创新精神培养。在高校，建立学生创意创业的孵化基地，培养学生创新能力和社会适应能力。此外，高校在培养文化创意人才的过程中，还应加强与企业的联系，为学生提供更多的实践机会。在文化创意企业里，设立大学生实习基地，就是培养学生实践能力的一条重要途径。

2. 社会模式

社会模式主要以培训为主。文化创意产业的发展需要大量的文化创意人才和后备力量。潜在的文化创意人才和创意事业爱好者将是未来为文化创意产业贡献力量的主体。对已经有一定专业知识和专业技能的文化创意产业从业人员进行培训，是培养合格的创意人才的一条捷径。特别是对于那些高端的经营管理人才来说，学校的教育远远不能满足实际工作的需要，因此需要通过系统性、实战性的培训计划培养文化创意产业的合格人才，以契合产业的需求。

从事培训的主体可以是高校、政府相关部门，也可以是相关的企业。

3. 政府辅助模式

政府辅助模式可以是培训，但更重要的是制定各种关于人才的政策法规，创造适宜的环境和氛围。创意产业在世界各国的发展经验显示，政府在文化创意产业发展中的角色至关重要。

制订相关完善的政策来吸引优秀的文化创意人才，是政府部门为发展文化创意产业而普遍采取的一项有效措施。一项完善的人才政策措施，应包括培养、选拔、使用、激励和管理等方面，通过这些政策措施对创意人才进行扶持，打破不利于文化创意产业人才流动的机制。

创造适宜的环境氛围，包括提升城市形象，提高城市生活质量，营造宽松和谐的社会氛围。这些事务不是一个企业、一个集团所能为的，必须是政府担当的职责。

材料分享　导演饺子：做《哪吒》没别的，就是死磕

2019 年热映的国产动画电影《哪吒之魔童降世》（以下简称《哪吒》）引发了社会各界的热切关注。截至 2019 年 9 月 5 日，《哪吒》的国内票房已突破 47 亿元，超越《流浪地球》成为国内影史票房亚军！豆瓣评分 8.8 分，远超过近几年的国漫佳作《大鱼海棠》《西游记之大圣归来》《白蛇：缘起》同期，甚至追平 2018 年暑期档爆款《我不是药神》同期，不少人已经提前赋予它“2019 年暑期档票房冠军的称号”。

之所以选择了哪吒这一形象，导演饺子解释说，是因为哪吒具有反叛精神，就像做动画时候的自己。他希望能做出一个“不认命”的故事，给还有梦想的年轻人鼓舞和力量。

饺子原名叫杨宇，是四川泸州人，从小喜欢画画、看漫画，在华西医科大学药学院读到大三的时候，开始学习三维动画软件，当发现一个人也能做出好的画面之后，更产生了兴趣。毕业后制作短片，杨宇给自己起了“饺克力”这个艺名，觉得中西合璧，又好吃又能补充能量。后来觉得比较拗口，就改成了自己爱吃又是中国独有的“饺子”。

为了完成 16 分钟的动画短片《打，打个大西瓜》，饺子一个人用了三年零八个月的时间。父亲去世后家里仅有的收入就是母亲每个月 1 000 块的退休金，他跟母亲住在一起，吃超市特价菜，不买新衣服，不拉网线，尽量不出门。饺子

说："那三年半的时间，我过得跟生活在空间站似的，三点一线：客厅、卧室、厕所。"

在《打，打个大西瓜》的片尾，饺子打上了包括"Disney、万籁鸣、手塚治虫、宫崎骏、押井守、大友克洋、PIXAR、鸟山明、李安、黑泽明、余秋雨、金庸、小岛秀夫、成龙、李连杰、周星驰、易中天、于丹、马云、史玉柱、李嘉诚"等人的鸣谢名单，看似完全不搭界，却是那段时间支撑着他做下去的精神偶像。《打，打个大西瓜》获得了包括柏林国际短片电影节评委会特别奖等30多个奖项，这个"私人作业"的成功也促成了动画长片《哪吒》的创作。

《哪吒》改编自中国神话故事，讲述哪吒逆天而行的成长经历。片中呈现了与观众以往熟知的哪吒完全不同的形象，导演饺子调侃说，主创团队设计了100多版哪吒的形象，最终选择了这一版"最丑"的。首部IMAX国产动画，特效镜头占80%。

作为自己的首部长片动画电影，饺子从剧本到制作，从美工到特效，都亲力亲为，还给片中的混元珠配了音。为了做好申公豹变身不到5秒钟的镜头，导演"死磕"了两三个月的时间。

《哪吒》实际参与制作人员超过1 600人，人数位居国内动画电影制作前列，是"集全行业力量"制作而成。最初全片有5 000多个镜头，是普通动画电影的3倍，导演反复挑选后留下了2 000个。成片中1 318个特效镜头，占80%，用了全国20多个特效团队来协助完成，仅"江山社稷图中四个人抢笔"这个景的草图就做了2个月时间，总耗时4个月。而结尾的几个大特效段落仅测试时间都在3个月左右。

导演饺子还亲自为角色录制了配音小样，一句一句地陪着配音演员录制。《哪吒》的制作中一反传统，先配音后制作，所有配音演员的表情被采集到相应角色上，角色的表情就是配音演员当时配音的表情，这样的改动成倍地增加了制作时长，但获得了更为逼真的效果。

制作周期长，难度大，让团队的很多人都离开了，为儿童哪吒配音的演员吕艳婷还透露，自己在用"人生最低声线"配音后，近乎失声了一个月的时间，片中"今天是我的生辰宴，都不许哭"一句话就录了五十多遍。

■ 对话一

新京报：最初为什么会选择改编哪吒的故事？这样一个大家都耳熟能详的故事，意味着更大的风险，怎样预期观众的接受度？

饺子：这毕竟是一个非常大量的工程，参与人数达到1 600多人，如果要直接造一个新的IP，风险实在太大了。就算强如迪士尼，做的第一部动画长片也是《白雪公主》。皮克斯虽然第一部是原创作品，但也是全球观众都认可的迪士尼出品。天纵奇才都选择了这条路，我们又怎么有这样的自信，随意造一个新的IP出来观众就会接受？

对于观众的接受度还是有一定的判断，这个动画的剧本也是我写的，很多东西在很早之前就已经出现在头脑里了，反复琢磨之下我觉得拍出来应该是不会差的。

新京报：黑眼圈、丧、萌的哪吒形象是怎样构思出来的？

饺子：哪吒的故事和形象都是为主题服务的，打破成见，扭转命运。他生而为魔因此在人族中注定被孤立，这部电影的主题就是要打破成见扭转命运。而且开篇就提了一个大问题，哪吒投错胎了是一个魔头形象。如果我做成非常阳光好少年的形象，就完全和魔头不沾边儿了，周围群众对他的偏见也显得很假。

现在都是看脸的时代，到处都是些网红脸，其实画这种东西我们的设计师是一画一个准儿，用他们的话说就是闭着眼睛都画得出来，可以让观众看第一眼就会觉得乖啊可爱呀太漂亮了。这些非常容易达到。但做设计的人都是想突破自我，想做不一样的东西，而且也希望大家以后并不是只看脸，还要看很多内在。

新京报：从一个人制作到指挥一个团队的画师，这是对导演能力的考验吗？

饺子：导演的压力在于需要不断地给出反馈。一开始我们的前期设计就已经做得非常详细，而且还做了样片，在这些标准定好了之后我们才敢发给不同的特效公司。这就像苹果手机外包的合作一样，都需要先有统一的标准，最后才能做出同样标准的手机。全球的肯德基麦当劳都是一个味儿，也是这个道理。

新京报：《哪吒》带给观众很多印象深刻的场景，可举例几个制作耗时最久的场景吗？

饺子：场景的话，应该是“山河社稷图”里面。首先设定的概念就是每个荷叶都是一个小世界，有的是雪山，有的是荒漠，有的是瀑布景观，这取材于中国的盆景艺术。更难的在于用“指点江山笔”是可以任意修改这个世界的。

戏的话，做最久的还是结尾的几个大特效，因为那几个都是新的概念，我们找不到参考。比如说这么大的火焰怎样把冰山给包住，还有这么大的水体悬在空中，这些都是以前没有的概念。我们原来的想法其实更刺激，想要呈现这些水汇聚后，冲撞成一个巨大的水体，全都是由乱流组成的，会产生很多的漩涡，整个水体遍布漩涡。但最后钱都烧光了还是达不到，就只能退而求其次。还有比如球状闪电的设计，这个也是其他电影当中没有出现过的概念，即使在科幻片里面也找不到参考，怎么样把它做真实，而且做出这么大的体量，让观众都觉得够宏伟、不单调，很难。

新京报：制作初期就已经考虑要做首部IMAX国产动画了吗？

饺子：那个时候还没有考虑过。但还好我们每个画面都是精雕细琢，一直都在追求自己能做到的最好，做到极限。所以后来IMAX看了之后也觉得我们的画质是没问题的。当然剧情上面他们也有判断，觉得是好片子，所以才选上。我当然也非常高兴最终能够有这样超出预期的呈现。

亲身经历投射角色形象，元素杂糅来源火锅哲学。

为了符合"打破偏见，扭转命运"的主题，在塑造哪吒的性格时，导演饺子将他屠龙弑父等过时的段落删掉，将传统神话中的角色"去神化"，用66个版本、两年时间的打磨修改才确定了这个不认命、又爱写打油诗爱恶作剧的颠覆性哪吒角色。

导演饺子在谈到《哪吒》创作初衷的时候表示："我一开始就想做一个符合这个主题的故事，在筛选了中国神话的很多角色之后，最后选择了哪吒。他具有少年英雄的形象，很适合表现我想要的主题。电影里的哪吒是一个全新的角度和观点。以前的故事中呈现的李靖，是一个会因为外人看法逼死哪吒的父亲，在这部电影中增加了父亲的视角。我觉得人都是向善的，哪吒也一样。"

亲情线部分是这部电影的闪光点，导演饺子对李靖夫妇也进行了颠覆性的大胆改编，父子间的戏份非常感人且扎实。他们更加近似现代父母的缩影，没有时间陪伴哪吒成长，时刻表现出严厉和管教，在背后却包含着深沉的爱，让影片"笑点泪点一样都不少"。

其中最打动导演饺子自己的是哪吒和他父亲隔空相望和哪吒与父母告别两段戏。饺子说："这些也是我的一些亲身经历和感悟。我自己是转行做动画的，没有我父母的支持，在做动画这条路上我不可能走得这么远，坚持这么久。所以这部分也是我自己在哪吒身上的一些投射，他也是因为父母的包容、支持和爱，终于扭转了命运。"

片中的太乙真人全程说着川普，"抿一小口酒安逸一下""巴适！"，是笑点担当。不仅因为导演饺子是四川人，他说在经过团队考证后发现太乙真人确实与四川绵阳有关系。而片中的两尊守卫也酷似三星堆青铜立人像。

导演饺子说："起初并没有人相信学医出身的我能够做好一部动画，入行的时候受到了不少的歧视和偏见。希望同样面对困境和成见的观众在看完《哪吒》之后，也能获得扭转命运的力量。"

■ 对话二

新京报："人定胜天"的主题在很多国漫中已经有过探讨，但《哪吒》中明显更完整一些，关于这个比较大和空泛的主题，怎样一步步落到实处让观众接受它？

饺子：这就需要不断地打磨剧本了。一开始提出这个口号的时候，当然大家都感觉挺兴奋，怎么样落实确实是挺难的。我昨天数了一下，我在文档里面存了66个版本。没办法，就是一步一步地来，死磕，从一开始比较虚的故事，不停地丰富，慢慢让所有我们想说的东西能够落实下来。

新京报：二刷之后我还是觉得陈塘关百姓对哪吒的痛恨有点事出无因。

饺子：是的，有些情节因为删掉了，可能观众体会不那么深。毕竟片长有限，我们只能做一些割舍。而且也要照顾到小朋友观众。很多家长还是愿意带着小朋友一起来感受亲情友情，虽然我们是面向成人观众群的，因为片子里讲的东西比较深层次。但是看到是动画，一定会有家长带小孩去看，我们首先需要做的是不能吓到小朋友。在这个片子里面，如果能让小朋友也感受到一些正能量的东西的话，我们当然更开心。如果时长过长的话，一方面小朋友坐不住，还有重要的就是，我们的钱都花光了，做不完。

新京报：片中小人物 + 喜剧段子的剧情模式非常接近喜剧片的创作思路，还有着无厘头和热血英雄主义的杂糅。怎样进行才能满足大部分观众不出戏？

饺子：这个来源于火锅哲学（笑）。火锅大家都喜欢吃，为什么不会嫌它串味儿了呢？在达到一个度，达到一个平衡的时候，自然而然能够出来好味道。而且因为做了这样一个比较正面的故事，我们也希望能照顾到更多的观众口味。原本我是想让太乙真人讲纯四川话，但是怕观众听不懂，川普我觉得听起来应该没有障碍。

动画制作周期比较长，不能做追赶潮流的东西，只能选择我觉得可能不那么容易过时的梗。而且我也没那么喜欢追潮流，真的追潮流的话，反而会显得很过时。

新京报：对于网络上大家对哪吒、敖丙的CP讨论，甚至以他们为主题创作同人文怎么看待？

饺子：当时写剧本的时候只是想把他们俩这种纯粹的友情还有惺惺相惜的感情写得更好一点，没想到大家会有这样的解读，我自己也很意外。大家都好有才华。

从《大鱼海棠》开始，有中国风的国漫一直是国内动画人的首选。尽管《大鱼海棠》和《大圣归来》归来的票房分别达到5.6亿元和9.5亿元，但对制作周期较长投入较多的国漫来说，中国风、经典民间传说形象依然是他们打开市场的首选。

然而在《大圣归来》之后，国漫始终缺乏“爆款”。2017 年上映的《大护法》票房止步于 8 000 万元，《白蛇·缘起》4.4 亿元票房收官，远低于预期。

导演饺子表示：“其实还是有很多优秀作品问世，而且我觉得最近几年越来越多了，整个行业都在进步。而且田导的《大圣归来》开了一个好头，让创作者看到只要认真做，中国观众是非常支持国产动画的。”

■ 对话三

新京报：在以低幼动画为主的国内市场，制作成人向动画是不是面临着更多风险和更多创作上的艰难？

饺子：肯定是的，成人口味要挑剔得多，而且中国观众看到的是全世界的精品。但没办法，只能硬着头皮上。而且我觉得既然我们是长在这片土地上，是最了解这片土地上的观众的。而且我们很用心也很专业，不像好莱坞出品的东西是面向全球世界，必然要做很多妥协。我们仅服务于中国观众，所以能做好的成功率就大一些。

我们也希望能够扭转大家对这个行业的偏见，希望更多有才华有志向的青年创作者加入这个行业，让他们能够养活自己，而且还能活得更有尊严。

新京报：在彩蛋中看到了关于《哪吒 2》的内容，已经确定要做续集了吗？未来作品会回归到原来《打，打个大西瓜》的实验风格吗？

饺子：《哪吒 2》肯定是会制作的，同时我们也还有其他题材在探索，哪一个项目的剧本进展速度更快，哪个项目就会先开。

关于彩蛋，其实在制作时候已经想好了，有些彩蛋还删掉了。主要是因为做不完，钱也烧光了，制片也在旁边不断提醒我：“你不能这么任性哈。”现在我们片子相关的是两个彩蛋，还有个《姜子牙》是我们兄弟团队的彩蛋。我觉得一开始这几个小角色可能很多观众已经忘了他们，但是我们没有忘记，还是要有一个交代。

《打，打个大西瓜》的画风偏商业性，不适合在大银幕上做商业动画。那个画风看短片还好，看久了会受不了。而且这次我们顶着这么大的风险，不能凭空创造。如果之后我们有了一定的观众认知度，就可以放开手脚尝试更多可能性了，特别是遇到了有实力的新人能够培养，肯定还是会做不同的风格的。

材料来源：新京报，李妍，2019 年 7 月 26 日

问题思考

1. 创意阶层的特点是什么？
2. “3T”理论的主要内容是什么？

线上题库

线上资料 1　线上资料 2　线上资料 3　线上资料 4　线上资料 5　线上资料 6

知识产权保护

第十章　文化创意产业的知识产权保护

文化创意产业依赖于知识产权保护体系才能健康发展。知识产权保护法在国内外的发展历程虽有不同，但随着智力经济的蓬勃兴起，其发展方向应该是一致的。具体表现在知识产权保护法的内容会越来越全面和深刻，保护的范围越来越广，保护的力度会越来越强。发达国家尤其是美国的知识产权战略实施的经验表明，知识产权保护以及由此而产生的经济利益在智力经济时代不能被忽视。

材料导读　上海自贸区法庭知识产权第一案引起的思考

引导词：中国上海自由贸易试验区，是中国政府设立在上海的区域性自由贸易园区，属中国自由贸易区范畴。该试验区于 2013 年 8 月 22 日经国务院正式批准设立，于 9 月 29 日上午 10 时正式挂牌开张。试验区总面积为 28.78 平方千米，相当于上海市面积的 1/226，范围涵盖上海市外高桥保税区（核心）、外高桥保税物流园区、洋山保税港区和上海浦东机场综合保税区等 4 个海关特殊监管区域。

在 2014 年"世界知识产权日"到来之际，上海市浦东新区人民法院自贸区法庭知识产权第一案日前依法作出了宣判。原告 LG 公司诉被告佳华公司侵害商标权纠纷一案，法院一审判决：佳华公司立即停止生产侵权产品，并赔偿 LG 公司损失 109 770 元。

上海自贸区知识产权案件特点

上海自贸区法庭自 2013 年 11 月 15 日受案以来共受理 8 起知识产权案件，其中 6 件商标侵权纠纷，1 件软件著作权纠纷，1 件企业名称权纠纷。据悉，上海自贸区案件数量不多，但特点鲜明，体现出自贸区的一些特性。

据统计，上海自贸区出口商品涉嫌侵犯商标权纠纷为主要案件类型。6 件商标侵权纠纷均发生在货物出口贸易环节，都是由海关查扣涉嫌侵犯备案保护商标权产品而引发，体现了投资贸易便利化过程中，海关监管在知识产权保护中的重要作用。

从行业上看，商标侵权案件中被告多为涉外定牌加工出口企业。第一案件的被告“佳华公司”就是一个典型。此类加工出口企业涉案较多也体现了定牌加工在自贸区出口贸易中的地位。6起商标侵权纠纷中，4起案件涉及涉外定牌加工，被告均以已获得境外商标权人授权使用商标并生产出口商品为由抗辩，认为不构成商标侵权。

而8起案件中涉外案件占比大，共5起。其中，涉及国际知名企业和知名品牌突出，要求保护知识产权的多为国际知名企业，如家电行业的LG公司、日化行业的宝洁公司、航空国防行业的美国通用动力公司、高尔夫行业的美国卡斯顿制造公司，涉及“LG”“Oral-B”“PING”等商标。

上海自贸区两类案件值得关注

第一类是依据国际公约寻求保护的案件，1件软件著作权和1件企业名称权纠纷案，原告均系美国企业，分别以中、美两国同为《伯尔尼保护文学和艺术作品公约》《保护工业产权巴黎公约》成员国而依据公约要求知识产权保护。

第二类是民族企业、本土品牌维权案件，如“东风（柴油机）”等知名商标起诉要求确认商标侵权，体现了国内老牌企业维权意识的增强和对企业信誉的日益重视。

随着自贸区知名企业的不断入驻、进出口货物的增长以及监管部门对知识产权保护力度的加大，自贸区知识产权案件尤其是商标侵权类案件将不可避免地增多。秉持保护创新、推动扩大开放和经济转型升级，对接国际标准的理念，精心审理好每一起自贸区知识产权案件，发挥司法保护知识产权的主导作用，促进自贸区国际化、法治化营商环境的培育，上海自贸区设立之时应有的理念和责任。

材料来源：中华工商时报，2014年4月29日

第一节　知识产权保护法的发展轨迹

国内外知识产权保护法的发展轨迹和发展水平有很大的差异。欧美发达国家的知识产权保护法的发展已经比较成熟，而在中国则刚刚起步。发展创意产业一

定要关注知识产权问题，否则，落后的知识产权保护制度会阻碍创意产业的进一步发展。

一、国外知识产权保护法的发展轨迹

知识产权保护法最早可追溯到1474年威尼斯颁布的专利法。这部专利法可以说是人类最早的关于知识产权制度的文献。由此，人类知识产权保护走过了500多年的历史。

（一）《保护工业产权巴黎公约》

传统的知识产权保护法以世界各国于1883年在巴黎缔结的、并于1884年生效的《保护工业产权巴黎公约》（*Paris Convention on the Protection of Industrial Property*，简称《巴黎公约》）为开端。《巴黎公约》的基本目的是保证一成员国的工业产权在所有其他成员国都得到保护。此后，该公约又历经了多次修订，现行的是1980年2月在日内瓦修订的文本。《巴黎公约》共30条，分为3组，第1—12条为实质性条款，第13—17条为行政性条款，第18—30条是关于成员国的加入、批准、退出及接纳新成员国等内容，称为“最后条款”。

《巴黎公约》最初的成员国为11个，到2004年，缔约方总数为168个国家。1985年3月19日，中国成为该公约成员国。我国政府在加入书中声明：中华人民共和国不受公约第28条第1款的约束，即“本联盟两个或两个以上国家之间对本公约的解释或适用有争议不能依谈判解决时，有关国家之一可以按照国际法院规约将争议提交该法院，除非有关国家就某一其他解决办法达成协议。将争议提交该法院的国家应通知国际局；国际局应将此事提请本联盟其他国家注意”。

《巴黎公约》的调整对象即保护范围是工业产权。根据《巴黎公约》第1条和第2条款的规定，工业产权的保护包括以下内容，即工业产权的保护以发明专利、实用新型、工业品外观设计、商标、服务商标、商店名称、产地标级或原产地名称以及制止不正当的竞争作为对象。

（二）《与贸易有关的知识产权协议》（TRIPS）

人类知识产权在经历了几个世纪的历程后，已经形成了相对稳定的内容保护体系和保护制度，专利、版权和商标已经构成了知识产权的三大支柱体系。20世纪80年代中后期，在科学技术不断发展和经济全球化趋势的背景下，国际知识产权的制度改革进入了快速的发展时期。1993年12月，关贸总协定乌拉圭回合谈判通过的《与贸易有关的知识产权协议》（*Agreement on Trade-Related Aspects of Intellectual Property Rights*，简称TRIPS），可以说是当前世界范围内知识产权保护领域中涉及面广、保护水平高、保护力度大、制约力强的一个国际公约。

TRIPS 原则上将成员分为发达国家成员、发展中国家成员、正在从中央计划经济向市场经济转轨国家成员和最不发达国家成员等几类，在一些条款上的执行给予不同的限期。

1.TRIPS 的主要内容

TRIPS 主要内容可以分为三大类：第一类是基本原则，这是全体成员必须遵守的；第二类是最低要求，这是全体成员必须达到的；第三类是一般要求，这是可以根据各成员的具体情况选择适用的。

（1）重申了保护知识产权的基本原则。包括国民待遇原则，保护公共秩序、社会公德、公众健康原则，对权利合理限制原则，权利的地域性独立原则，专利商标申请的优先权原则，版权自动保护原则；

（2）提出新的保护知识产权的基本原则。包括最惠国待遇原则、透明度原则、争端解决原则，对行政当局决定的司法审查和复审原则，承认知识产权为私权的原则；

（3）确立了 TRIPS 与其他知识产权国际公约的基本关系。TRIPS 把已有的有关知识产权国际公约分为 3 类：①基本完全肯定、要求全体成员必须遵守并执行的国际公约；②基本完全肯定、要求全体成员按对等原则执行的国际公约；③不要求全体成员遵守并执行的国际公约；

（4）规定了成员保护各类知识产权的最低要求。TRIPS 从七个方面分别规定了成员保护各类知识产权的最低要求，包括：版权及其邻接权、商标权、地理标志、工业品外观设计、专利权、集成电路的布图设计、未经披露的信息（商业秘密）等，并涉及到对限制竞争行为的控制问题；

（5）规定和强化了知识产权执法程序；

（6）有条件的将不同类型的成员加以区别对待。

2.TRIPS 的主要特点

TRIPS 的主要特点为内容涉及范围广，几乎涉及到了知识产权的各个领域。保护水平高，在多方面超过了现有的国际公约对知识产权的保护水平，将关贸总协定（GATT）和世界贸易组织（WTO）中关于有形商品贸易的原则和规定延伸到对知识产权的保护领域。强化了知识产权执法程序和保护措施。强化了协议的执行措施和争端解决机制，把履行协议保护产权与贸易制裁紧密地结合在一起，设置“与贸易有关的知识产权理事会”作为常设机构，以监督本协议的实施。

（三）发达国家知识产权战略

1. 美国的知识产权战略

自 20 世纪 80 年代以来，美国为恢复其在世界经济中的强势地位，相继采取了一系列知识产权保护的重大举措。美国主要从以下三个方面实施知识产权战略：①根据国家利益和美国企业的竞争需要，对专利法、版权法、商标法等传统知识产权立法不断加以修正与完善，扩大保护范围，加强保护力度。将生物、信息及网络技术形式不断纳入知识产权的保护范围。如将网络营销模式等理念列入专利保护范围，而美国功能基因专利申请已达 4000 多项；②加强调整知识产权利益关系，鼓励民间和企业创新，强化立法。通过 1980 年《拜杜法案》、1986 年《联邦技术转移法》、1998 年《技术转让商业化法》、1999 年《美国发明家保护法令》、2000 年《技术转移商业化法案》等。重新界定国家投资所形成的知识产权归属和利益分配，推进政府部门、大学、国家实验室在申请专利，加速产学研结合及创办高新技术企业方面发挥更大的主动性，进一步简化归属联邦政府的科技成果运用程序；③通过知识产权协议（TRIPS）谈判和对外知识产权双边及多边谈判，谋求美国知识产权在世界范围内的更有力的保护，包括实施 301[1] 和 337[2] 条款，强化外国企业对其知识产权行为的制裁，形成一套有利于美国的新的国际贸易规则。

尽管近年来美国并不生产很多产品，但却收取大量的专利使用费。美国近十年来 50% 的出口是依赖于对知识产权的保护。

2. 日本的知识产权战略

20 世纪 90 年代，日本在高技术领域的竞争力开始落后于欧美，而在传统工业和劳动密集型产品方面，又面临着亚洲其他国家和地区的挑战。在这样的背景下，日本开始确立“知识产权立国”的国策。2002 年发布《知识产权战略大纲》，进一步将“知识产权立国”列为国家战略。

日本的知识产权战略有四大支柱，即创造、保护、应用和人才培养。采取的

1 301 条款原指美国 1974 年修订《贸易法》制订的第 301 条。具体内容是一种非贸易壁垒性报复措施或者说是一种威胁措施。美国“301 条款”法律制度是美国贸易代表利用贸易政策推行其价值观念的一种手段，其威力不在于条款本身，而在于它所带来的报复性后果和制裁的可能。其核心是以美国市场为武器，强迫其他国家接受美国的国际贸易准则，以此维护美国的利益。

2 因其最早见于《1930 年美国关税法》第 337 条而得名。此后，《美国 1988 年综合关税与竞争法》对其进行了修订，以使其更易于使用并将其约束范围扩大到半导体芯片模板权。《1995 年美国乌拉圭回合协议法》再次对其进行了修订，以使其符合世贸组织规则。“337 条款”主要是用来反对进口贸易中的不公平竞争行为，特别是保护美国知识产权人的权益不受涉嫌侵权进口产品的侵害。

措施主要有：制订知识产权基本法案为实施知识产权战略提供法律保障；加强组织保证；制订知识产权战略计划，加强对知识产权管理的宏观指导；明确各政府部门在实施知识产权战略中的职责，加强政府部门对知识产权管理支持的力度；加强世界专利工作，争取实现美欧对日本审查结果的尊重和相互认证，逐步实现世界统一的专利体系；鼓励原创技术，促进基础研究为产业服务；培养知识产权专业人才。

为保障知识产权战略措施的落实，日本国会相继通过政府制订的《知识产权基本法》，并于 2003 年 3 月 1 日生效。该法规定政府及其各部门在实施这一战略过程中的职能、任务、分工及协调功能，为“知识产权立国”提供了法律保障，充分表明日本对“知识产权立国”战略的高度重视和务实态度。

俄罗斯、韩国、印度等国也将知识产权保护纳入国家的战略体系内容中。

二、国内知识产权保护法的发展轨迹

我国知识产权保护法及其制度于 20 世纪 80 年代改革开放后开始真正确立。

（一）我国改革开放以前知识产权状况

我国知识产权保护制度最早始于清朝末年。清朝在 1898 年变法改革运动中颁布我国历史上第一部专利法规《振兴工艺给奖章程》，但随着“戊戌变法”的失败而迅速夭折。以后，清政府根据 1902 年《中英续议通商行船条约》和 1903 年《中美通商行船续订条约》中的知识产权条款，被动地于 1904 年和 1910 年制订商标注册试办章程、大清著作权律，并延用至民国初年。北洋政府和国民党政府也先后参照国外相关知识产权法，制订著作权法、专利法和商标法等，但因旧中国经济落后，知识产权法对整个中国社会经济的作用微乎其微，政策的效应也难以显现。

（二）我国改革开放至加入 WTO 时代的知识产权状况

我国实行改革开放政策以后，加强了知识产权立法工作，先后制订相关的法律。如 1982 年的商标法，1984 年的专利法和 1990 年的著作权法，知识产权法律制度体系初步建立。随着我国加入 WTO，知识产权保护法和制度才逐渐趋于完善。

（三）知识经济时代知识产权法的现状

伴随着知识经济的到来，知识产权问题日益凸显。为进一步加大知识产权保护力度，推动知识产权制度建设，中国于 2004 年和 2005 年分别成立了国家保护知识产权工作组和国家知识产权战略制订工作领导小组。至此，中国知识产权制度建设进入新的阶段。

胡锦涛总书记于2006年1月在全国科学技术大会上提出建设创新型国家的战略目标，加强知识产权制度建设，提高知识产权创造、运用、保护与管理能力，成为增强自主创新能力、建设新型国家的迫切需要。这样，中国站到了战略全局的高度，重新审视知识产权制度的功能和地位。基于当今国际科技、经济的发展趋势和创新型国家的发展经验，中国将通过制订和实施国家知识产权战略，有效利用知识产权制度，作为缩小与发达国家的差距，实现跨越式发展的政策抉择。

在我国，目前已立法保护的知识产权有专利权、著作权、商标权、商业秘密、原产地或产品、植物新品种、集成电路布图设计等。具有涵盖知识产权保护主要内容的法律法规，如《中华人民共和国专利法》《中华人民共和国商标法》《中华人民共和国著作权法》《计算机软件保护条例》《集成电路布图设计保护条例》《著作权集体管理条例》《音像制品管理条例》《植物新品和保护条例》《知识产权海关保护条例》《特殊标志管理条例》《奥林匹克标志保护条例》等，并颁布一系列相关的实施细则和司法解释，使中国知识产权保护的法律法规体系不断完善。

从知识产权国际保护制度的发展趋势上看，结合各国加强知识产权制度建设的一般经验，我国在知识产权政策、法律体系和实施方面存在着很大的差距，有必要进一步充实、调整和提高。必须紧密结合我国具体国情和实践经验，修改和完善知识产权法律制度、紧密结合国家知识产权战略，建立以知识产权为导向的公共政策体系、紧密结合国际知识产权制度变革的最新动向，积极加强知识产权国际事务的交流与合作。

第二节　文化创意产业的知识产权保护

由于文化创意产业具有投入高、复制成本低的特点，倘若知识产权保障不足，原创人员在创作过程中所做的大量智力和资金的投入便会付诸东流，势必会影响文化创意产业的持续发展。因而，文化创意产业的知识产权保护势在必行。

一、知识产权概述

（一）知识产权的概念

知识产权又称智力成果权。它是指按照国家法律规定，公民或法人对自己在科学技术、文化艺术等知识领域中创造的智力成果所享有的专有权利。这种权利包括人身权利和财产权利，也称为精神权利和经济权利。目前，国际上普遍认可知识产权是公民的基本权利之一。这意味着公民或法人对于通过自己的脑力劳动所创造出来的智力成果享有占有、使用、收益和处分的专有权利。

我国《民法通则》第五章已规定知识产权与财产所有权、债权、人身权同属于受国家保护的民事权利。为了处理知识产权各种具体的民事关系，还根据民法有关规定进一步制订各种民事法律，如版权法、专利法、商标法、技术合同法等。

（二）知识产权的内容

根据 1967 年 7 月 14 日在斯德哥尔摩签订的《建立世界知识产权组织公约》中第二条第八款规定，知识产权包括以下一些权利：

（1）对文学、艺术和科学作品享有的权利；

（2）对演出、录音、录像和广播节目享有的权利；

（3）对人类一切活动领域的发明享有的权利；

（4）对科学发现享有的权利；

（5）对工业品外观设计享有的权利；

（6）对商标、服务标记、商业名称和标志享有的权利；

（7）对制止不正当竞争享有的权利以及在工业、科学、文学或艺术领域里一切智力活动所创造的成果享有的权利。知识产权通常分为两部分，即工业产权和版权。

工业产权，是指人们在生产活动中基于智力的创造性劳动所产生的一种特殊的权利。狭义上讲，工业产权的内容主要是指专利权与商标权；广义上讲，根据《保护工业产权巴黎公约》明文规定，工业产权的内容应该包括发明专利、实用新型、工业品外观设计、商标、服务标记、厂商名称、货源标记、原产地名称、制止不正当竞争的保护等。

传统的知识产权保护的是专利权、商标权和版权的总和，是一种无形财产权。版权在我国又称为著作权，是指作者依法对自己在文字、艺术、科学和工程技术诸方面创作的作品所享有的专有权利。版权保护的客体有：文字作品，口述作品，音乐、戏剧、曲艺、舞蹈作品，美术、摄影作品，工程设计、产品设计图纸及其说明，地图、示意图等图形作品，计算机软件等智力创作成果。随着社会的发展和技术的进步，知识产权的客体在不断深化。

（三）知识产权的特征

对于知识产权这种无形财产，与有形物品的财产权利相比较，既具有基本属性，又具有根本特点。

1. 专有性

专有性也称垄断性或独占性，它是指知识产权专属权利人（主体）对其权利的客体享有占有、使用、收益和处分的权利。所有人有权许可或者不许可他人使用其获得的知识产权，而他人未经知识产权所有人的许可，不得制造、使用或销售已获得的专利权、商标专有权或者版权的智力成果，否则就构成法律上的侵权行为而受到法律制裁。

2. 地域性

知识产权的地域性，是指依照一国法律取得的知识产权，只受该国法律的保护，只在该国境内具有法律效力，而对其他国家不发生法律效力。知识产权的地域性是对权利的一种空间限制。

3. 时间性

知识产权的时间性，是指依照一国法律取得的知识产权，只在法定期限内存在，期限届满权利自动归于终止，其针对的智力成果即成为社会的公共财产，任何人都可以自由无偿使用。知识产权专有权的时间性，主要体现在著作权和专利权上。多数国家的版权法规定，对作品版权的保护期是作者有生之年加死后的一段时间（20 年到 99 年不等）。各国专利法规定的专利权有效时间一般在 15 年至 20 年不等。商标权的时间性只体现在注册商标上，各国商标法对商标使用权的有效时间亦作了不同的规定。这种对知识产权时间性的规定，是为了调整社会整体利益和创造者局部利益之间的关系，是权衡专有人利益和社会公共利益并加以协调的结果。有些知识产权的保护期可以延续，但需要履行一定的法律手续。

当然,除了以上三个特点外,知识产权还有无形财产权、合法性和双重性特点。

二、知识产权保护内容的发展趋势

从全球知识产权保护的发展历程中可以观察到知识产权保护内容也在不断体现着新的发展趋势。

（一）保护范围不断扩大

随着文化创意产业的深入发展，知识产权的新类别也一定会相继出现，知识产权保护范围已从传统的专利、商标、版权扩展到包括计算机软件、集成电路、植物品种、商业秘密、生物技术等在内的多元化对象。欧美发达国家在高新技术方面占有绝对优势，因而他们不断地扩展电子、通讯、网络、生物领域的保护范围，以保护因新技术产生的知识产权。如对各种基因的研究，美国、德国、英国、瑞典、南非等国家都开办了基因专利授予业务。美国还将网络营销模式等理念也列入专利保护范围。而处于发展中的国家，则将知识产权保护的目光投向了文化遗产、传统知识和民间文艺等内容。

（二）权利内容不断深化

另外，知识产权保护的权利内容不断深化。如美国专利和商标局颁发的基因专利，不仅有完整的生化、生物学、遗传学方面功能证据的新基因，而且还包括功能尚不明确的 DNA 序列。又如驰名商标现在已经脱离了商品或服务而作为一个专有种类被列入保护范畴。

（三）审批时间缩短

为鼓励创新，增加知识产权的贮备量，相当多的国家通过简化审批程序，缩短受理时间来提高审批效率。目前美国专利与商标局每周大约颁发 3 500 件专利和 2 000 件商标，与发展初期相比，审批专利的时间逐渐缩短。

（四）保护期限延长

知识产权是重要的民事权利之一，其存续是有法定期限的。对技术创新过程中形成的不同知识产权的保护期，在不同国家和不同地区都有不同的规定。依据有关知识产权国际公约中关于“凡参加国际公约的国家或地区其本国或本地区不同知识产权的保护时间可以超过国际公约年限而不能少于国际公约年限的规定”，目前绝大多数国家或地区不同知识产权的保护期限已基本达到了国际公约的水平，而且还有进一步延长的趋势。

（五）侵权处罚力度加大

世界各国均加强了对知识产权侵权的处罚力度。一方面表现在知识产权侵权赔偿额逐步增长，另一方面表现在相当一部分知识产权侵权行为要承担刑事责任。

（六）知识产权的归属权下放

由于意识到知识产权的归属问题直接影响到科技成果的转化效率，很多国家将知识产权的归属权下放以促进创新和知识产权专利申请的数量和质量。如在 20 世纪 70 年代，美国大学在联邦政府资金资助下取得的专利按规定由联邦政府所有，这使得科技成果的转化率大大降低而影响经济发展。所以，到了 20 世纪 80 年代，美国出台了《拜 – 杜法案》，规定由联邦政府资助的小企业、非营利机构（包括大学）研究成果由小企业和非营利机构所有，参与研究的研究人员可以分享利益，允许研究机构有偿向产业界转让许可，从而彻底改变了政府资助的研究成果的归属权问题。自法案出台的 1980 年以来，美国大学的专利申请量增长了 10 倍以上。

（七）标准与专利捆绑构成知识产权保护的新形式

技术标准主要解决产品零部件的通用和互换问题，已成为一个行业必须遵守的规则，甚至成为一个国家实行贸易保护的非关税壁垒，即技术壁垒。技术壁垒因其合理性和复杂性而更具有隐蔽性，不容易遭到其他国家的报复，所以已成为各国广泛利用的知识产权保护武器之一。

技术壁垒最为有效的表现形式就是标准壁垒和标准垄断。标准的实质和核心就是技术体系中对应于技术的知识产权。越来越多的实践表明，知识产权和标准有机结合，二者之间形成互相支持是企业谋取利益最大化的一种有效的方式之一。跨国公司已经不满足于各项专利技术给他们带来的利益，而是寻求一种能综合专有性、地域性的知识产权策略，以一种更加集权和集中的方法来实现其垄断市场的目的，而技术标准恰好适应了这种需求。

（八）知识产权保护正在演化为一种经营业务

知识产权制度的发展表明，知识产权保护已由防止智力成果拥有者的无形资产被别人侵犯、盗取，演化成一种经营业务而带来可观的利润。发达国家越来越多地将这种手段用于市场扩张和垄断。如许多跨国公司在本土完成产品的创新阶段及实现产业化，并采取法律手段加以世界范围的市场保护，到普及阶段时则转移到国外生产并收取许可证使用费，高附加值的完善开发继续留在国内，也就是所谓的“知识产权立国”。

知识产权的保护不仅建立在有形产品的基础之上，还出现了利用知识产权保护机制，直接生产知识产权的现象。美国的高通公司，在将 CDMA 技术成功地应用在个人移动通信系统后，把其所拥有的 CDMA 技术提交到美国标准组织 TIA 和世界标准组织 ITU，申请确立 CDMA 技术为世界移动通信标准，同时对 CDMA 研发过程中所有技术都申请了专利，包括美国本土和世界其他国家。当所有的通信业巨头瓜分完 GSM 系统专利再把目光转向 CDMA 系统时，才发现 CDMA 的基本专利已全部控制在高通手上。高通利用知识产权这一利器，不仅抵御了比其强大百倍的竞争对手，而且开辟了一种新的商业模式——知识产权专卖店。

三、文化创意产业与知识产权关系分析

创意是创意经济的一种特殊要素，具有生产力的性质。文化创意产业的核心是创意和创新，是个人基于其独特创意所产生的一种智力成果。创意资源依附于人的智慧和创造力，是无形的，必须通过有形载体——“知识产权”和“交易”体现出来。知识产权正是主体依法所享有的对其创造性智力成果的垄断权利，因

而知识产权的交易就成为创意经济中的重要概念，是创意经济的实质表现。

正像英国政府在其创意产业定义中所指出的那样：创意产业是源自个人创意、技巧及才华，通过知识产权的开发和运用，具有创造财富和就业潜力的行业。所以，文化创意产业和知识产权的关系可谓是息息相关。

（一）知识产权是创意资源的有形载体

创意经济是创新型经济，知识产权是文化创意作品到文化创意产品、文化创意产品到文化创意商品的转换器。创意经济的实质就是知识产权的交易。“创意经济之父”约翰·霍金斯认为：知识产权是创意经济的货币。他从知识产权的角度，提出了目前最为宽泛的创意经济定义，即产品都在知识产权法保护范围内的经济部门，他认为，版权、专利、商标和设计四个部门共同构成了创意经济。知识财产取代物质资源成为经济优势所在，知识产权是决定财富创造和利润分配的关键。

（二）文化创意产业以知识产权作为核心资产

创意是知识资本、智力资本，所以其产品必然受到知识产权法的保护。从文化创意产业的文化理念来看，它是推崇创新、尊重个人创造力的文化。它最根本的就是能够把个人的思想转化为产品，其中知识产权是文化创意产业当中的核心资产，文化创意产业当中有形资产很少，主要是无形资产，无形资产中最主要的是知识产权。因此，文化创意产业和知识产权关系非常密切，拥有知识产权是文化创意产业发展的根本，加强知识产权保护是文化创意产业的根基。文化创意产业的核心内容是创新活动，其本质特征体现在对创新产权的收益上，而保护知识产权实际上就是对创新成果的保护。因此，加强知识产权保护，是营造文化创意产业发展环境的关键，应通过不断增强人们的知识产权保护意识，加强知识产权制度建设，来促进文化创意产业的整体发展。

（三）知识产权是文化创意产业的生存之本

各国各地区对文化创意产业虽然还没有统一的概念，但都不约而同提到知识产权在文化创意产业中的作用。如香港将知识产权定义为：通过开发和利用创造性技术和知识产权来生产销售具备社会文化意义的产品和服务的一系列活动，也是实现创造财富和就业机会潜能的一种生产体系。中国台湾经济主管部门将台湾的创意产业定义如下：源自创意或者文化积累，通过智慧财产的形式与运用，具有创造财富与就业机会潜力，并促进整体生活提升之行业。从这些概念中可以看出，知识产权是文化创意产业发展过程中必不可少的核心要素。

（四）知识产权是文化创意产业的财富源泉

在传统的以工业经济为主导的世界经济体系中，有形的动产和不动产一直占据主导地位，而知识产权，包括发明专利权、实用新型专利权、外观设计专利权、商标权、著作权以及品牌和技术诀窍在内的广义的无形资产，通常很少作为企业的战略性资产。在知识经济时代，企业资产价值中无形资产的比重近20年快速增长，大约从20%上升到90%左右，有形资产的地位已经完全被无形资产所取代，企业大量的经营成果也往往不再是物质形态的东西，而是体现为包含知识产权的服务和软件。就文化创意产业而言，由于其配置的资源即创意和智力成果具有无形性、不易控制性、易逝性等特点，其产权问题必须由知识产权法律法规进行保障，并以健全的知识产权保障体系激励创意活动。

（五）知识产权是文化创意产业的竞争优势

由台湾宏基公司董事长施振荣先生最早提出的、并在经济学界流传很广的“微笑曲线”，是用来描述生产个人电脑的各个工序的附加价值特征。文化创意产业中也有这样的“微笑曲线”，即在整个国际产业链中，高端研发和末端品牌营销附加值最高，而加工环节则处于利润最低端。微笑曲线的两端即高附加值部分分别是新产品的创意、研发和品牌、营销，没有技术实力和自主知识产权，如著作权、专利权、技术秘密等，就等于没有产业的源头，而当产品呈现出越来越多的共性，导致行业性利润下降时，品牌的价值和销售服务，主要表现为商标权、商号权等的差异性就会体现出它们的价值。可以看出，在微笑曲线的两端中，知识产权都起着主导作用。因而，拥有大量知识产权的文化创意企业也就有明显的竞争优势。

（六）知识产权的可交易趋势是文化创意产业发展的内在动力

知识产权作为文化创意产业中企业的无形资产，不仅可以自己使用，也可以通过授权、许可、转让、合资等方式使用，为企业带来更大利润。知识经济时代，知识产权的交易成为其产业链上的关键一环，为文化创意产业的发展从资本上提供内在动力。除了上述传统的知识产权交易以外，知识产权的证券化逐渐风行。从电子游戏、音乐、电影、主题公园等与文化产业关联的知识产权，到时装品牌、最新医药产品专利、半导体芯片，几乎都已成为知识产权证券化的对象资产。如拥有专利的数量，几乎没有哪家公司能与IBM相比。从1992到2009年的整整17年里，蓝色巨人在美国获得的专利一直超过任何其他专利申请机构，仅在2009年即获得了4 914项，达到前所未有的水平。这一数量超过了微软、惠普、甲骨文、苹果电脑、埃森哲和谷歌各公司所获专利的总和。目前，IBM在全球获得的专利发明已高达 4 万余项，其中包括视频电玩微处理器和带有阅读擦写功能的光盘，品种可谓应有尽有。

文化创意产业的核心内容是创新活动，其本质特征体现在对创新产权的收益上，而保护知识产权实际上就是对创新成果的保护。因此，加强知识产权保护，是营造文化创意产业发展环境的关键，应通过不断增强人们的知识产权保护意识，加强知识产权制度建设，促进我国文化创意产业的发展。

第三节　文化创意产业知识产权的权属识别与保护类别

文化创意产业中企业成果的权属问题关系到企业的生存和发展，只有将权属这一知识产权的核心问题搞清楚，才能使文化创意企业顺利发展。但知识产权权属的法律规则非常复杂，实践是知识产权纠纷的最大难点。商标、专利、版权（著作权）、商业秘密，是文化创意企业成果中知识产权保护的基本内容。随着网络经济发展的不断深入，计算机软件、网络游戏、实用艺术品、广告作品、会展业等都成为知识产权保护类别中的重要内容。

一、文化创意企业成果的知识产权权属识别

产权权属问题其实质是产权明晰问题，就文化创意产业来说，即是说明文化创意企业成果权利的归属问题。

（一）著作权权属识别

著作权的归属一般以作品上的署名为标志，可以根据署名判断。著作权是随着作品完成而自动生成。如果著作财产权转让，必须订立书面合同并在相关部门备案。

（二）专利权权属识别

专利权的权属识别，一般经国务院专利行政部门对专利申请审查并认为符合规定，作出授予专利权的决定，发给相应的专利证书，同时予以登记、公告。自此，专利权生效。

如转让专利权，当事人须订立书面合同，并在国务院专利行政部门登记，由国务院专利行政部门公告。转让自登记日生效。

（三）商标权权属识别

初步审定的商标公告期满无异议或经裁定异议不能成立的，商标局予以核准

注册，发给商标注册证，并予公告。注册商标的有效期是自核准注册之日起计算。如转让注册商标，转让人和受让人应当签订转让协议，并共同向商标局提出申请。转让注册商标核准后予以公告。受让人自公告之日起享有商标专用权。

（四）商业秘密权权属识别

所谓商业秘密是指不为公众所知悉而能为权利人带来经济利益、具有适用性并经权利人采取保密措施的技术信息和经营信息。因而，合法取得并占有或利用商业秘密的民事主体是商业秘密的权利人。

商业秘密权的转让应依靠双方当事人之间的约定。

二、文化创意成果的知识产权保护类别

（一）文化创意产业与商标知识产权

1. 商标及其作用

根据世界知识产权组织（World Intellectual Property Organization，简称WIPO）官方网站的解释，商标是将某商品或服务标明是某具体个人或企业所生产或提供的显著标志。商标的起源可追溯到古代，当时工匠们将其签字或“标记”印制在其艺术品或实用产品上。随着岁月变迁，这些标记演变成为今天的商标注册和保护制度。这一制度帮助消费者识别和购买某产品或服务，因为由某项产品或服务上特有的商标所标示的该产品或服务的性质和质量符合他们的需求。

根据2001修正的中华人民共和国商标法，商标是能将自己的商品（含服务）与他人的商品（含服务）区别开的可视性标志（包括文字、图形、字母、数字、三维标志和颜色组合，以及上述要素的组合）。

商标通过确保商标注册人享有用以标明商品或服务，或者许可他人使用以获取报酬的专用权，而使商标注册人受到保护。商标是一个企业或产品的标识，融入了企业的文化和大量的广告投入，在得到消费者认可，成为企业的知识产权后，对企业来说，是一笔具有很大价值的无形资产。

2. 商标注册流程

我国目前采用商标的国际分类有45个类别。从1至34类是商品类别，35至45类是服务类别。商标类别的选择需视企业的性质和发展战略而定。

商标所有权的取得，是企业商标权获得保护的前提和基础。因而，注册商标就成为企业保护自身知识产权的一个重要行为环节。在商标注册过程中，企业必须注意：第一，及时注册；第二，采用先注册后使用战略；第三，运用联合商标和防御商标战略。

申请商标的一般程序为：商标检索、注册申请所需要的文件、执行商标申请流程。

3. 商标的企业管理

文化创意企业对于商标的管理，应该从企业内部制度上建立长效机制，对商标进行有效而科学的管理。如设立专门的管理岗位，建立商标管理的审核制度，确定正确的商标使用要求，将企业商标归档管理，为防范危机而进行商标危机管理等。

（二）文化创意产业与专利知识产权

1. 专利及专利的作用

专利是由专利机构依据发明申请所颁发的一种文件。这种文件叙述发明的内容并产生一种法律状态，即该获得专利的发明在一般情况下只有得到专利所有人的许可才能利用，包括制造、使用、销售和进口等，专利的保护有时间和地域的限制。我国专利法将专利分为发明、实用新型和外观设计三种。

专利权是一种专有权，这种权利具有独占的排他性。非专利权人要想使用他人的专利技术，必须依法征得专利权人的同意或许可。

专利属于知识产权的一部分，是一种无形的财产，具有与其他财产不同的特点。专利具有排他性、区域性、时间性、实施性和独占性。

2. 企业的专利

专利是知识产权保护的重要内容，也是市场竞争的锐利武器。一个国家或者地区的科技实力和潜力往往与其拥有的专利权的数量和质量有关，专利在市场竞争中的作用日益显现。因而，文化创意企业对专利的管理就应该是其日常管理内容的重要部分。

企业一旦获得专利，就会受到国家法律的保护，创意企业在一定程度上也就获得了核心竞争力。将文化创意产品通过专利得到保护，是文化创意企业进一步发展的保障。

企业的专利管理策略中，应该注意以下几点：

第一，设立专利管理工作部门。如构建独立专利管理工作部门，拟定专利管理部门的工作内容；

第二，开展专利申请实务。如选择专利的申请类别，遵守专利申请的法定原则[1]，申请材料的准备等；

1　法定原则即书面原则、申请在先原则、优先权原则、单一性原则。《创意产业知识产权管理》，上海市协力律师事务所知识产权事务中心编著，学林出版社出版，2006年10月，P104—106。

第三，企业专利权的法律保护管理。管理中注意专利的保护期限、专利的保护内容、专利侵权的纠纷处理和解决途径、专利侵权行为的法律责任。

（三）文化创意产业与著作权知识产权

1. 著作权及其特点

著作权也称版权，是指作者对其创作的文学艺术或科学作品依法享有的权利。

著作权与商标和专利权不同，有着保护对象是作品的特点。著作权保护的对象是作品，属于文学艺术领域的智力创作；权利产生是自动的；保护力度比较弱；限制较多；保护期较长。

2. 著作权的内容和期限

著作权的内容分为著作财产权和著作人身权。

著作财产权又称著作经济权利，是指著作权人基于支配、利用其作品而获得财产利益的权利。我国相关法律规定了13项财产权利。如复制权、发行权、出租权、展览权、表演权、放映权、广播权、信息网络传播权、摄制权、改编权、翻译权、汇编权和其他享有的权利。著作财产权有时间限制，根据世界知识产权组织相关条约，该时限为创作者死后50年。但各国国情不同。这种时间上的限制使得创作者及其继承人能在一段合理的时期内就其著作获得经济上的收益。

著作人身权又称著作精神权，是指作者对其作品享有的各种与人身相联系又无直接财产内容的权利。我国法律规定的著作人身权有：发表权、署名权、修改权和保护作品完整权。

3. 著作权的使用及其保护

对著作权进行法律保护，是著作权立法的宗旨之一。依法追究侵权人的行为和法律责任，是有效保护著作权人的有效手段。作为创意企业，必须灵活运用有效手段，防止侵权行为的出现，使企业的核心竞争力得到最有效的保护。

因而，要熟悉和辨别侵犯著作权的法律责任，其中有承担民事责任的侵权行为、承担刑事责任的侵权行为和承担综合法律责任的侵权行为。

还要了解著作权纠纷的解决方式，如调解、仲裁和诉讼。

（四）文化创意产业与商业秘密知识产权

1. 商业秘密

商业秘密（Business Secret）是指不为公众所知悉，能为权利人带来经济利益，具有实用性并经权利人采取保密措施的技术信息和经营信息。

被保护的商业秘密必须具备以下特征：秘密性、实用性、经济性、管理性。

2. 商业秘密的内部保护

商业秘密的保护对企业而言相对较难，且一旦泄密，则给企业带来巨大损失。因而，在内部管理机制上，企业管理者应该高度重视商业秘密的管理，并采取积极的措施进行落实。

这些措施包括建立企业高层管理者直接负责制、进行制度公示和保密教育、完善信息管理措施、完善保密硬件措施、及时更新保密规定和保密合同以及防范对外宣传中的无意泄密。

（五）文化创意产业与其他成果的知识产权

1. 计算机软件的知识产权保护

计算机软件行业伴随着信息化进程，取得了飞速发展，是文化创意产业的重要组成内容。目前，软件产业的规模和水平已成为衡量一个国家现代化程度和综合国力的重要标志之一。根据我国的知识产权法律体系，对计算机软件的保护可以分为著作权保护、专利保护、商业秘密保护、商标保护。

（1）著作权保护

著作权法保护计算机软件是最为普遍的一种做法，根据《著作权法实施条例》第 2 条的规定，作为著作权法保护客体的计算机软件应当符合具有独创性、具有一定的有形载体、可以复制性等条件。

计算机软件著作权人与一般著作权人享受的条件是一样的。即发表权、署名权、修改权、复制权、发行权、出租权、信息网络传播权、翻译权和应当由软件著作权人享有的其他权利。保护期限为自然人终身及其死亡后 50 年，截止于自然人死亡后第 50 年的 12 月 31 日。但软件自开发完成之日起 50 年内未发表的不被保护。

（2）专利保护

申请计算机程序发明专利的条件是有新颖性、实用性和创造性。

发明专利权的期限为 20 年，实用新型专利权和外观设计专利权的期限为 10 年，均自申请日起计算。

（3）商业秘密保护

根据《反不正当竞争法》规定，作为商业秘密保护的软件应当具备秘密性、实用性、经济性、管理性条件。

作为商业秘密保护的计算机软件，保密内容主要包括软件的源程序、文档、尚未完成的软件程序、计算机软件的结构、思想、处理过程、操作方法的基本特征，也可以作为商业秘密保护。

商业秘密没有法定的保护期限。

2. 网络游戏的法律保护

网络游戏产业是伴随着互联网的发展而逐步形成的一个新兴产业，正处于蓬勃发展期。但是网络游戏业也正遭遇着网络寄生虫的不正当利益分割，其中最为严重的问题就是私服与外挂[1]。

（1）网络游戏外挂及其法律责任

所谓外挂就是指某些人利用自己的电脑技术专门针对一个或多个网络游戏，通过改变网络游戏软件的部分程序，制作而成的作弊程序。用户利用外挂这种作弊手段可以轻易得到其他正常用户无法得到、或必须通过长期运行程序才能得到的游戏效果。

为了加强对计算机信息网络国际联网的安全保护，维护公共秩序和社会稳定，我国公安部早在1997年12月即颁布《计算机信息网络国际联网安全保护管理办法》（以下简称《办法》）。《办法》规定任何单位和个人不得从事未经允许，对计算机信息网络中存储、处理或者传输的数据和应用程序进行删除、修改、增加等危害计算机信息网络安全的活动。《办法》还规定，对违反上述规定的行为由公安机关给予警告，没收违法所得，并处以罚款。情节严重的，可以给予六个月以内停止联网、停机整顿的处罚，必要时可以建议原发证、审批机构吊销经营许可证或者取消联网资格。构成违反治安管理行为的，依照治安管理处罚条例的规定处罚。构成犯罪的，依法追究刑事责任。利用外挂软件进行传输数据修改的行为，无疑构成了危害计算机信息网络安全行为。制造、销售此类外挂软件的行为，无疑也是违法的。

（2）网络游戏私服的法律责任

所谓私服是指未经版权拥有者授权，以不正当手段获得游戏服务器安装程序之后设立的网络服务器。

私服实际是未经著作权人许可，获取著作权人的程序代码，并安装复制于私自设立服务器内的行为。根据《著作权法》的规定，未经著作权人许可复制他人作品的，视不同行为应承担行政责任、民事责任、刑事责任。

3. 广告作品的知识产权保护

广告作品是指直接提供给广告媒介发布并直接为广告客体所接触并对他们发

1 上海市协力律师事务所知识产权事务中心编著．创意产业知识产权管理 [M]. 学林出版社出版，2006年10月，P204—206.

生作用的广告物质实体。广告企业的知识产权保护内容有著作权保护和商业秘密保护。

著作权保护。广告的具体形式很多，有影视广告、文字广告、摄影广告、图片广告、音乐广告和现场演艺广告等。使用著作权保护广告作品，是目前采取的普遍方式。

商业秘密保护。由于创意不受著作权保护，因此，广告企业在广告作品完成之前应该对创意进行商业秘密保护。

广告中的法律防范内容。①著作权相关法律防范。广告企业不仅应保护自己的知识产权不被他人侵犯，同时还要谨防无意中侵犯他人的权利；②肖像权相关法律防范。广告企业在避免著作权纠纷的同时，也要防止被卷入肖像权纠纷；③商标权相关法律防范。广告中只要使用了别人的商标，甚至是善意或者无意使用都可能产生商标权纠纷。广告企业在使用他人商标前需要谨慎论证，这是因为知名商标权利人对商标的自我保护意识强，而法律对以驰名商标为代表的知名商标特别关注，保护的力度超过普通注册商标。

4. 会展业的知识产权保护

会展业隶属于服务贸易领域，也是文化创意产业的重要内容的组成部分。由于各种展会日益成为公开和集中展示大量高新技术成果和精神成果的重要平台，而各种与展会相关的侵权行为一直缺乏法律界定和处理规范，因此会展业极易成为知识产权纠纷的“重灾区”，也理所应当成为保护知识产权工作的重点环节。

会展业知识产权保护主要问题：体现在会展品牌的知识产权保护、会展期间的知识产权侵权投诉、会展布置创意的知识产权保护、会展主办方的共同侵权等。

会展主办方应采取知识产权保护措施：与参展商签订知识产权保护协议，让参展商承诺不得侵害他人知识产权，一经发现即可取消参展商参展资格。这对于参展商有较大的震慑作用；设立知识产权投诉机构，在展会期间受理、调解知识产权纠纷；通过张贴布告、宣讲、发放宣传资料等形式进行知识产权保护宣传，增加参展商的知识产权保护意识；要求参展商出示专利产品的专利证书、版权产品的权利人授权证明或者合法来源证明；聘请知识产权法律顾问，及时向法律专家进行咨询，根据专家意见处理突发事件。一旦会展主办方采取了上述措施，可以认定主办方对于参展商的侵权行为没有侵权故意，也不存在过失，可以免除会展主办方的共同侵权责任。

材料分享　论坛版主网站发帖提供《后宫甄嬛传》下载链接构成教唆侵权

因旗下网站擅自传播《后宫甄嬛传》电子书，该书数字版权专有使用人北京中文在线数字出版股份有限公司（以下简称中文在线公司）将网站运营方北京智珠网络技术有限公司（以下简称智珠网公司）诉至法院，要求停止侵权，并索赔损失 16.45 万元。北京市朝阳区人民法院对该案作出一审判决，认定智珠网构成教唆侵权，判决其赔偿中文在线公司 4 万余元。

2011 年 11 月，作家吴雪岚（笔名流潋紫）将浙江文艺出版社出版的《后宫甄嬛传》（修订典藏版）1 至 6 部（中文简体和繁体）全球范围内的数字版权专有使用权授予中文在线公司。双方约定相关权限包括但不限于信息网络传播权等权利、许可他人合法使用上述权利以及中文在线公司对任何侵犯授权作品著作权行为以自己名义起诉的权利，授权期限为 2011 年 11 月 2 日至 2016 年 11 月 2 日。

2010 年 2 月 1 日，在 178 游戏网 Apple 粉丝站下的 ePub 电子书区，版主“用手抓痒痒”发布了名为“后宫－甄嬛传／流潋紫著”的帖子，该贴附有下载链接并对该书进行了介绍。上述内容位于帖子首页；帖子左侧显示“用手抓痒痒”的声望为 40，银币 59 234，人气 1 064；该帖被设置为“取消高亮”，下载链接下方显示“本贴最后由用手抓痒痒（4627964）于 2010-2-8 10：51 编辑”。以普通用户身份注册登录 ePub 电子书区，点击上述下载链接即可直接下载《后宫甄嬛传》的电子书。

中文在线公司认为智珠网公司未经许可通过其招募的论坛版主提供《后宫甄嬛传》电子书下载服务，严重侵犯了该公司享有的信息网络传播权，给其造成严重损失。故诉至法院，请求法院判令智珠网公司立即停止侵权即删除涉案作品内容，同时索赔经济损失 161 500 元、公证费 3 000 元。

智珠网公司主张，该公司仅提供信息存储空间服务，《后宫甄嬛传》由版主“用手抓痒痒”上传，其行为并非该公司行为。因版主为网站用户自行申请产生，双方之间并不存在雇佣关系，也不支付任何费用，故版主行为属于个人行为，其上传涉案作品不通知该公司，也无需征得公司同意。该公司作为网络服务提供商，无法对用户发布的信息进行逐条审核，且公司无版权审核义务，故主张该公司没有过错，不应承担侵权责任。同时，该公司表示已在收到中文在线公司的律师函后，立即通知版主删除了涉案作品。综上，不同意中文在线公司的诉讼请求。

法院经审理查明，“用手抓痒痒”是 ePub 电子书区的版主，拥有将 ePub 电子书区其他用户所发帖子提升置顶、删除、编辑整理、添加“高亮”设置的权限，并发布有涉及“版规”的帖子。版规规定“发布资源有奖励”“发布多部小说”“加亮加钱”，并且专门针对版主有“本版置顶主题加高亮规则”，而论坛回复或者发布资源将会获得“银币”奖励。

针对此事，中文在线公司于2012年12月向智珠网发送律师函。收到该函后，智珠网立即通知版主删除了该贴。此后智珠网将整个ePub电子书区关闭进行清理。鉴于此，审理中，中文在线公司放弃了关于停止侵权的诉讼请求。

同时，法院查明，智珠网公司对版主申请的考核会给予一个月左右的期限，相关版主的招募最终由智珠网公司确认完成，智珠网公司会授予版主较高级别的会员权限，用于帖子管理。该公司对版主邮箱等注册信息进行备案，但备案内容不包括版主的身份证信息，该公司也不向版主支付经济报酬。

法院经审理认为：中文在线公司在授权期限内取得《后宫甄嬛传》（修订典藏版）独家信息网络传播权，有权以自己的名义维权。

版主“用手抓痒痒”将涉案侵权内容发布于帖子的首页，并对涉案载有侵权内容的帖子进行了“取消高亮”和编辑等推介行为，其行使了相应的版主权利。鉴于“用手抓痒痒”的版主权利系智珠网公司经过审查后授予的，且智珠网公司在其经营的ePub电子书区版规中，明确规定有奖励发布资源者的内容，论坛回复或者发布资源将会获得“银币”奖励，法院认为，上述给予版主的相应权利以及提供资源奖励的方式实质上会诱导、鼓励网络用户来实施侵害信息网络传播权的行为，智珠网公司对侵权行为的发生存在过错，根据《最高人民法院关于审理侵害信息网络传播权民事纠纷案件适用法律若干问题的规定》第七条规定，智珠网公司已经构成教唆侵权，应当承担停止侵权、赔偿损失的民事责任。

因中文在线公司撤回了停止侵权的诉讼请求，法院对此不再处理。关于经济损失，中文在线公司主张的数额过高，法院综合考虑涉案作品的独创性程度、知名度以及智珠网公司的过错程度、侵权情节、传播方式和使用字数等因素，同时参考国家相关稿酬支付标准酌定。关于公证费，因证据保全的作品为包括《后宫甄嬛传》在内的30部作品，法院根据必要性、合理性、相关性的原则酌定予以支持。

最终，法院一审判决智珠网公司赔偿中文在线公司经济损失4万元、公证费100元。

材料来源：中国法院网，2013年4月15日

问题思考

1. 文化创意产业与知识产权关系是什么？
2. 文化创意产业知识产权的权属识别与保护类别。

线上题库

线上资料 1　线上资料 2　线上资料 3　线上资料 4

参考文献

[1] 孙福良，张迺英 . 从种子到森林 [M]. 上海：学林出版社，2016.
[2] 张迺英 . 创意企业的文化与绩效 [M]. 上海：学林出版社，2011.
[3] 孙福良，张迺英 . 中国创意经济比较研究 [M]. 上海：学林出版社，2008.
[4] 孙福良，张迺英 . 创意上海 [M]. 上海：远东出版社，2009.
[5] 霍金斯 . 创意经济 [M]. 洪庆福，孙薇薇，刘茂玲，译 . 上海：上海三联书店，2006.
[6] 弗罗里达 . 创意经济 [M]. 方海萍，魏清江，译 . 北京：人民大学出版社，2006.
[7] 上海市协力律师事务所知识产权事务中心 . 创意产业知识产权管理 [M]. 上海：学林出版社出版，2006.
[8] 李卓华，纪艳彬 . 中国创意经济发展的问题研究 [J]. 经济观察，2006（7）.
[9] 钟惠波 . 简论创意经济 [J]. 中国青年科技，2007（2）.
[10] 王蔚 . 重视全球“创意经济”发展趋势 [J]. 中国党政干部论坛，2007（2）.
[11] 吕学武，范周 . 文化创意产业前沿 [M]. 北京：中国传媒大学出版社，2007.
[12] 金吾伦，李敬德，颜振军 . 北京如何率先成为创新型城市 [J]. 前线，2006（2）.
[13] 李英武 . 国外构建创新型城市的实践及启示 [J]. 前线，2006（2）.
[14] 顾瑜婷，梅强 . 城市创新能力的模糊综合评审研究 [J]. 商业研究，2006（7）.
[15] 林茜 . 对区域创新能力的实证分析 [J]. 统计应用 / 统计教育，2006（1）.
[16] 尹宏 . 论创意经济与城市可持续发展能力 [J]. 市长参考，2007（6）.
[17] 汤培源，顾朝林 . 创意城市综述 [J]. 城市规划学刊，2007（3）.
[18] 斯图亚特 . 从文化到创意产业：理论、产业和政策的涵义 [M]. 北京：社会科学文献出版社，2004.
[19] 刘勇 . 创意产业发展中的问题与对策 [J]. 中国国情国力，2007（9）.
[20] 罗兵，温思美 . 文化产业与创意产业概念的外延与内涵比较研究 [J]. 甘肃社会科学，2006（5）.
[21] 厉无畏 . 积极培育和扶持创意产业发展，提高上海城市综合竞争力 [J]. 社会科学，

2005（1）.
[22] 马军显 . 文化创意产业集群化发展的区域经济意义 [J]. 中国经贸导刊，2007（14）.
[23] 彭文民，王彦林，于玲君 . 文化产业勃兴的经济学审视 [J]. 特区经济，2007（8）.
[24] 王琳 . 我国创意产业发展的现状、问题及对策 [J]. 理论探索，2007（5）.
[25] 崔旭，张晓文，邵力军 . 美国版权制度与版权产业：发展、特征、关系 [J]. 新世纪图书馆，2004（1）.
[26] 盛垒，杜德斌 . 创意城市：创意经济时代城市发展的新取向 [J]. 经济前沿，2006（6）.
[27] 霍金斯 . 全球创意经济及其对中国的影响 [EB/OL]. 新浪财经，http：//finance.sina.com.cn.
[28] 易华，诸大建 . 创意经济理论研究述评 [J]. 经济学动态，2006（9）.
[29] 厉无畏，王慧敏 . 创意产业促进经济增长方式转变——机理？模式？路径 [J]. 中国工业经济，2006（11）.
[30] 厉无畏，顾丽英 . 创意产业价值创造机制与产业组织模式 [J]. 学术月刊，2007（8）.
[31] 孙冰 . 企业自主创新动力机制及启示 [J]. 科技管理研究，2007（10）.
[32] 李庆杨 . 国外自主创新特征及其对我国的启示 [J]. 经济问题，2007（10）.
[33] 杨志祥 . 论企业自主创新与知识产权保护 [J]. 学术论坛，2007（9）.
[34] 厉无畏 . 创意产业导论 [M]. 第 2 版 . 上海：学林出版社，2006.
[35] 沃纳，乔恩特 . 跨文化管理 [M]. 郝继涛，译 . 北京：机械工业出版社，2004.
[36] 张德 . 企业文化建设 [M]. 北京：清华大学出版社，2003.
[37] 刘光明 . 企业文化 [M]. 北京：经济管理出版社，2001.
[38] 罗长海，林坚 . 企业文化要义 [M]. 北京：清华大学出版社，2003.
[39] 科特，赫斯克特 . 企业文化与经营业绩 [M]. 曾中，李晓涛，译 . 北京：华夏出版社，1997.
[40] 德鲁克，等 . 未来的管理 [M]. 李小刚，译 . 成都：四川人民出版社，2000.
[41] 赫塞尔本，等 . 未来的组织 [M]. 胡苏云，等，译 . 成都：四川人民出版社，2000.
[42] 威廉姆斯 . 业绩管理 [M]. 赵正斌，等，译 . 大连：东北财经大学出版社，2003.
[43] 巴克沃 . 绩效管理 [M]. 陈舟平，译 . 北京：中国标准出版社，2000.
[44] 巴泽尔，等 . 战略与绩效 [M]. 吴冠之，等，译 . 北京：华夏出版社，2000.
[45] 德瓦尔 . 成功实施绩效管理 [M]. 北京爱丁文化交流中心，译 . 北京：电子工业出版社，2003.

[46] 斯塔克，等．伟大的商业文化 [M]. 赵学凯，等，译．沈阳：辽宁教育出版社，2002.
[47] 茨威尔．创造基于能力的企业文化 [M]. 王申英，等，译．北京：华夏出版社，2002.
[48] 郭成纲 .G 管理模式 [M]. 广州：广东经济出版社，2003.
[49] 付亚和，等．绩效管理 [M]. 上海：复旦大学出版社，2003.
[50] 圣吉．第五项修炼 [M]. 上海：上海三联书店，1998.
[51] 肯尼迪，迪尔．企业文化 [M]. 印国有，等，译．上海：生活·读书·新知三联书店，1994.
[52] 德鲁克，等．公司绩效测评 [M]. 李焰，等，译．北京：中国人民大学出版社，1999.
[53] 亨廷顿．Z 理论——美国企业界如何迎接日本的挑战 [M]. 北京：中国社科出版社，1984.
[54] 彼得斯，沃特曼．成功之路——美国最佳管理企业的经验 [M]．北京：中国对外翻译出版公司，1985.
[55] 帕斯卡尔，阿索斯．日本企业管理艺术 [M]．北京：中国科学技术翻译出版社，1984.
[56] 沙因．企业文化与领导 [M]．北京：中国友谊出版公司，1989.
[57] 卡特赖特．文化转型 [M]．南京：江苏人民出版社，2004.
[58] 陈郁．企业制度与市场组织——交易费用经济学文选 [M]．上海：上海三联书店，1996.
[59] 拉杰科斯．并购的艺术、整合 [M]．中国财政经济出版社，2001.
[60] 本尼迪克特．文化模式 [M]．杭州：浙江人民出版社，1987.
[61] 拉尔森．管理圣经 [M]．上海：企业管理出版社，2004.
[62] 张迺英．新经济时代的企业文化 [M]. 上海：同济大学出版社，2003.
[63] 德鲁克．管理思想全书 [M]. 苏伟伦，译．北京：九州出版社，2001.
[64] 张迺英．企业购并的文化整合研究 [M]. 毛泽东邓小平思想研究 .2005（5）.

后　记

本书的编撰，是在国内文化创意产业发展不断完善与文化创意产业人才极度缺乏的背景下进行的。

国内文化创意产业经过将近二十年的发展，从一线城市向二、三线城市迅速扩展和蔓延，对于城市经济的拉动和就业效应非常明显，尤其是东部地区。目前长三角经济圈，产业升级明显，经济增长方式急需转型，生态环境的需求，又面临中美贸易的重重障碍，文化创意产业呈现支柱型趋势。面临文化创意产业的急速发展，文化创意企业对于文化创意人才的需求非常迫切。如果人才满足不了企业经营的需求，文化创意产业发展将会受到制约。因而，培养一批文化创意产业的原创人才、运营人才和管理人才，成为当务之急。高校是培养文化创意产业人才的重要基地，为社会培养紧缺人才应当仁不让。

本书作为浙江省普通高校“十三五”新形态教材，首先介绍了全球创意经济兴起的背景和人类产业发展及其理论的研究成果，对国内外文化创意产业发展及其学科结构进行了深度的剖析，在结合中国文化创意产业发展特点的基础上，对文化创意产业的生产组织、文化创意产品、文化创意产业集聚及价值链、文化创意产业集聚区的形成与发展、文化创意产业公共服务平台与创意城市指标体系、创意阶层和文化创意人才培养、文化创意产业和知识产权等作了深入浅出的分析。对于帮助了解文化创意产业学科体系内容和实践文化创意产业具有一定的指导意义。

本书编撰采取新形态体例，即通过线上辅助资料的阅读，帮助读者更易掌握本书理论和实务内容，并通过线上资料，扩展视野，锻炼读者创意创新思维及掌握文化创意管理的规律和经验。本书在内容上，采取章节内容与材料内容对接，以材料导读引申阐述内容，并以案例分析总结章节内容的体例，使理论与实践结合。

本书在编撰过程中，得到浙江省教育厅、上海社会科学院、同济大学浙江学院、同济大学经济与管理学院、同济大学出版社、上海市创意产业协会等单位的大力支持。校企合作企业上海瑞安集团、田子坊、M50、上海德必集团等文化创意优秀企业家周永平先生、贾波先生、高振中先生、吴振伟先生以及编委会所有成员，为本书提供了极其珍贵的实践资料，一方面丰富了本书案例部分的内容；另一方面也以自身典型而成功的经验，诠释了文化创意产业的本质内涵。同时，同济大学浙江学院经管系17级工商管理专业部分学生在本书主编的带领下，参与了本书拓展资料查询和拓展资料PPT制作等辅助工作，他们是张鑫、任家仡、岑雯雯、陈佳漪、周莉、王英凯、沈力、龚硕、张家宁、章瑜茜、陈佳成、黄译萱、张盼盼、应泽煜、胡惠轲、杨恒、付灵芝、金苗、厉斯扬、厉志豪、林金金、在此一并表示感谢！

本书在编撰过程中，参阅了国内外专家学者的相关论著和资料，虽然力求注明出处，仍然可能因疏忽而遗漏。如因疏漏而未标注文献出处，请予以谅解为盼。为此，真诚期待着各位专家、学者及广大的读者提出建议和意见，以便进一步完善内容。

作者

2019年12月15日

于同济大学浙江学院